改变，从心开始

立品图书·自觉·觉他
www.tobebooks.net

Reflections on a Mountain Lake:
Teachings on Practical Buddhism

心湖上的倒影
——给实修者的指导

[英] 丹津·葩默（Ani Tenzin Palmo） 著
叶文可 译
郑振煌 审订

深圳报业集团出版社
SHENZHEN PRESS GROUP PUBLISHING HOUSE

推荐序 湖滨沉思

凡夫心在未经调伏之前，都是散乱的。散乱心如风中之烛火，无法呈现稳定的事物形象。因此，若想见到事物的实相，必先安定其心，方可观照真切。安心法门甚多，要诀在远离愦闹，择一静处，系心于所缘境。儒家言定静安虑得，有如佛家止观之道。止观成就，则定深慧现。智者之所以能摄人，在于其心常处三昧，心清净故身语清净，诚则灵，灵则感应道交。

本书作者出生英伦，因其母亲为灵媒，成长于灵修背景。以累世因缘依止藏传佛教出家，并在喜玛拉雅山雪洞中闭关十二年，乃发菩提心，游化全球，随机度众。我与她相识近三年，并在她两次访台期间担任口译，互动频繁，觉其开示扣紧现实生活，不徒托空言，彰显佛法对人生的救济功能。她在台湾的讲演与受访记录，结集成《雪洞出红莲》一书，脍炙人口，影响至深。本书是其第四本中文译书，为她在西方国家的演讲开示录，风格依旧，如老友灯下对谈，如奶奶慈蔼叮咛，更如觉者大开法筵。我有缘在拜读英文原著之后，恭阅中文译稿，对比之，深信读者若能再三思维，并依开示笃行，必深获利益。

郑振煌敬识于慧炬

2003 年 12 月 15 日

译后语 清澈如水的声音

由于翻译《雪洞——丹津·葩默悟道历程》，与法鼓文化出版社结缘，得到翻译丹津·葩默演讲集《心湖上的倒影》的机会，继而有幸亲近圣严法师的法语（译者翻译了圣严法师的《圆觉经注释》），这一连串事件带来的感受，细细回想，蕴义无穷。

《心湖上的倒影》汇集了藏传佛教噶举派比丘尼丹津·葩默的一系列演讲，相较于英国女记者维基·麦肯基所撰述的丹津·葩默悟道历程《雪洞》，本书让读者听到的是另一种“声音”。在《雪洞》中，维基·麦肯基好像雕凿一块巨石般，描绘出一名坚毅卓绝、超然物外，独自在喜玛拉雅雪山苦修十二年的女性身影，令人感到敬畏与不可思议，使丹津·葩默俨然化现为众人（尤其对女性而言）心目中鼓舞精神独立的象征。

维基·麦肯基是社会人士，她看待事务偏向相对的性质，如果没有《雪洞》这本书的出版，缺少了维基·麦肯基以较接近世间的眼光来述说丹津·葩默，读者便难见到这位女性在喜玛拉雅山苦修的不凡。我想起《雪洞》中，维基·麦肯基描述第一次看见丹津·葩默："她轻松地处于众人之间，看来好像没做过什么了不起的大事，只是刚刚购物完毕，从一辆巴士上走下来。"当丹津·葩默的闭关结束，她在洞里请访客吃自己烘制的面包，那种气氛仿佛是在英国饮下午茶一般。访客问她的闭关收获是什么，她只说了一句话："我可以告诉你一件事，我从来不觉得无聊。"或许，对丹津·葩默而言，这种惊人的闭关生活其实是一件平常事。这种连她自己都浑然不觉的平常中的不平常，或许就是她特殊的地方。

在《心湖上的倒影》中，丹津·葩默甚至在书一开头，就说她最不爱谈的其实是在山洞的闭关。她从自己的生长过程说起，娓娓道来，语调平易近人，仿佛一条潺潺轻语的小溪，仿佛涉足一条无碎石铺底的小河，喝一碗熬煮得清稠无渣的米粥，不知不觉间被她的言语摄受，心湖愈趋稳定与清明。即使是谈到"开悟"这件深奥的事情，她描述的方式也很亲切，令人感觉开悟并非遥不可及的事情，它能够被了解，也可能会发生。

丹津·葩默个人的修行，最初始于南传佛教，其后进入金刚乘（密乘）。她阐述内关的修炼，并以令人容易理解、现代化、生活化的方式来介绍密乘。密乘的修行首要就是利他。她提到有一次当自己修法疲累时，猛然提醒自己修行是为了他人，岂可松懈！她用身陷泥淖譬喻人类的处境，而当你修行成功脱离泥沼，岂会忍心将自己的亲人留在身后？

她提醒我们要活在当下，眼前一刻即是修行，并非每个人都必须如她在洞穴修道。她听来轻描淡写的言语，隐隐传递了深远的心灵能量。阅读此书好像可以连续不断地跟随下去，丹津·葩默的声音令人感觉十分地“舒服”。反复阅读她的话语，跟随她带领的修持方法，静默之中就是一种灵修，不知不觉地，心湖清净，能量提高。

译者于2002年9月间，在美国见到丹津·葩默女士。那是她在美国的巡回演讲，一次演讲地点在山景城的东西出版社。那是一所专门出售灵性书籍、经常举办心灵讲座的书店。那日当我到达书店，演讲会场已聚满听众。有一位同修在前方招呼我，原来她发现前面侧座竟完全无人，于是我在讲台右侧第一排第一个位子坐下。丹津·葩默来到现场，在讲台坐定，恰在我的右正前方，我们之间的距离是会场中说者与听者最近的，我清楚地看见她的容颜。当她演说时，眼光几度落在我的身上。后来这位招呼我坐到前方的同修告知，丹津·葩默曾对已与她见过面的这位同修表示，希望见到《雪洞》的译者。我的同修从我的身后对她指点着我，丹津·葩默即明白我是译者。

在演说中，丹津·葩默的眼神几度从我的面庞扫过，我专心望着她，不知不觉间，我仿佛突然看到一对母亲的眼睛，我看见这对眼睛里的关怀、留意、专注、深度，她的眼神，使我想起我母亲的眼神。或许，她的眼睛本来就是一对充满母性的眼睛，在她的眼神、她的神情里，我开始想念正在远方的母亲，我知道她一向最爱她的子女。一想到这里，我开始不停地流下眼泪来。《心湖上的倒影》中有一段话："因为母亲的本性就是以这种方式来爱她的孩子。如同佛陀所说，就像母亲爱她的独子一样，我们也要将爱扩及到所有众生中。"我不由得想起她为了道久迦萨林寺院的年轻比丘尼们，在世界各地辛苦奔波，只是希望她们能够获得她当年所没有得到的机会，这不正是一颗母亲的心！当丹津·葩默演讲完毕时，我到台前向她致意，她用那双纤长无比的大手（这双手又使我想起外婆的手）将我的双手整个握入她的手掌里，然后用额头顶住我的额头，为我祝福。

第二次见到她，是她在加州发加盼尼中心做另一场演讲时，那里是耶喜图腾喇嘛的舍利塔所在地。维基·麦肯基写作《雪洞》期间，曾与丹津·葩默在此地留住多日，做冗长的问答。当天晚间的演讲，听众几乎全数是外国人，只有我们四个结伴而去的女子是中国人。丹津·葩默在演讲中，几度提到她前往台湾的经历。她幽默地说，不曾想到《雪洞》这部灵修作品竟然成为台湾的"畅销书"，她所到之处，许多人向她询问修道的事情。她的言语中，对台湾的修道生态与修行人非常地赞叹。而我们这唯一的一群台湾女孩，在台下清楚地感受到她投注过来的爱。

翻译《雪洞》时，曾想过有朝一日将有机会见到丹津·葩默。此刻，这位现代女瑜伽士就在眼前！她不似11世纪在洞穴苦修的密勒日巴尊者，世人很难有机会与他相见。丹津·葩默在喜玛拉雅山闭关时曾想过，如果她能到世界上另一个地方，她希望去哪里？她没有任何其他想去的地方，她在洞穴中感到完全的满足。外人看似艰苦的闭关生活，对她是喜乐、容易的。

如今，她离开洞穴致力于创建比丘尼寺院，这对她反而是一项艰巨的任务。然而，她已走上这条辛苦漫长的道路。丹津·葩默的示现，提供给人们另一个思考的角度。如她在《心湖上的倒影》中有一段话："闭关时一切都会很顺利，我们会觉得很平和，很容易充满爱、宽大、美好的念头和慈悲，困扰我们的唯一问题，可能是外面几只狼的嚎叫，这没有什么关系。但是当我们进入'真正'的世界（它不是真的更加真实，只是一个不同的世界），必须应付反对、困难和各种问题，这就是我们真正认识自己的时候了。应付和解决这些压力的方法，将显示我们心中是不是真的有佛法。"

叶文可

作者序

这本书是将我 1996、1997 年在美国，以及 1998 年在澳洲所做的一系列讲演录音进行誊写和编辑后出版的。

受邀演讲，我通常比较喜欢主办人选择一个题目，然后由我做即席演讲。我常常没有办法确切知道自己会说些什么，或这场演讲会导向什么方向。这种开放的方式，容我有余裕对在场群众观机逗教，同时让讨论更加活泼。然而，这些演讲最后并没有透彻分析所讨论的主题，只是好像反映出当时的重点。

这些演讲内容难免重复，有些在编辑时被舍弃。当某个观点需要强调，或者这种重复是整体解说的一部分时，重复的内容就会被保留下来。

听法者的性质，东西方非常不同。在东方，所有的佛法讲演，听众大部分是比丘和比丘尼这种全心的修行人。但是在西方，听众大半是在家人，对佛法，他们通常兴致高昂，但是很少有时间正式修行。但在任何一种情况下，讲演的面向都必须顺应听众的需要。

在这本书中，我尝试以实用的和贴近的方式来呈现，而不只是传达一种学术兴味，或是在日常生活中遥不可及的东西。所以，我大部分叙述使用日常用语，试着让一般人都能够接近这些法教。佛陀自己也运用当时的普通语言来表达专有名相的意义，譬如“斯堪达”（skandha）这个词，翻译为“蕴”或是“心法与色法”，字面意义是“某种事物的聚集”，他同时运用日常生活的例子和故事来阐明他的意思，而没有让佛法变得暧昧难解。

这本书如果缺少许多朋友和协助者的真诚奉献，将永远不可能诞生。我担任的部分是最容易的，只需要在友善的听众面前喋喋不休，接下来冗长而辛苦的工作——将这些漫长的讲演誊写、整理和统一——则花了数周、数月的心力来完成，我既感谢又惊讶。我必须特别感谢丹津·旺莫法师整理澳洲的记录，这些纪录是由桑妮亚·戴维斯、克里丝汀娜·匹柏、珍妮·毕斯威克和旺莫（怀特霍尔）完成的。美国讲演录音带由阿利雅·亚汉（法兰茜斯卡·詹肯）非常用心和无私地誊写整理。我也非常感谢出版社的编辑，他们读过全文并给予了许多宝贵建议。我尤其感谢宝琳·魏斯午，她不但帮助整理录音带，同时担任繁重的选材和编辑工作。他们的工作和我的演讲内容，对这本书同样重要。对上述所有人士，还有其他没有提及的人，我由衷地说声“谢谢”。

目录

第一章

西方女瑜伽士

主办单位给我的演讲主题是我的闭关经验。我想，这或许是自己最不想谈的事。我不晓得你们希望知道些什么，所以，我先说说自己是在什么样的机缘下开始闭关的。让我从头说起，看看能说到什么地方。

我在第二次世界大战时诞生于英国，并且在伦敦长大。我的母亲是一位通灵人，每周三晚间，我们家都会举办降灵会，并且发生过房间里桌子飞来飞去之类的事情。我非常感激这样的生长背景，因为这让我从小就相信人死后意识会继续存在。事实上，我们家经常谈论“死亡”这个话题。所以，我对死亡从来没有一点恐惧或避讳。我想，我每天都在用某种方式思索死亡这件事。对死亡有所觉知，赋予我的生命很大的意义。

在童年时，我就相信我们的内在是完美的，我们的原始本性是圆满的，我们来到人间，是为了发现自己的真面目，我相信我们必须一再回到人间，直到揭露出原始的圆满本性。但我的疑问是：“我们如何才能得到圆满？”我向许多人提出这个问题，譬如老师或是神父，认为他们或许知道答案，我甚至在一次降灵会询问灵界指导者。

大家的回答似乎都差不多：“嗯，你必须善良”或是“你必须仁慈”。即使我只是一个孩子，我还记得自己想着：“是！当然是。但是这并不是一切。”人当然必须善良和仁慈，然而，我认识一些非常善良仁慈的人，他们却不完美。我知道完美是超乎仁善的。善良和仁慈是基础，但是这还不够，我却不知道还差什么。

青少年期间，我寻找着以下问题的答案：我们该如何变得完美？

完美的意义是什么？我寻找的是什么？我尝试不同的宗教，我还记得我曾经和各式各样的神职人员讨论宗教。我的兄嫂是犹太人，我和她讨论神。在我大约十三岁时，曾经尝试阅读《古兰经》，但是没有太深入。我的问题是，所有这些宗教都以灵魂的观念，以及灵魂和它的造物主的关系作为开始，这是一条灵魂在自身外寻找造物主的奉献式道路，但这对我没有意义。对我而言，神像只是某种高超的圣诞老人。

我十八岁时对存在主义产生了兴趣，我阅读萨特和卡缪的作品。当时我在图书馆工作，有一天，碰巧拿到一本小书，名为《不动摇的心》（*The Mind Unshaken*），我很喜欢这个书名。这本书是一位英国记者叙述他在泰国的时光，书中描述了最基本的佛法——四圣谛、八正道、三法印等。我仍然清楚记得这些启示多么不同凡响，竟然有一条完美的道路，涵括了我所有的信念，简直让我心花怒放。想到真的有一个宗教在教这些道理，让我觉得非常震惊。我遇到的所有其他宗教，都安置了一个必要的神祇，相较之下，佛教是一条进入内在的道路，任何外在造物者或神的观念全都是多余的。这本书我才读到一半就告诉母亲："我是个佛教徒。"她说："很好，亲爱的！把书读完，然后说给我听。"六个月后，她也成为佛教徒。

我就这样住在伦敦。所有我读过的书都一再强调，修行最重要的就是无欲。于是，我把衣服都送掉了，不再化妆，和男友分手，开始穿上一件黄色的衣服——那是一种古希腊及膝式宽大外衣，是我所能找到的最接近僧袍的衣服，然后穿黑色长袜。当时，我还没有遇到过任何佛教徒。

我的母亲非常有耐心，她什么也没有说。过了大约六个月，我想："或许我应该去找寻更多的佛教徒，我不可能是唯一的一位。"于是，我在电话簿里的"佛教"一栏中寻找，发现了佛教团体。有一天我去那里，发现佛教徒并没有穿着古希腊式的宽大外衣晃来晃去，这些人都比我还早成为佛教徒，而且竟然穿着普通的衣服，女性甚至化妆并穿高跟鞋！之后，我对妈妈说："把衣服都送走真可惜。"这时，她把衣柜的钥匙交给我，说："你去看看。"我打开衣柜，所有衣服都在里面！

当时，我接触的完全是南传佛教。我和伦敦的锡兰佛教寺庙十分亲近。我喜欢南传佛教的清楚明确，事实上，我爱它所有的一切。当然，西方教导南传佛教的方式和南传佛教国家的情况不甚相同，在南传佛教国家呈现的是完全不同的景象。在西方很少有仪式，讲究的是逻辑和清晰，而且很强调禅修，这让我非常喜欢。我唯一不喜欢的是阿罗汉的观念，阿罗汉似乎蛮冷漠的，这使我感到忧虑，因为这条路最终是获得阿罗汉果位。我记得我躺在床上担忧着，因为我已走上这条路，却不确定自己是不是喜欢它带领的方向，我甚至问自己，究竟是不是走在正确的道路上。

每当我想起佛陀，就会流下虔诚的眼泪。我爱佛陀，我希望像他，我不希望像阿罗汉。后来有一天我读到菩萨，想着：啊哈，这就是我所想要的境界！这里有阿罗汉观念所缺少的悲悯元素，我爱这种不只为自己，还要利益他人的想法。我想："这就是我想要的。我要成为菩萨。”

当时是20世纪60年代早期，伦敦大部分佛教徒都属于南传佛教。那时候还有一个所谓“韩佛瑞禅”（Humphries Zen）的现象，我指的当然是克里斯提思·韩佛瑞（Christies Humphries），他自己发展出一套形式与众不同的禅法。当禅师到英国访问他的禅中心时，他们目瞪口呆得说不出话来，于是，克里斯提思·韩佛瑞做了一个冗长的演说，然后转向禅师问说：“现在你们想说些什么吗？”禅师通常回答“我想你已经什么都说了”，然后保持静默。这就是当时我所能遇见的两种佛教——韩佛瑞禅和南传佛教。当时藏传佛教看起来非常地复杂和仪式化，我一点兴趣也没有。

我当时感觉自己似乎在这种佛教环境里几个世纪了，但其实只有一年左右，我的内心有好多东西在转化。有一天我读到一本《佛教概论》，书的结尾有一小篇谈到藏传佛教，它描述西藏地区有四大传承：宁玛、萨迦、噶举、格鲁。当我读到“噶举”这个名词时，心里有个声音说：“你属于噶举。”而我说：“什么是噶举？”它说：“不要紧，你属于噶举。”我的心沉下去了。我想：“噢！真是无法想象，不过人生本来就是这么简单，让我来看看现在发生什么事了。”于是，我去见当地唯一一个对藏传佛教有点了解的人（其实她的了解并不多），我对她说：“我想我属于噶举。”她说：“噢！你读过《密勒日巴传》吗？”我回答：“谁是密勒日巴？”她把依凡·文兹（Evens Wentz's）翻译的《密勒日巴传》递给我。离开之后，我读了这本书，脑袋里翻了几千个筋斗，它和我一向阅读过的书都不一样。最后，我终于了解自己果真是属于噶举。

显然，我必须找到一位老师。当时我阅读许多经书，注意到只有比丘，从来没有提到比丘尼，我感到有点沮丧。然后有一天，我听说在印度的达胡西市有一所噶举派的尼院，于是写信给创办者斐达·贝迪（Freda Bedi）。她是一位英国女士，是个非常令人惊叹的人物。她嫁给一位在牛津大学遇见的印度人，并且在印度住了大约三十年，是印度自由运动的一分子。她虽然是英国人，却被英国人拘捕入狱。印度独立之后，她为印度政府做事，成为印度总理尼赫鲁和甘地夫人的好友。之后她被派遣去西藏地区，最后到了达胡西市，为年轻的转世喇嘛创办了一所学校，也创办了一所尼院。我写信给她，询问是不是可以去那里和她一起工作。

同时，我在英国遇见了几位喇嘛。我在亚非学院（School of Oriental and African Studies）工作，并且在那里研习藏文。在这些喇嘛当中，有一位名叫丘扬·创巴（Chogyam Trungpa）的年轻转世喇嘛，他和阿冈仁波切（Akong Rinpoche）一同来这里，他们都在牛津大学读书。当时是1962到1963年，英国很少有人对藏传佛教感兴趣。所以，每当我们遇见创巴仁波切并问他“下次什么时候见面？”，他都是说“下个周末”。一个周末他来，下个周末我们去。他的朋友很少，有一天，他说：“请问，我是不是可以教你禅修？我至少必须有一个弟子。”我说：“当然好啊。”

但我还是想到印度旅行，也得到了他的鼓励。1964年，二十岁的我乘船到了印度，这是一趟非常愉快的旅行。我前往达胡西市，为斐达·贝迪的年轻喇嘛家庭学校工作。那是我第一次遇见索巴喇嘛（Lama Zopa）的地方，他是住在那里的年轻转世喇嘛之一。我住在尼院，担任斐达·贝迪的秘书。有一天，我们收到一封信，这封信署名"坎初仁波切"（Khamtrul Rinpoche）。我一读到这个名字，信心油然而生，就像书中所描述的那样。第二天，我问斐达·贝迪："他是谁？"她回答："他是竹巴噶举派的高僧。事实上，他是我们正在等待的一位喇嘛。"

我知道我们在等待某位喇嘛，并已为他租了一间小屋，他将在夏季光临。我问："他是噶举派的？"她说："对。"我说："那么我可以皈依他。"她说："对，对，他是一位很好的喇嘛。他来的时候，你一定要请教他。"当时是5月初，我们等了一整个5月，又等了一整个6月。6月最后一天是我二十一岁生日，由于是满月的日子，刚好有位喇嘛正在举行长寿法会。

忽然，电话铃声响起，斐达·贝迪接了，她放下电话说："你最好的生日礼物刚刚到了公车站。"我吓坏了，我的上师终于来了。我跑回尼院，换上长袍，拿了一条哈达——表达恭敬的白色长巾，然后，又跑回租来的房子，告诉他们仁波切来了，赶快准备。当我回到学校时，他已经到了。我记得自己几乎是爬进房屋的，我害怕得不敢看他。我不知道他长得什么模样，连照片都没有看过。他是老还是年轻，是胖还是瘦，我一点概念也没有。我只看见他袍服的下摆，还有他的咖啡色鞋子。我对这双咖啡鞋做大礼拜，然后坐下来。

斐达·贝迪说话了："这位是某某，她是佛教社的一员。"然后我对她说："告诉他我想皈依。"于是她说："噢，对！她希望皈依你。"仁波切说："当然。"他的声音听起来好像在说："她当然想皈依，还有其他什么是她想要的？"当我听他用这种音调说"当然"时，我抬起头来，第一次看他。我看着他时，似乎有两件事同时发生了：我对他有一丝似曾相识的感觉，好像遇到一位许久不见的老友；同时，我内心里最深的东西好像忽然化为外在的形象了。

斐达·贝迪非常好，她叫我每天到仁波切那里，担任他的秘书。有一天我对仁波切说："我想出家。"他又回答："当然可以。"但是他告诉我，他不会在当地让我出家，他解释说："我希望带你回我的寺庙。"三周后，我们回到他的寺庙，我出家了。我同时前去探望另一位尊贵的人物，然后到泰国旅行。六个月后我回来了，我的上师和他的僧团已经迁往达胡西市。

仁波切领导的团体大约有八十位僧人，以及三四百位在家人，他把这些人组织成一个工艺团体。仁波切是一位卓越的艺术家、画家和诗人，整个团体都非常有才艺。他们有很好的唐卡画家，会制造美丽的地毯，以及最令人惊奇的木雕，所以这个团体向来以艺术才华闻名。他们迁居达胡西市时，我因担任喇嘛的秘书而随侍在侧，我同时教导年轻僧人学英文。如今回想起来，这是一段非常幸福的时光，因为我每天都和自己的上师，以及其他所有转世的喇嘛、瑜伽士在一起。同时，这或许又是我一生中最痛苦的一段时间，因为我是唯一的女尼，而且经常是这所八十位僧人寺院里唯一的西方人。我非常地寂寞，无法和他们同住、同食，不能一同参加仪式、同时进修。我不是在家人，可是我也不是比丘，这种团体里没有女尼的位子。

如果我是一个男性，事情会容易许多，因为这样就可以顺理成章地和仁波切住在一起。但是因为我是一名女性，他们不太清楚要拿我怎么办。有一次，仁波切对我说："从前我总能把你留在我的身边，但是在这一世里，你变成了女人，所以我只能尽力而为，不过我没有办法永远让你留在我身边，因为这是很困难的。"他真的是尽力了。

过了六年，僧团迁到目前在扎西宗的地点，位于坎格拉山谷。迁居三个月后，我的上师对我说："现在是你离开去修行的时候了。"我提议前往尼泊尔，但是仁波切说："尼泊尔不怎么好，你应该去拉乎尔。"

拉乎尔位于喜玛拉雅山谷，海拔大约一万一千到一万二千尺。喜玛拉雅山横越印度北方，形成一道长山脊，山脉的一边躺卧着中国的西藏，另一边是印度。拉乎尔是喜玛拉雅山脉里许多小山谷之一，地理位置属于印度，文化和宗教却类似于西藏地区。它位在玛纳利和拉达克之间，一年之间有八个月，冰雪将它和印度其他部分隔绝。山谷的两侧是非常高的狭路，在这八个月内狭路都充满了冰雪。当年没有电话或是其他任何长途联络的方法，大部分地区又没有电，有时候好几个星期都没有办法送信。印度当地居民认为这里好像西伯利亚，他们很讨厌这种极度隔绝的状态。但是对于一个只想从事闭关的人，这里却很完美。

我刚到这个地方时，住在一所噶举小寺院中。山旁有一间庙，山上散布着房屋，那是平顶的石屋，内外用泥巴完工，很像西藏地区的房屋。根据拉乎尔的习俗，寺院有男女二众，这当然是很好的，但是，是比丘在前面举行仪式，而女尼却在厨房里煮饭。我加入了比丘的行列，当然也在前面做仪式，因为我到拉乎尔不是为了学习煮饭。我在寺院旁边有一间小屋，环境非常美好。这是个小团体，每个人都很友善。

拉乎尔人非常喜爱交际，所以，每当有纺纱一类的事情时，他们都聚集在一起工作。他们轮流从一家换到另一家，每家都提供食物，每个人都工作。这是很好的，但是对一个想闭关的人来说，却是很分心的事。我刚到这里时，有一位女尼告诉我："亲爱的，你必须有二十个盘子和二十个杯子。"我回答："为什么需要二十个盘子和二十个杯子？"她解释说："冬天我们喜欢聚在一起开派对，我们一共有二十个人。"于是我说："冬天我要闭关，即使我要开派对，你们也可以自己带杯盘。"冬天到了，我进入闭关，我是唯一闭关的人。

当地非常寒冷，一旦阳光普照，则十分舒适。每次下雪后，就必须清除屋顶的积雪。屋顶是由压平的泥土盖成的，屋顶干了，人们每每坐在屋顶上晒太阳，从一个屋顶到另一个屋顶呼喝谈话，我就在这种环境里持咒，这个地点对闭关实在不是很好。有一天，一位年轻僧人搬到我的楼上，就像一只野牦牛住在上面，所以我决定，是搬出去找寻安静地方的时候了。我爬到寺院上方寻觅土地，想要建造一间小关房。藏文的拉乎尔是“卡尔沙·康周·林”，意指空行母的土地，金刚瑜伽母和胜乐金刚的圣山就在这个地方。许多喇嘛肯定地告诉我，当地还有空行母居住。我们现在很少看到空行母，但是她们绝对存在。

这是个非常神圣的地方，我真的感觉空行母就在我的附近。所以，当我爬到寺院上方找地方居住时，我对空行母说：“听着！如果你们为我找到一个闭关的地方，我答应真诚地修行。”接着，我有一种极深的感觉，感觉听到这样的回答：“是的！我们听见了。这件事会办成的。”当时我对这项计划感到非常高兴。我下了山，相信所有事情都会实现。第二天早晨，我去见一位女尼，告诉她我想在寺院上方建造一间闭关用的小房子。她说：“你怎么可能建造一间屋子？建房屋需要钱，你又没钱。你为什么不住到洞穴里？”我说：“你知道的，拉乎尔的洞穴非常少。有洞穴的地方就没有水，有水的地方又太多人了。”她回答：“是的，这是事实，大家都这么说。但是，昨天晚上我记起了一位老尼提到山上有个洞穴，洞穴前面有草地，附近有树和泉水。我没有亲眼见过这个地方，但是老尼发现了它。”于是我说：“好，我们去找它。”

我们必须带老尼一起去，而她已经快八十岁了！很幸运，她像山羊一般敏捷。我们爬上山，一行人包括住持喇嘛、其他几位僧人、几位女尼、这位老尼和我。一路上，他们不断告诉我："不！不！不！你不能住在这里。这里太荒远了。一定要让我们能够看见你烟囱里冒出的烟才行。"这意思是，如果他们几天没有看见我的烟囱冒烟，他们就会知道我病了。然而，我没有被这类的话说服，因为有一次我在寺院里生重病好几天，没有人来看我，而另一次，我一点也没病，每天生火，却有两个人来探问说："我们有几天没看见你生火，你还好吧？"所以，我知道他们这套方法不是绝对正确的。

最后，我们到达距离寺院大约一小时路程的洞穴，其实也不算是洞穴，比较像一个悬岩。几年前，一些村民把它挖掘出来，可以让人站在里面。他们把洞穴前的土地弄平，再添加石块，然后，在前方建造一道石墙，夏季，他们和羊群就在这里逗留。所有石块都还在，基本上已经可以搬进去住了。我说："就是这里了，我决定住下来。"所有人都反对："不！不！不！你不能住在这里，这里太高了。从来没有人住在这种海拔高度的地方。你会被冻死的。"我辩驳说："洞穴比房屋温暖，所以我不会冻死。"他们继续坚持说："你不能住在这里，这里太隔绝了，会有人来抢劫。"我提醒他们，拉乎尔没有小偷。

他们必须要同意。事实上，后来我住在洞穴，从来没有被打劫过，即使我把门打开，也没有发生过这种事，是会有人来这里，但从来没有拿过任何东西。

然后，他们又告诉我："军营里的人会爬上来强暴你。"于是我说："他们爬上来已经累得半死，我只要请他们坐下来喝杯茶，不用担心这种事。”接着他们说（我以为他们是这么说的）：“这里有蛇。”西藏地区的话蛇是“卓尔”（drul），我以为他们说：“这里有卓尔。”我说：“我不在乎蛇，我喜欢它们。”这是事实。我这么说的时候，每个人看来都一脸非常佩服的表情，但是后来我念头一转：且慢，拉乎尔根本没有蛇！我这才了解他们说的不是卓尔，而是绰尔（trul），就是鬼。所以，他们以为我说不怕鬼，而且还喜欢鬼，所以佩服得不得了，全体一致说：“既然这样，你就住下吧。”

不久，几位僧人和村里一些泥水匠爬上山，把那道墙拆除。他们做了一些窗户和门，将洞穴隔间，我可以拿一小部分当储藏室，另一半居住。然后他们把洞穴完全重建，女尼和我用泥巴涂抹里里外外。他们把一切都做好了，包括我的静坐箱和佛坛，全部费用两百卢比，我住了十二年，还真是物有所值！

冬天下雪，有六个月没有人能够来这里。这段漫长的时光，我知道自己不会被打扰。当然，在严格的闭关中，不应该见任何非闭关中的人。但是因为我处于非常隔绝的地方，即使在严格的闭关中，我白天也可以出来。但如果是在寺院里，如果我半夜出来，就要避免遇见人——这有时很难办到，譬如当雪很厚的时候，我必须一只手提灯，另一只手提水桶走路。在洞穴里，我就没有这些问题。冬天，我融雪取水，可以坐在洞穴外面，不必担心会有任何人来看到我。当你能够看到外界的树木、远山、浩瀚的天空，心就更加广大了。

大约在四分之一里外，有一处美丽的小泉水。夏日里，我在洞穴前开辟了一个花园，种植马铃薯和萝卜。萝卜非常好，我可以把它的绿叶以及茎剁碎晒干过冬，因为会有好长一段时间没有任何东西可以生长。一旦开始下雪，什么事都来不及做，如果忘记火柴，就太不幸了。所以我必须利用短暂的夏季，为漫长无比的冬天做准备。

有许多动物曾经来到洞穴附近徘徊。下雪后的早晨，我见过到处都是蹄印和爪印。有一次，我甚至看见雪豹的爪印。我没有亲眼看见雪豹，只是把发现的一个非常特殊的爪印描画下来，之后拿给几位动物学家看，他们断定这绝对是一只雪豹，因为只有雪豹有这种特殊的爪印。它把爪印留在我的窗台上，显然它曾经查看过我的洞穴。还有狼！我爱狼。有一回我坐在外面，五只狼快步跑来，它们只是站着看我，非常地平和。我回望它们，它们停留了几分钟，只是静静地观看，然后领头的狼转过身，它们便跟随它跑开了。有时候，它们坐在我的洞穴上面，连续嚎叫几个钟头。

漫长的冬天，我通常都在闭关。一般来说，夏天我不闭关，我用短暂的夏季准备过冬。然后秋天到了，我下山到扎西宗拜见我的上师，告诉他自己在做些什么，并得到进一步的指导或指引。我在洞穴的最后三年，做了三年的闭关，一步也没有离开过洞穴。一位拉乎尔的弟兄运送补给品上山，有一年，他长达六个月没有送任何东西。这是十分有趣的经验！

我在山上非常快乐。有时我问自己："如果你能到世界上任何地方，你希望去哪里？"我总是选择洞穴。而我问自己："如果你可以做世界上任何事情，你现在想做什么？”我的答案是在这个洞穴里修行。所以，这是我的好时光。回顾之际，我深深感谢能有机会在那里修行，因为拉乎尔是那么美好的地方。

首先，它受空行母加持。其次，当地人民非常诚实，他们不凶暴，即使喝醉了，也只是感伤流泪，哭着说：“噢！我荒废了一生。我希望自己是一个僧人并学习佛法。”他们和康巴人不同，一点也不凶暴，不会拔刀刺人。事实上，蒙古人早年来掠夺时，当地人把所有财宝埋在地下后逃走，稍后蒙古人离去，他们从藏匿的地方出来，再把东西全部挖出，重新过日子。他们是非常爱和平的人，不愿打斗。我住在那里的时候，当地人从来没有给我带来什么麻烦，这对一个生活这样孤绝的女性来说是十分不寻常的。每个人都知道我在那里，如果有什么人前来，一定是因为老阿比（Abi）丢了一只牦牛。“你有没有看到一只牦牛？”或是“我们丢了三只羊，你有没有看到任何一只羊？”情况就是这样。在印度其他地方，甚至在西方，人不可能独自居住在这种孤绝的环境却感到这样有信心和安全。

这种孤绝的经验令我非常有收获，因为我必须学习应付所有发生的事，不论是外在或内在的事情都要独自应对。当你住在这种隔绝的地方，不能打电话找技工或和好友谈天，不能打开电视转移注意力，冬天，甚至无法散步：不论发生什么事，只能坐在那里面对它。这段时期帮助我培养内在的灵敏和信心，学到不需要一直找别人来解决自己的问题。这对我非常有帮助，因为我一直认为自己不切实际又不能干，遇事往往很快就去找人帮助和获取建议。

经过那些年自己应付所有的事情，我不但学会怎样用泥涂墙壁、砍柴、做一般日常杂事，同时学会了如何面对自己的心，我学习了心的运作方式。我有无尽的时间不被外界干扰，只需观看心如何运作，念头和情绪如何生起，我们如何认同它，如何不认同，并让所有念头和情绪回归到广大的虚空中。回顾当时，我非常庆幸有机会那么练习，那段时间是我一生中最美妙的学习阶段之一。

三年闭关近尾声，我在印度已经住了二十四年，感觉是和西方世界重新连结的时候了，我需要再度鉴赏西方文化，并重建我“西方的根”，但是我不知道要到哪里去。有些人说“来美国”，其他人建议去澳洲，也有人说“回到英国”。似乎没有一个地方是对的。我问自己：“嗯，你想去哪里？”没有答案。没有一个特定地方是我想去的，但是我感觉是出发的时刻了。这时，有一对我在印度认识的美国夫妇在环游欧洲时写信给我：“我们发现最完美的地方了，来意大利的亚西济（Assisi）！”我想：“亚西济，就是它了。”意大利似乎是离开印度后合理的下一步，它和印度很像，它的官僚作风、邮政制度，普遍“任何事都不太灵光”的环境——我立刻产生回家的感觉。

亚西济是个美妙的地方，是圣方济的诞生地和家乡，非常有灵气。环绕亚西济的山坡上，有几个和印度有关的团体，有三座寺庙、一所印度音乐学校。我在那里的所有朋友都参加某种灵修活动，不论是印度教徒、佛教徒还是基督徒。当然，亚西济是天主教圣方济修会的发源地，这个修会令人很喜爱。姑且不论当地的商业作风和蜂拥的游客，它具有非常特殊而且强烈的心灵特性，很像印度的菩提伽耶。许多人在当地有深刻的心灵经验——甚至包括一些游客。亚西济就是这样的一个地方。

我待在那里并做各种不同的事情。我回到亚洲好几次，然后在1992年，我所属寺院的喇嘛要我创办一所尼院。我的上师在1980年圆寂，他生前在不同场合说过好几次："我希望你创办一所尼院。"当年我根本不可能开始这项计划。然而，当扎西宗的转世喇嘛现在说"我们真的希望这个地方有一所尼院，请你创办"，我想："是的，时间到了！"这就是我从那个时候开始到现在，主要在做的事情。

这所尼院将重新介绍一个非常特殊的瑜伽派系，它是由密勒日巴的弟子惹琼巴传下来的。该派系的理论本身非常广大深奥，其中有一个部分专门为女性而立。西藏地区曾有名为"多登玛"（Togdenma）的女性修持者，她们是特殊的尼众，是住在山洞里专门修持这种法门的女瑜伽士。不过1951年后，她们似乎消失了，如今只有大约两位喇嘛仍然传承该派系。当这所尼院创办成功后，我们会从前来研习的尼众中选择合适者，给她们机会学习这项修持。如果我们不加速进行，一切就会太迟了。这项修持必须由一人传给另一人，如同火炬传递一样，一旦火焰熄灭，传递就无法进行了，这就是所谓的"口传"。如果这两位老喇嘛逝世时还没有传递这项修持，它就会永远失传。

除了这所尼院，我们还在建一个女性国际闭关中心，让全世界的女性都能够来这里，在良好的环境里禅修，这里也有欢迎男性来住的客房。将来，我希望寺中的尼众能够自己教学。过去这些年，我旅行世界各地，就是为了让这项计划获得世界各国的支持。

问答

问：您后来是不是喜欢鬼了？

答：是的。因为我把村民警告的所有问题都请教喇嘛，譬如被军人强暴、被抢劫，以及鬼，他说："我对其他事不清楚，但是我确定没有恶灵。"所以，当某些异常的事情发生时，我想："没关系，没有恶灵，不要紧。"我的心里没有产生任何恐惧，因为我相信不论出现什么，都是善的。

问：听起来您似乎颇具信心并清明。我对于神经失调的现象"风"（*lung*）非常有兴趣，这是一些闭关的人所面临的问题，尤其当它以怀疑和恐慌的形式显现。不知道您对这有什么建议？

答：当我准备进行三年闭关时，曾经去见一位西藏地区的医生。我问他："我即将长期闭关，我认为自己蛮健康的，但是请检查我的脉搏，看看有没有潜藏什么问题。"于是他为我把脉，说："你很好，只是有点虚弱。"这点我自己知道。他继续说："除了这个以外，你没问题。不过，几乎所有西方人闭关都有‘风’的毛病，所以我给你一些治疗‘风’的药。”于是我带着这些药走了，但是我从来没有用它。人们产生“风”，是因为他们努力过度，他们设定不可能的目标，想成为最完美的修行者，逼迫自己超越极限。西藏地区修行鼓励你这么做，因为它要你做非常多重复的功课，重复成百上千甚至上百万次。当你从任何一种闭关出来时，第一个被问的是“你持了多少遍咒”而不是“你做得怎么样”或是“你获得什么经验”。他们问的是“多少”，有一种必须愈做愈多的想法，所有事情都必须十全十美。这制造了许多紧张，经常导致“风”。

我们应该学习放松，让自己的心念广大，同时保持清明。这样，我们便可以在开放的感觉里修行，而不是被捆绑在紧张中。如果你一开始就紧张，往后愈修行就会愈紧张，这是恶性循环。一旦你产生“风”，就会变得非常心烦不安，心烦不安又导致“风”。所以，开始时保持轻松是很重要的，不要努力过度，正如做体操一样，不然只会伤了自己。渐渐地，当你进入情况后，就可以多做一些，直到全力以赴，但是要一直保持非常放松的心情。最后，慢慢地收尾，出关时才不会让身体系统受到惊吓。

保持心情放松是非常重要的，即使心念警觉时，也要保持放松。放松的心不代表困倦的心，它是开放广大的心。当人们进入闭关时，如果没有人告诉他们应该保持心的开放，我觉得很可惜。龙清巴尊者（Longchen Rabjam）对此说了很多，他指出应该不让心任意游走，而将它保持在范围内，同时处于放松的状态。当然，一旦得了“风”再来做这些已经太晚了，只能找一个有阳光的海滩躺下来。

闭关应该是一件快乐的事，而不是一种刑罚。它应该是愉悦的，因为心若对自己正在做的事感到愉悦，就会融入修法之中，与其合为一体。如果过度逼迫心，就会变得僵硬而排斥修行，导致冲突——这种冲突制造了“风”。

我们必须了解自己的极限，对自己要慈悲，然后要学习让自己的心变成盟友，让它喜悦地修行。所以，重点是不要逼自己超过能力所及。在修行中，还没有感到疲劳就应该停止。如果我们在心依然享受这份经验时停下来，心会记住“这是很有趣的”，下一次，心将会对此感到热切。然而，如果我们把自己逼到极限而疲惫不堪，心会说“受够了”，并记住这种无聊和疲累，下次静坐时，就会产生排拒。如果心支持我们，真正欢喜它所做的，那么我们根本不可能得“风”。只有在冲突之中，才会产生“风”。

问：您六个月都没有得到食物，结果如何？

答：我变得很瘦，限定自己的粮食。我本来每天已经只吃一顿了，我开始吃得愈来愈少。密勒日巴曾在某处说过，他总是祈祷自己孤独地死在洞穴中，那时候我打从心底里发了同样的祈愿。有一次，来了场暴风雪，肆虐了七天七夜，整个洞穴陷入一片黑暗。当我打开窗户时，只见一望无际的冰雪，打开门，出口被冰雪覆盖。我处于狭小的空间，没有办法出去。我想：“这个日子到了。”于是，我拿出加持过的小药丸（dudtsi，译注：由伟大的上师预备好的特殊药丸，能够赐予服用者益处），这是死亡的时候应该服用的，我准备在只剩最后一口气的时候服用。我确定空气已经愈来愈稀薄了，而我愈来愈大口地呼吸。我从心底对上师祈祷，真正了解这一刻唯一重要的就是我的上师。噢，我真的十分虔敬！

回顾那段时间，我真感到惊叹。我没有得幽闭恐惧症，对这一切完全平静，完全顺服，没有问题。我不知道如果真的死了会是怎么一回事，但是当时我觉得没有问题。然后，我听见仁波切的声音在我心底响起：“挖掘出去。”非常幸运，门是向内开的，否则我没有办法办到。我先用铲子把雪铲在洞里，因为没有地方可以放。然后，我用锅盖挖出一条地道，用手和膝盖爬行。回头看，漆黑一片；向前看，也是一片黑暗。但是我看见了一个小洞，最后终于爬了出来，抬头只见风雪依旧肆虐。然后我又爬回洞里，地道关闭了。我进出三次，每次挖掘地道出去一次，需要一到两个小时。

第三次挖掘出去，我环顾四方，没有树，一点景物也没有，只是一片白茫茫。我的祈祷旗原来竖得很高，已经不见了。没有洞穴，什么都没了。然后，许多直升机从空中飞过，我想：“噢！说不定有人组队去观赏雪中美丽的拉乎尔。”稍后，我才得知几个村落都被完全毁了，两百人死亡。直升机运送受伤者出去，送补给品进来，但是当时我什么都不知道。拉乎尔房屋的墙很厚，三层楼高，通常有十到十三个大房间，每栋房屋都是一个碉堡，但是许多房屋都被雪崩所夷平。我花了数周时间除雪，得了雪盲症，但是我终究活了下来，而能讲这个故事。

问：最能鼓舞您的禅修方法是什么？

答：我真的不太知道，很难说。我不需要被鼓舞而留在闭关中，我闭关是因为它似乎是最美妙的事情。但是我记得，有一回春雪融化，洞穴里淹满了水。当时是五月，地面不再结冰，天空却一直不停地下雪，由于洞顶已经没有积雪了，所以融雪渗透进洞顶，洞里滴着水，所有东西都湿透了。当时我还得了感冒之类的病，觉得极度不舒服，当时我想："人们告诉我住在洞穴里的问题果然没错，谁喜欢住在这种可怕的潮湿之中？"我又冷又悲惨，而天空还在下着雪。接着我忽然想："你仍然在轮回之中寻找快乐吗？我们总希望所有的事都是愉悦的，而害怕事情不如意。佛陀不是说过'苦'圣谛吗？"忽然间我觉悟："没有关系，真的没有关系。轮回是苦的，为什么还期待快乐呢？如果快乐存在，就存在；如果快乐不存在，又期待什么呢？这真的没有什么关系。"当我心中有了这份感受，所有希望和恐惧的重担都脱落了，所有的念头都消散了，再也没有什么关系了。这是个巨大的解脱，我对佛陀非常感激，因为"轮回是苦"真是太真实了。这又如何？我们还期待什么呢？当我们受苦时，何必大惊小怪？没有关系，我们会继续走下去。

这段时间对我是不可思议的加持，我有无尽的时空可以修行，我有修行功课要做，身边的人都如此慈悲并且愿意帮忙，我的健康状况良好，所有问题都是不相干的。这一切都助我继续前进，这是极大的喜悦。我觉得自己同时实践了上师的期望，维系了传承。当时我想，这正是我命定要做的事，也是我终将利益他人的事。

后来闭关结束，我去见一位高僧。我想请教他一个问题："我应该在西方帮忙建立一所尼院，还是回去闭关？"我确信他会说："噢！经过十八年的修行，你当然应该建立一所尼院。你的菩提心在哪里？出来帮助其他人。"请教他的这个问题似乎是不相关的，但是我决定还是问吧。他回答："嗯！建一所尼院当然非常好，应该做。但是别花太多时间，一两年就够了，然后回去闭关，对你来说，用闭关来服务众生是最重要的。"这正是我所想的，也是支撑我的力量，同时我知道自己真正实践了上师的心愿。

问：您为什么在那时候结束闭关？

答：我早已经决定三年闭关结束后就离开，我自己心里明白。但实际发生的情况是，我的闭关计划应在次年3月结束，但是在那年秋天，我听见敲门的声音，这非常吓人，因为我的住处四周都是墙，还有大门以及三种语言的告示："闭关中，请勿进入。"我听见的第一个声音是，有人翻越大门。除了运送补给品的拉乎尔弟兄外，我已经有一年的时间没有见到其他任何人。我打开门，有一位警员站在那里，他交给我一张通告，我打开一看，上面有警察局长的签名。通告上说：“我检查记录，发现你过去三年非法居留此地。请于二十四小时内下山，否则我们将对你采取行动。”我的闭关就这样结束了！根据书本所说，闭关者应该花一两个礼拜时间让自己习惯才出关，但我必须第二天就离开，到奇隆市去见警察局长并做解释。他说：“我非常抱歉，但是……”

这是个很长的故事。前一任警察局长答应更新我的签证，他过去一直这么做，但是很显然地，他不能再这么做了，因为新局长来了。他查看是不是有外国人士在这里，因为他刚从印度北部的西姆拉回来，当地有许多外国人士，而这个地方唯一的外国人就是我。他检查文件，判定这是违法的，然后派遣警员来叫我下山。他说：“我非常抱歉，但是你在这个国家非法居留。我知道这不是你的错，不过我必须给你一个‘离开印度’的通告。你必须在十天内离开。”我回答：“但这是不可能的，我已经在这里二十四年了，我不能在十天内离开。不管怎么样，我已经结束闭关了，多谢你。”然后他表示将度假一个月，会延迟到他回来才发通告给我。他说：“目前，你可以整理东西，向上师说再见，然后就得离开。”他走了，我则回到洞穴里。后来，另一位警察局长回来了，他捎来一个口信：“我可以一次给你一整年的时间。”于是他让我多住一年，然后我就下山了。这就是我结束闭关的经过，相当地仓促。

问：您每天是不是有固定的打坐时间？

答：通常是有。我三点起床，开始做第一节功课，直到六点，然后喝些茶，吃糌粑，八点左右再开始做三小时功课，十一点吃午餐。午餐后，我做些画佛像这类的事情。我也是当地的书记，我的藏文书写和拼音比僧人好很多，所以他们让我抄写经文，我还阅读一些藏文书。接着，我再喝杯茶，然后开始第三节功课。到了晚上六点，我再喝茶，最后做晚课。我有一个静坐箱，用来修行和睡觉。

问：您坐着睡觉？

答：有一段时间我坐着睡觉。我喜欢坐着，它对保持正念很有帮助。我睡觉的时间不长，但很深，醒来时，我只要伸直脖子。不过这对我的身体不太好，尤其是我的背。我的背一直有毛病，最后我以蜷曲的姿势在静坐箱上睡觉。

问：是不是有女性转世者？

答：有。

问：女喇嘛？

答：不多，但有一些。譬如康卓仁波切（Khandro Rinpoche），据说她是益西·措嘉（Yeshe Tsogyal）的转世，益西·措嘉是莲花生大士的佛母。然而，任何女性只要具备特殊品性，都可以被视为益西·措嘉，要不然为什么会具备这些品性？她同时更像是十五世噶玛巴的佛母的化身，噶玛巴的佛母是西藏地区祖普寺的禅坐老师，她是敏珠林仁波切（Mindroling Rinpoche）的女儿，非常了不起——敏珠林仁波切是宁玛派地位很高的喇嘛。

问：不知道您母亲对这一切怎么看？

答：家母曾经来印度和我同住大约十个月。她爱印度，喜欢印度人、西藏地区的人。她皈依我的上师，专修度母。后来她必须回英国，因为她没有办法吃印度食物。她是很好的母亲，当我告诉她要去印度时，她说："噢！好，你什么时候出发？"她对我的支持令人难以置信。她从来不曾以情感威胁我回家，我离开家后，大约每隔十年，她会说："你要不要回家度个假？"于是，每十年我回去一个月。她太好了，尽力支持我好几年，每个月都寄一点钱给我，一直到她停止工作无法再负担为止。她大约十年前逝世，当时我在闭关。当我两岁时父亲就过世了，所以我对他没有印象。

问：您经过长久闭关后前往意大利，会不会难以适应？

答：我有随遇而安的性格，人在什么地方，心就在什么地方。当我到达意大利的时候，意大利就是我所在的地方。这些日子，我也很少想到拉乎尔，只因为这个时候和你们谈话，我才想起。现在，我人在美国，就不会去想欧洲，除非人们问起亚西济，我才会想起，但我平常根本不想亚西济。我的人在什么地方，我的心就在什么地方。所以，如果我一个人独处，很好；如果我和人们在一起，现在发生什么就是什么。

问：您说有许多时间培养开阔的心，不知道您对心的目的有什么洞见？

答：心的目的就是觉知。如果我们没有心，就不能觉知，对不对？我之所以是我，因为我知道自己具有意识。禅修时，我们试着了解心，变得更灵敏、更觉知、更清醒。心经常处于半睡眠状态，即使我们总是思绪很多、充满活力、活在当下，事实上，我们的反应似乎是被催眠又机械化的。禅修的重点是学习如何醒过来，变得更清晰、更觉知、更能完全活在当下，对眼前一刻能够觉察，完全没有一般的投射、意见、想法，以及聒噪的意念。基本上，我们就是觉性，我们要学习的就是和觉性连结，学习如何开展它，和它共存。

问：您提到死亡前服用的药丸，那是什么东西？作用是什么？

答：这种药丸由多种成份组成：草药、珍贵的石头、各种遗骸，以及其他各种珍宝。譬如噶玛巴著名的黑丸，黑色来自玛尔巴耕种的犁。药丸由各种东西制成，制作完毕后，喇嘛会举行法会，有时为期数个月，举办许多仪式和祈祷，让能量逐渐透入药丸，所以药丸应该很有力量，当然能够加持心流（bless the mindstream），让人在沮丧或生病时，尤其是临终时服用。

很不幸，那些真正特殊的药丸都被包在绢丝里，包得非常紧，人快要死掉时想要打开它，恐怕十分困难，尤其药丸又很硬，一个人临死时，怎么样来处理，我一直不是很清楚。不管怎么样，它是受加持的东西，能帮助修行者的心流——尤其是在面临死亡这类的紧急情况时。我在洞穴里有好几种药丸。

第二章

动机与修行

我必须承认，在一个禅中心演讲，我有点心虚，尤其禅师正坐在我的身边！当我到这个地方的时候，其实并不知道自己要说些什么，因为我知道你们大部分的人，尤其是跟随禅师修行的人，并不需要听我说什么。但是昨晚我灵机一动，想到今天早上可以谈谈“动机”——为什么我们会来这里修行。

根据大乘传统，有三种修习佛法的基本动机。第一，我们觉察生活中总有些事不是我们所希望的，油膏里总是有只苍蝇。即使人们有美丽的家、亲密的关系、符合自己期待的儿女、非常喜爱的工作，总归一句话，所有的事情似乎都是完美的，但是还是会觉得生命里少了些什么。大部分人的困难都是属于有形的，还有许多来自童年或前世的心理问题影响我们适应环境的能力，以至于不论处在什么样的情况下，我们都不会觉得舒服。所以，我们寻找使生活变得容易些的方法，赋予生活一点意义，使它比较可以忍受。有些人学习佛法，是希望这些方法能够减轻压力，让我们觉得好过一些，也就是说，寻找更多内心的平静和更多的了悟，基本上是希望它能够使世俗生活变得更好。正如成功的心理治疗，佛法的确能帮助我们适应每日生活和人际关系。

有些人学佛是希望使生活更有趣，获得兴奋的经验，但这种希望很快就会消失了。昨晚，我们讨论到迷幻药使人们走入佛道，尤其在20世纪60和70年代。迷幻药文化的确扩展了心灵，让人们发现另一个世界，但是服用过多迷幻药后，会对寻找兴奋的经验上瘾，老是希望发生点什么事情，这是另一种对享乐的执着。有些人认为这属于心灵的状态，但它根本一点也不具灵性。如果禅坐几天，没有兴奋的事情发生，这些人很可能就觉得这是浪费时间而完全放弃。

第一阶段纯正的学佛动机来自对“人生是苦”的认识，我们了解到只创造愉悦的外境并不能消除内心的饥饿，这种动机在学佛中算是最粗浅的层次。不久，我们觉悟到不论多么平和快乐，生活还是非常不安全，永远不知道会发生什么事——今天很健康，明天可能就生病了；今天和所爱的人在一起，明天他们可能逝世了；今天拥有美好安定的工作和美丽的房屋，明天可能因失业付不起贷款和利息，而变得无家可归。我们发觉自己的情况有点像是住在大监牢里。

我曾经做过类似的梦。我梦见我在一所巨大的监牢里，那里有许多层楼和房间。有些层的房间像顶楼套房，非常奢华，充满享乐的人群；其他楼层则像地牢似的，人们在其中受折磨。但不论是住在奢华的楼层，还是在底层受折磨，它终究是监牢，人们不知道接下来会到什么地方，因为这里没有真正的自由。

在梦中，我来回踱步想着：“我们一定得离开这个监牢。我们必须离开。”我告诉许多人：“这个地方太可怕了，我们都被牢牢困在这里，一定要想办法离开。”有些人说：“嗯，是的，这是监牢，但是还不错，相当舒适，住这里没问题。”其他人说：“嗯，对，我们希望离开，但是太困难了，从来没有人可以出去。”虽然我和许多人说，但是很难找到愿意离开的人。

我们终将知道，不论到什么地方去，不论身在什么样的情况，我们永远都是不安全的。不论是今生还是来世，我们永远不知道会发生什么事情。今生非常短暂，来世呢？将到什么地方去？于是，我们培养第二种动机——永远脱离轮回，到达涅槃。从这个观点看来，涅槃是最终的皈依，我们再也不必回来，可以停留在涅槃境界。它是超越思想的，所以无法想象，但是我们可以发愿和亲证，今生就可以证得。所以，许多佛教徒一定会有的第二个动机就是，更加努力以求永远脱离轮回。这是一个很正确的发愿。

但是，接下来我们面临的第三个问题是，谁能离开轮回。表面上我们看起来像是独立自主的小水珠，其实并非如此，我们无法取一粒小水珠，而留下其他的水珠，因为我们其实都非常密切地互相关连，都是一面大网的一部分，不可能取出一缕线而不牵动整个结构。如同一个古老的比喻，我们全部陷落在一个广大的沼泽中，它浓稠、泥泞又肮脏，我们都希望离开，回到坚固干净的土地上，所以我们不断努力把自己拉拔出来。好，我们出来了，虽然沾了些泥巴，但是还好。接着我们应该怎么办？是不是回过身说“诸位，很抱歉，我真的很难过，你们还陷溺在沼泽中。我已经出来了，所以，你们继续努力吧，或许最后也能出来”，然后扬长而去？父母可不可能把陷溺的孩子留在沼泽中，说“嗯，孩子们，很抱歉，但是我非走不可了”。你能够留下自己的父母、丈夫、妻子、兄弟、姊妹、密友，而只救自己吗？如果你在一栋失火的房间里，你会留下孩子、父母和里面所有的人而逃走吗？有些人跑进去，只为了救他们的狗。一旦我们知道所有生命累生累世都曾经是自己的孩子、父母、朋友、丈夫、妻子，我们是不可能将他们抛在身后的。这是以传统的方式来观察事情。我们之所以站在岸上，是因为只有站在这个地方，才能够把他人拉拔出来。如果我们仍然陷溺在沼泽中，即使希望帮助他人也是无能为力的；如果在那种情况下试着帮助他人离开，只会随他们愈陷愈深。所以如果想有效地利益他人，我们首先一定要站在坚实的土地上。

菩提心的意义是什么？菩萨誓愿为什么重要？如果我们设定自己“愿度一切众生”，很好，但是在什么时候？什么地方？怎么度？重点是，我们必须问自己：“我为什么修行？”是为了自己的快乐、自在，还是为了利益他人？这不只是知识的辩论，因为我们修行的真正动机（而不是所念诵的东西）将会为所有发生的事情添上色彩。正如把不同颜色的染料加在水里，水会变成红、蓝或绿，端看我们加的是什么颜色的染料。同样地，修行的真正原因将为修行的结果染色。

如果我们只是说“嗯，当然，我修的是大乘法门，所以我是菩萨，我的目标是拯救全人类”，这是没有太大益处的。我们必须检视自己做一切事情的动机是为自己还是他人，这是重点，因为当我们发愿拯救无量有情众生，必须了解这是什么意思。当你内心真正明白后，态度就会完全转化，在我们凡夫能力所及的小范围里，内心能深深地转向。这是无法用言语说出来的，但是当它出现时，我们绝对知道。

这份真正的动机并不是一直都有的。刚开始的阶段，作为初发心的菩萨，我们并不一直都是真正无私的，如果我们宣称自己是，那只是骗自己而已。但有时候，即使这种无私只存在非常短的时间，我们也会知道自己说的是什么。菩萨这么伟大，大乘经典对菩萨极度地称扬，所以即使是微细的美德也会变得非常广大，因为我们不再为自己或只为某件事，而是为了全世界，即使最微细的事情也能扩展出无限的效应，其影响不只在今生，还在广阔连绵的来世。这是真正利他心的产生。

口说利益无尽时空里的众生很容易，虽然这的确是很特别的愿望。你看，大部分的宗教传统（包括极度禁欲主义者），即使培养最无私的态度，都还是为了获得某种后世的奖赏——不论是天堂、乐园、涅槃，还是更好的来世。某些宗教里最伟大的圣人仍然希望上天堂，他们或许过着最困苦和否定自我的生活，这都是因为他们认为今生是相当短暂的，他们渴望永恒的天堂，活在荣耀中。如今，我们转变这个观念，说："忘掉荣耀、天堂、乐园、涅槃，我们没有时间享受它。世界上有太多生命在受苦，他们的痛苦无尽。"我们只要看看周遭，就知道世上的痛苦是永无止境的。

美国被视为世上其他国家的典范，人人都渴望那里的生活方式。但是请看，每个人有多少问题！在这个可能是世界上最美好的地方，请看有多少痛苦！我们绝对必须帮助其他众生，这是唯一值得做的事，其他都不重要，所以，佛教徒做了特别的好事，必定将功德回向，就是这个原因。我们将所有的觉悟、快乐、功德都奉献出去，将生命中所有好事都献给他人，当这种态度在心里开始滋长时，觉悟的芽苗才会开始出现并转化一切。

藏传佛教有一尊名叫大黑天（Mahakala，译注：观世音菩萨的愤怒尊）的护法神，你们有些人或许知道他。有一回修法时，我心想："噢，不，好累，我不要修法了。"然后有个念头在心中出现："你是为谁修法的？你不是为了自己，而是代替世上不知道怎么修法的人们。所以，你如果觉得累，他们该怎么办？"问题不在我们的感受如何，我们有责任，不是为了自己想要修，也不是为了利益自己，而是因为许多人这个时候还不知道怎么修——我们必须为他们而修。

当我们禅坐，不只是为自己，而是为众生，一切众生和我们共同坐在这个地方，当这种想法真正渗透进我们的心时，所有事情都会变得很轻松，即使是听来很沉重的想法。一开始我们可能会想："我应该对一切众生负责任，可是我对自己都没办法负责。"但是，我们终究会知道，不仅一切众生息息相关，我们和所有的佛菩萨也都是息息相关的，我们并不孤独，所有佛菩萨都支持我们，他们也在这里利益其他众生。

你们能了解这点吗？我们不是自主的生命，不是分开的小泡沫，我们全是息息相关的，我们对彼此都有责任。而且我们都和佛菩萨密切相连，他们不是高高在天上某个地方的生物，或是某种东方的幻想，佛菩萨此时此刻就在我们面前，与我们同在。如果我们接受他们的感召，他们会支持我们，他们就在当下，因为心佛不二。他们在这里帮助和支持我们，因为他们也为了利益众生而不停地工作。一旦我们接上那个能量，就再也不觉得孤独。

有时人们在蒲团上打坐，会感到一种孤绝。其实他们并不孤绝，我们分享相同的空气、土地、食物、水，及所有的一切。我们一直在分享，彼此息息相关，不但是和一般大众相关，也和许多高度进化的生命相关，他们都在这里支持我们。所以，我们的动机应该不只是为了坐在这里的这个坚固的小“我”，这个动机应该非常地广大、浩瀚，穿越无尽的时间。我们誓愿生生世世和众生同在，不只今生，还有来世，再来世，无穷无尽。我指的不是这个“我”再回来，不是丹津·葩默这个“我”下一世会回来，而是另一个生命体，但是这个意识流和能量会是它的一部分。

关于动机的另一个重点是，我们必须每天都觉察自己的动机，必须对身体、行为、言谈、思想都保持觉知，必须对每一个行为隐藏的根源永远保持觉知。佛教对觉知和正念做了许多讨论。禅的美事之一，就是它强调将觉知融于每日的工作中。但是仅仅保持觉知是不够的，毕竟人们抢劫银行时，也可以保持高度的觉知，所以，我们同时需要觉知自己隐含的动机。

佛法指认出三种善和三种恶的根源。三种恶源是贪、瞋，以及贪和瞋的潜在原因——根本无明。任何被这三种恶源影响的行为、言语和意念，都是不善巧的。不论表面怎么美好或是无害，如果隐含的动机被无明、厌恶、愤怒、仇恨、贪婪、欲望所污染，涵括在我们许多身、语、意的行为中，那么这种行为基本上就是恶的。另一方面，任何出自这三种恶源的对立面——不贪、不瞋、不痴，也就是洞察力、爱、仁慈、慷慨及不执着的行为都是善的。这些行为不但会带来好结果，实践的过程也有助于净化我们的心。这些行为之所以有助于心的转化，是因为它们和佛性相关，所以非常重要。这些不是教条，并不是佛陀在两千五百年前忽然认定瞋对摩揭陀国（译注：位于中印度，首都为王舍城，是佛陀最常说法之处）有害，而瞋在今天却是对的。这是永恒的真理。

在刚才的休息时间，我读到一本女性主义佛教徒写的散文，近来似乎有许多这类的文章。我只随意看了一下，并没有连贯地阅读，但是最使我震惊的是文章里隐含的愤怒。事实上，其中就有一篇文章专为愤怒辩护，它坚持女性有权利愤怒，她们应该愤怒，不应该说她们发怒是错误的。这篇文章表示，愤怒是一种非常清晰又有力量的情绪，它能够驱使人们去做伟大的事情，并克服许多邪恶。作者真正想要表达的是：愤怒不是负面的情绪，如果试图将愤怒转化为爱，将带来反作用，尤其对女性更是如此。根据这种想法，那么男人就不应该愤怒，因为他们已经够愤怒了，不是吗？他们是污秽、残暴、可怕的生物，只有女性有权利愤怒。

这让我想到，如果我们的行为是出于愤怒，我们只会经验到更多的愤怒。佛陀说："恨不能止恨，只有爱和无恨能止恨。"因为你如果发怒，不论理由多么正当，不论对象是谁，都会激发对方隐藏的巨大愤怒，也就是说，不论当时情况看来多么正当，你只会得到更多的对抗。这是很明显的，一切愤怒，不论理由多么正当、正义、神圣，都来自相同的源头，那就是反感、厌恶、仇恨，不论表现出来的是暴力还是非暴力，都还是愤怒。所以，不论理由多么“正当”，愤怒永远不能导向和平、爱、妥协。

许多女性主义者对男性感到愤怒，她们视男性为庞大、恶劣、狠毒的迫害者。但是你如果到东方，当地的女性处于顺从的地位，你将发现，女人婚后住在夫家，害怕的是婆婆和小姑，而不是男人。所以，我们应该怪谁呢？当我住在拉乎尔，那些女尼的确处于绝对服从的状况，但她们并不是只对比丘服从，真正使她们顺服的，其实是其他女尼。谁应该是我们愤怒的对象呢？如果我们对男人和女人都感到愤怒，那么对所有人都将感到愤怒，接下来呢？谁是罪魁祸首？这是没完没了的事。

我们总是能替自己的愤怒找到“正当理由”，但问题不在外面的事物，虽然这也是我们要练习处理的，真正的问题来自潜伏于内心的愤怒，只等待一个理由来爆发。由于我们是佛教徒，所以要找到良好正当的理由来发怒，以使我们感到正义和满足，当然，借口总是找得到，而这些借口就会造成轮回。

真正的问题，出在我们的负面态度，这才是我们必须处理的。佛陀处理过许多战争、世仇的部族和冲突，他调停、劝解，给予人们能接受的建议，他做这些，是出于全然的智慧和爱心。我想告诉你们，负面情绪永远是负面情绪，不论我们给它多么正当的理由，对于这种情绪，我们必须在内心做自我检验。

许多人会问：如何消除愤怒？因为它是一种不舒服的感觉。我们不喜欢愤怒、仇恨的感觉，但是从没有人问我："怎么应付欲望和贪心？"贪心、欲望和无明，会使我们困在轮回中。但是西方世界并不会真的把贪心和欲望当成负面情绪，如果我们没有欲望，消费社会怎么存在呢？一般而言，欲望被视为是正面的，尤其当你能满足欲望时，欲望被视为一种动力，促使人们上街愈买愈多，使经济持续发展。这就是背后的想法。

在一部巴利经典中，佛陀说瞋的业力比贪严重八倍，但是瞋比较容易消除。贪的业力比较不严重，因为不会直接伤害他人，但是贪非常难根除，因为没有人认为贪是个问题。只要处于合理的范围之内，我们喜欢保持点贪心。这很好啊，我们需要好衣服、美食、华屋，我们的感官要刺激，我们总觉得如果对一切都不执着，就会变成冷漠、枯竭、无趣的人，所以，我们不是很想扑灭自己的欲望。

西藏地区的康周仁波切曾说，如果对西方听众说某些字眼，就会触动所有人的按钮，她喜欢说这些字眼，然后观看反应，其中一个字眼是"投降"，另一个是"放弃"。当她说"我们必须放弃"，所有人都畏缩起来，而且每个人都会问："我们必须放弃什么？必须舍掉什么？"出离是修行道路上一个主要的阶段，出离不见得就是放弃你的家和家人像佛陀一样出家，出家并不是出离的唯一形式。我想，从许多角度看，心的出离更加困难。放弃自己所珍惜的（即使是无益的）意识形态，活在当下，而不被自己的记忆、期望、绮思、巧妙的盘算所攫住，并不是一件容易的事。一切都很难放弃，即使有些人看起来生活得非常简单（其实很少人这样），他们经常还是活在非常奢华的内心世界中。这是我的经验之谈。不执着于任何事情是很不容易的，特别是不执着于“我”这个意象，我们必须慢慢学习才能放掉这一切。

这就是禅坐的意义，你单纯地坐着，身体不动，不说话，不去管心，只活在当下。愿我们不再大做白日梦，愿我们坐在空灵和绝对单纯的境界中，这是终极的出离。但是我们可能会坐着回想蜜月或假期的美好，或是猜想下周将要发生什么，或是想午餐的内容，我们可能只是坐着，没有人知道你在想什么。我们现在都坐在这里，看来像一群小阿罗汉，只要身体和言语都被控制，没有人知道你心里在想什么，是不是？但是我们要放弃心的游戏，只静坐在广大和清明的境界中，这是最大的出离。心是极度贪婪的，它不只贪求外在的享乐，同时贪求内心的舒适，而后者更难放弃。但是如果我们做得到，自然会进入一种开放、简单和清明的境界而觉悟，因为我们终于对治了所有负面态度的根源——我们的无明。

这种与生俱来的无明，不是透过学习就能消除的。学习、思考和尝试了解它当然是好事，对于缺乏佛教背景的西方人士尤其必要。我们当然需要透过研读以了解佛所说的法，否则我们将以自己的观念来诠释它，而且会改变这些教导以适应自己的心理状态。我们必须阅读、研习、了解，这是非常重要的。“佛陀真正说了些什么？佛陀的本意是什么？”只是了解这个问题，还是无法驱除我们的无明，因为无明不是知识上的无知，它属于头脑（mind）的层次，它渗透头脑（mind），所以我们的思想形态也是无明的。由于潜藏的原因极深，所以，阅读、思考和讨论虽然有助于除去表层的无明，但是无法影响潜藏的无明。这就是你们都坐在这里的原因，因为你们知道，探触无明深根的唯一方法，就是和心性连结，以此发现我们的真面貌，换句话说，就是揭露我们的佛性。

昨天当我抵达时，禅师正在谈论外面那棵大橡树。他说，有人告诉他，树根的深度和我们所看到的地面上的树干高度一样。我当时想："这真是对无明的一个隐喻。"树木在地面上是这种高度，如果我们从根部砍掉它，就没有这棵无明树了，表面看来，这棵树似乎不见了，所有无明都消失了。西方人非常用功，似乎知道许多事情，我们能做各种演讲，读一个佛学博士，但是我们如果只做这些事，埋藏的树根仍保持不动。从佛教徒的观点来看，树根会继续生长为新树，还可能因为它被修剪过，而冒出更多树叶。

我们真正需要的是直达深处，拔掉深得难以置信的无明深根。唯一的办法，就是对心性有确切的了悟。只有一次了悟经验是不够的，这只是开始。我的上师总是告诉我，一旦你证得了心性，就是修道的开始，才可以开始禅修。现在有些人对心性稍有了悟，就以为自己开悟了，他们开始写书，设立佛教中心等等。但是这种经验真的只是一个开始。

除非我们在一天二十四小时内，每分钟不间断地和无所不知的心性连结，否则都不算完全开悟。因此，菩萨也分成许多等级。我们的任务是对治自己的无明，同时，我们平日不但要随时保持觉知，并且要有洞察力。我们必须洞察每个身、语、意造作背后的真正动机，若发现心有恶念，就把它放掉。我们只是觉察并接受恶念，不要否认，不要和恶念起冲突，看见、认出是恶念，然后放下，但要鼓励并喜爱善念。就这样，按部就班地，我们得以净化自己的心。

第三章

戒与三学

今天，我们要讨论戒如何将每日生活转化为修行。你们中有许多人或许知道，在亚洲佛教国家里，读经修行的要务一般是由出家人来担任。他们被视为专业人士，有时间修行，同时没有家庭和其他俗务来分心，所以真正想修行的人会选择寺院生活。在家人的主要任务是供养僧人，而僧人则示范良好的修行生活作为回馈。通常，僧人也是老师，主持学校，孩子则前往寺院读书；僧人同时也是草药医师、婚姻辅导者、心理医生等等。寺院在一个人的一生中扮演非常重要的角色，而我刚才也说过，在家人的主要任务是护法。

然而，佛教在两千五百年后才开始在西方生根，修行的形式有些转变了——有史以来第一次，修行佛法的主要人物不再是出家人。在西方，大部分发心的佛教徒希望积极参与宗教生活，却没有足够的时间从事全面的传统修行。这些人虽然有家庭、事业、社交生活，但仍希望精进修行——这是极大的挑战。有时候，从亚洲来的一些老师不能充分体会这一点，所以他们把心目中的“修行”和“每日生活”做了区别。根据这种传统的态度，特殊的佛法修行如静坐、举行仪式、参加道场、供养等算是修行活动，而其他譬如和家人在一起、工作、社交等，都被视为世俗活动。我曾经听说过某位非常值得尊重的喇嘛的事，当一个西方弟子提出“我有家庭、孩子、工作，所以缺乏时间修行，我该怎么办”的问题时，喇嘛回答：“没有关系，等你的孩子长大，你可以提早退休，然后开始修行。”

有些喇嘛曾对我说：“噢，阿尼拉（Anila，译注：对女尼的称呼），你真幸运。我的工作太多了，没有时间修行。”这种只视正规静坐、做大礼拜、前往寺庙、听闻佛法、读宗教书籍为修行，而认为每天做其他事情都只是陪衬的想法，会使我们对自己的生命感到非常沮丧。最后，我们可能会厌恶自己的家人和工作，梦想有时间可以去做“真正的修行”。我们可能花费一生中最好的时光来憎恶眼前所处的状况，而这些状况其实提供了最深奥的方法，让我们的修行进步。假设大部分人都无法出家做十二年的闭关，现在我们必须问自己：“佛法修行和我的生活有什么关系？”如果除了到寺院出家外，就不可能真正修行，那佛法对我们有什么用处呢？

如今，情况有些转变了，并非修行本身或基本哲理改变了，而是重点转变了。禅宗有许多先例可援，它教导我们，不管做什么事，如果能保持清楚的觉知，就是修行了。然而，如果我们做事不专心，只用一半的注意力，那它就只是世俗的活动了。事情是什么不是重点，在高座上禅坐的伟大上师，除非他活在当下，对眼前一刻保持觉知，否则坐在那里便是毫无意义的。相反，一个人或许在扫落叶、切菜、洗厕所，如果能保持完全的注意力，所有活动都会成为修行。所以，在有关禅寺的影片中，寺中的人做所有事情都带着非凡的内在宁静，有完全活在当下的气氛。

对于生活忙碌的人们，关键就在这里。我们可以把平日被视为例行公事的、无味的、缺乏心灵意义的这些事物，转变为修行佛法，在这一过程中转化整个生命，这是我今天想探讨的主题。不过，我首先想谈谈把日常生活当做精神修行的另一面。我心底对“精神的”这种字眼有点回避，但是我不知道还有什么字眼可用，或许我称它为“修行”你们就能够明白了。以下我将用“修行”来代替“转化我们的内在”。

转化有两方面涵义，虽然两者有交集。一方面是创造内在的空间，使内心专注、宁静和清明，使我们更能看见事物的真相，而不是我们的诠释。另一方面是学习把心打开，我在这场演讲中会对这点多加阐述。在最基本的层次，这和不伤害有关，就是活在世界上不伤害自己或他人，所以，任何人来到我们身边，都知道没有什么好怕的。

整个佛法以三学——戒、定、慧——为基础。现代人似乎对禅修非常有兴趣，但是若只修定而不修戒，就会像建造屋墙没有先打地基，墙或许很好，但是缺少了坚固的地基，就会倒塌。我将简要解说这三学，让你们有更完整的观念。

佛法的戒就是把“不伤害”带入修行中。修戒就是遵守五种基本戒：不杀生、不偷盗、不邪淫、不妄语、不饮酒。这些不是训诫，而是帮助我们培养不伤害行为的工具。稍后当说到六波罗蜜（六度）时，再详细讨论戒。

为了学习禅修，我们的行为必须有节制，以使心更平和、简单和开放。毕竟，禅修不只是为了获得内心的平静，还要把心打开。如果要把心打开，怎么可能同时沉溺在任何伤害他人的行为之中？这两种行为是互相冲突的。所以，佛陀劝告我们，首先要了解如何尽量过清净的生活，不伤害生命，这样，心才可能变得安定。

我们每个人都活在自己的肥皂剧中，看不见事情的真相，只看见自己的诠释，因为我们的心永远那么忙碌。我们尝试看透心，却无法看见任何表层意识以下的东西。但是当心一平静，就变得清明了，心清明，就可看见事情的真相，不再把自己的评断投射到所有事物上。向内观看，愈来愈可以看见心的微细层面，这种禅坐称为“奢摩他”(shamatha，止)，意指“保持宁静的禅坐”或“使心安定的禅坐”。这是禅坐的第一个阶段——使心安静。但是成就了“奢摩他”以后，还有更深的修行。在这个阶段，虽然心变得安静平和，许多垃圾依然存在表面之下，我们现在能够清楚看见这些垃圾，但是它们显然还没有离开。

为了处理深层的垃圾，我们必须练习“毗婆舍那”(vipashyana，观)，意为“洞察式的禅坐”。这类禅坐启动一个大问号，藏传佛教尤其如此，我们对思想和情绪的整体观念提出疑问：“谁是思想者？”笛卡儿说：“我思，故我在。”从佛教徒的观点，我们只能说：“我思，故有思想。”思想存在的事实，并不必然意味着思想者的存在。我们说：“我思考，我感觉，我想要或不要。”但谁是这个看来像网中蜘蛛的“我”？我们问：“念头是什么？”不知道，然而我们却想个不停。我们可曾把注意力集中在真正的念头或是心上，并且问：“什么是念头？它的感觉像什么？它从哪里来的？它停留多久？它往什么地方去？”

对自己的情绪也可以提出相同的问题，我们说：“我生气了。”但是生气是什么东西？它在哪里？它的感觉像什么？谁在生气？我们在所有事情上都设置的“我”到底是谁？从某种角度来看，毗婆舍那就像在剥一层层的洋葱皮。我们提出疑问，直到开始问自己：“这个根本的‘我’在什么地方？它是什么？”一旦我们了解了这点，就了解了一切。一旦我们超越了平凡相对的思想层次，到达了更深更细微的层次，就来到了所谓“无为法”的境界。

我们平常的思考模式是二元的，是根据“我”和我的思考或作为。毗婆舍那的练习带领我们直接进入无分别的觉知。如果我们在阴天抬头看天，通常会联想到昏昧不清的念头和情绪的云层，我们很少和纯净觉知的广阔蓝天连结。天空是无尽的，它从什么地方开始？它的终点在什么地方？由于我们认知的是云层而不是天空，所以我们受苦。当我们愈来愈深入一些问题，譬如：我们是谁？情绪是什么？念头是什么？……智慧就会渐渐生起。

智慧和知识无关。知识可能非常有帮助，它能够帮我们厘清事物，但是“知道”和“觉知”之间存在着极大的区别，觉知具有一种直接经验的意味。譬如，我们能够阅读许多有关糖的书籍，知道糖的化学成份、制作方法、不同种类、人类使用糖的历史、人体内糖的类别、碳水化合物怎样转变为糖。我们可以成为糖的专家，但是，除非我们尝到了糖，我们才能了解糖的滋味，否则我们只是知道糖而已。

当我们成为自己所经验的，智慧就出现了。直接经验的特性就是转化，一旦转化，就再也不是原来的我，这并非表示我们彻底开悟了。有些人想象自己静坐一会儿，就能在一分钟内忽然获得充满亮光、喇叭声、天使和落英的大突破。事情并非如此。事实上，当我们禅坐时，的确会经验到小突破，像是绝对心的灵光闪现，但这只是修行的开始，绝对不是终点！

智慧是个庞大的议题，它与了解人和所有现象之广大、虚空的本质有关。智慧是我们向内搜寻的直接结果，无法从书本上学到，须直接体验。为了获得这种深层的内在特质，我们的心必须安静又柔软。若要证得此心境，首先需要培养管控身体和言谈的能力，才不至于造成冲突。三学相互依赖，彼此扶持，如同一个三角形的周边，每一边都扶持另外两边，你不可能拿掉一边，而期望三角形依然存在。

三学是为了帮助我们培养六波罗蜜（六度），后者是趋向开悟所必须具备的超越性特质。波罗蜜包含许多特质，传统上分为六种：布施、持戒、忍辱、精进、禅定、智慧。你会发现，禅定只是六种特质之一。那么布施、持戒和忍辱是什么呢？为圆满修行之道，我们需要圆满这三种特质，而要圆满便需要社会环境。与世隔绝的生活，或许可以通过用面包屑喂鸟，或忍耐嚎叫的风声和日以继夜的落雪来培养布施心，但仅此而已。要培养前三种波罗蜜，真的需要其他人在身边，如果没有布施的对象，怎么学习布施呢？布施被放在六度的第一项，因为这是我们都可以立刻去做的事。我们不需要守戒圆满、精通静坐，也不需要在所有情况下都非常有耐心并且避免生气，我们可以缺点非常多，问题非常多，却依然慷慨。布施打开我们的心，这是它被放在第一项的另一个原因。

我在英国时，有一些英国苏菲教派（Sufi）的朋友，其中一位有个大约三岁的孩子。有一天，他们给孩子一盒糖，并且教他分一块给我，他立刻反应："不，这些糖是我的！"父亲说："这盒糖当然是你的，所以你可以和别人分享。"小男孩想一想，然后笑了，他打开盒子，不只给我一块，还给房间里的每个人一块，他脸上带着大大的笑容。这是对的，糖是属于他的，所以他可以分给别人。

我们对自己的财产是不是抱着这种想法呢？我们多么幸运因拥有这些东西而可以和他人分享！这是第一个功课，教我们第一次打开心房，接受身边的人们。我们应该不只是把不需要的东西送掉（这可以是个开始），也要因为非常喜欢一些东西而把它送掉，这是和他人连结的美好方式，随时都可以做。在东方，人们了解布施，相信所有事情的发生都是因缘和合。所以，如果他们希望富裕，就必须创造使未来富裕的因，富裕的因是布施，由于他们了解这点，所以非常乐意给予，对接受者也非常感激，因为受者让施者累积了善业。这不但帮助他们打开心房，同时也为将来的成功埋下了种子，所以，当人给予时，受者并不说"谢谢"，因为应该是施者感谢得到布施的机会。

我们可以从小的布施做起。如果遇见一些朋友，可以请他们喝咖啡；如果有两样好东西，可以分一个给他人。我认识一位住在印度的印度教老师，他显然十分有名，所以人们总是送他礼物，包括精美的舶来品，这些都是印度人所垂涎的。令我感动的是，每当他收到任何礼物，第一个反应都是："我能把它送给谁？谁是合适的接受者？"他从不留下任何东西给自己，但是他经常是快乐的！

第二种特质是持戒，这很容易融入日常生活中。佛教徒的基本戒律就是五戒，遵守五戒所使用的文字是“我持此戒以……”，换句话说，这些不是训诫，佛陀并没有说“你不可以……”，他只说“这是戒，其目的在培养不伤害自己和他人的行为”。

五戒的第一条是不杀生，意指不蓄意杀生，包括不杀害任何众生，不只人类，还有动物、鱼、昆虫，以及任何有意识的生灵。每个生灵都视生命为最宝贵的资产，正如我们一样。有一个故事，讲的是佛陀时代的一位国王，有一天，他和王妃站在阳台上，他问她：“世界上你最爱的人是谁？”她想了一阵子，然后回答：“你知道的，我想全世界我最爱的人就是自己。你呢？”国王想了一下，然后说：“嗯，这是真的。说到底，全世界我最爱的还是自己。”后来他去见佛陀，把这段对话告诉佛陀。他问佛陀：“你的想法是什么？”佛陀回答：“这是事实，每个生灵都和自己最亲。所以，我们不应该伤害或是造成伤害。”如同我前面所说的，佛教戒律整个的系统，根据的就是不伤害的原则，包括不伤害自己和他人，使得每个生灵来到我们身边，都知道我们不会伤害他的幸福，和我们在一起是完全安全的。

第二条戒是不偷盗。佛教国家对这个戒遵守得很严格，譬如，僧尼前往某人家中，甚至不可以拿起某样东西赞美，免得这种行为被解释为想要拿走。事实上，我们应该把东西递给他们，即使是邀请他们吃饭，也要把每样东西交给他们，这样他们就不会拿到任何别人没有供养的东西了。在一些佛教国家，僧尼确实非常小心地遵守此戒，这是另一种不伤害。人们必须知道他们可以信任我们，我们不会拿走属于他们的任何东西，因为我们也不喜欢他人拿走我们的东西。这也包括向他人借取的东西，必须尽快归还，并且东西要像借来时一样好。我们必须尊重他人的财产，正如我们希望他人尊重我们的财产。

第三条戒是不邪淫，意指不从事任何伤害自己或他人的性行为，以及对自己的行为负责。我们不可以只寻找即刻的满足，而要考虑长远的结果和自身行为的含义。和谁上床或从事哪一种性行为不是重点所在，重点是要问自己："是不是有任何人被这种行为伤害？"所以通奸一直被视为有害的，因为它伤害人，并且引发嫉妒、欺骗和失信。

第四条戒是不妄语。遵守这条戒能够保证他人相信我们所说的话，让他们知道我们说的话是我们自己所相信的。而且，我们说的话应该对人有帮助，不但没有伤害而且是仁慈的。有些人骄傲地认为自己说话很真实，但这些真话往往都十分刻薄。有趣的是，当人们骄傲地认为自己说的都是实话时，他们通常指的是伤害别人的真话。记得我年轻时，第二次世界大战刚结束，在英国所有物品都需要配给，包括食物和衣服。我们热切地收存衣服配给票来买新衣，这是难得的乐事。有一次，我的母亲买了件奶油色的外套，穿上给我看，她非常高兴，因为很少有新衣可穿。她问："你觉得好看吗？"我说："这件衣服让你看起来很胖。"我说的是真话，这件衣服真的让她显得比较胖，但是她受伤和失望的脸色却令人心碎。她脱下外套放入衣柜，再也不穿它，甚至再也不看一眼。其实我当时大可以说“这个颜色很好看”或“这件衣服很好”或“这种设计很有趣”，这些也是真话。当我们说真话时，记住，它应该不只是真话而已，同时也要对人有帮助并且是善意的。要记住，我们的目的不是伤害他人，因此要照顾他人的感受。

第五条戒是不饮酒，这条戒在西方是不受欢迎的。许多人说：“噢，它的意思只是叫我们不要喝得大醉。”事实上，这条戒并没有说你不应该喝醉，它是说你不应该沉迷在酒精里。为什么？首先，佛教是一条增进心的觉知和清明的道路，修行的目的是增进对心的掌控，而不是减弱掌控。沉溺酒乡会带来反效果，因为酒会让心变得混沌不清，不仅这样，酒还会打开通往所有负面特质的大门。当人们喝醉时，最好的特质无法展现。很少有人喝醉后还会去仿效特蕾莎修女，经常是喝醉后就打老婆！

有个故事说明了这点。曾经有一位僧人在山洞里禅修，山下的施主不时供给食物给他。食物都是由施主的女儿送上山，日子一天天过去，她深深被僧人打动，最后，她要求僧人和她上床。僧人说：“我是守戒的和尚，不可能做这种事。你胡说些什么？完全不可能。”她非常失望地下山。下一次上山，她带了一只山羊，对僧人说：“如果你不肯跟我上床，至少杀了这只羊，我们可以一起大吃一顿。”僧人说：“你疯了吗？我是佛教僧人，我不杀生。请你离开。”于是她下山了，沉思着：“这个佛教僧人很难被戏弄哦。”

下一回，她带了一大壶青稞酒（藏文“漳”：chang）。她说：“好吧，这是我最后一次提出请求，你或者跟我上床，或者吃羊肉，或者至少和我分享这壶酒。如果你一件事也不做，我就要失望地自杀。”僧人沉思着：“怎么办？我不能成为这位可怜的女孩死去的原因。这些事里最没有害处的就是喝酒。”他便说：“好吧，我们喝酒。”于是他们喝了酒。结果僧人喝得大醉，然后他和女孩发生了关系，为了庆祝，他们还把羊杀了，大乐一场。

酒精本身并没有问题，问题是它打开了通往所有负面行为的洪水闸，所以我们必须很小心地运用它。喝醉的司机把人撞死并非因为邪恶，而是因为他们无法掌控自己。我和一位美国囚犯通信，他被判二十六年徒刑，因为他酒醉开车撞死了一对母女。他不但夺去了两个人的生命，同时也夺去了自己的生命——二十六年徒刑是很长的！

佛教戒律是根据完全觉悟者的行为而制定的。一位完全觉悟者自然不会杀生、偷窃、沉溺于错误的性行为、说谎或饮酒。我们依照没有伤害的方式生活，引导自己的行为符合彻底觉悟者的行为。我想你们看得出来，这些戒律并非因文化而产生，它们并不是和二千五百年前的北印度有关，而和今日世界无关。事实上，当前社会充斥着贪婪和暴力，所以这些戒律还是跟我们息息相关。坚守这些戒律，就像是打造房屋地基。这不是刺激的工作，没有人认为打地基是令人兴奋的，但是它非常值得。如果建造了坚固的地基，就能轻松、迅速地建造牢固的墙壁；如果地基薄弱，无论墙壁多么好看，都是不稳固的。如果我们的行为纯洁、有益、没有伤害，我们的念头会变得安详、较少有冲突，也就没有什么可以自责的事了。有了这个坚固的地基，我们便可以开始禅修了。我并不是说，我们的行为必须完美无瑕才可以开始禅修，但是，如果我们继续任意地打猎、殴打妻儿、周末到商店偷窃、喜爱恶劣的丑闻、从事不合法的性行为，我们的心就会被扰动得太厉害，无法好好禅修，甚至会适得其反。

重要的是，我们应该过一种不伤害身心的生活，因为我们要对身心负责任。注意滋养身心的方法，如同为了爱护汽车而添加质量优良的汽油，我们不会添加煤油或其他有害的东西到引擎里，因为这会造成伤害。我们小心照顾汽车，却较少照顾身体，反而把各种有害的东西放入身体，我们必须对自己、自己的心和自己在社会的地位负更多的责任。佛教徒花许多时间静坐，修慈悲心，并且散布慈悲心给所有众生，但如果我们对自己都没有慈悲心，怎么可能散布给别人呢？

坐在蒲团上想着“愿所有众生吉祥如意”，然后将慈悲心散播给世界上所有小生命，这是比较容易的事。这时，有人进来通知有电话，我们却板着脸说：“别吵我，我正在修慈悲心。”其实我们开始修行佛法最好的地方就是家庭。我们和家人的业力关系是最深的，所以我们有很大的责任要去培养和他们的关系。如果对家人都没有办法培养慈悲心，遑论对其他众生？如果我们真的想打开心房，对象必须是与我们直接有关的人，譬如配偶、孩子、父母、兄弟姊妹等。这永远是一个困难的功课，因为我们必须克服根深柢固的行为模式。

这对夫妻可能特别具有挑战性。有时我想，用录音机甚至录像机把夫妻相处的方式录制下来，应该是个好主意。这样，他们可以听或看彼此是怎样交谈的。他说这个，她却说那个，每次的响应都是这样笨拙。他们被锁在一个模式里，造成自己和周遭人们的痛苦（包括孩子们），无法抽离出来。修行慈悲心确实能帮助我们松绑多年来发展出来的坚固模式。有个很好的办法，那就是，有时候我们可以闭上眼睛，再张开看对面的人——尤其是我们很熟悉的人，譬如配偶、孩子或父母——好像第一次看见他们一样，这样或许能帮助我们去欣赏对方美好的特质，进而培养对他们的慈悲心。

六波罗蜜的第三项是"忍辱"，它也需要其他人的存在。忍辱是愤怒的解药。从佛法的观点来看，耐心是非常重要的，佛陀称赞它是最伟大的苦行，我们必须培养这种美好、广大、开阔的特质。忍辱不是压抑、限制，而是和培养开阔的心有关。为了培养忍辱，我们需要和让我们恼怒的人在一起。要知道，当人们待我们很有爱心又仁慈，说我们想听的话，做所有我们要他们做的事，这种感觉可能很棒，但是我们从中学不到任何东西。爱可爱的人很容易，真正的考验在于那些你非常讨厌的人！告诉你们一个故事。有人听过里修的圣女小德兰（Saint Therese of Lisieux）吗？她有时被称为"小花"。你们可能没有听说过她，她来自法国诺曼底的中产阶级家庭，十五岁成为加尔默罗（Carmelite）的修女，在19世纪末期死于肺结核，当时她只有二十四岁。如今她和圣女贞德一样，是法国的守护圣者。当年她住在一个狭小封闭的加尔默罗修女院中，院中约有三十名修女。她还有四个姊妹，也在这家修女院当修女，她的大姊就是修女院的院长。

你们必须试着想象这种沉思教派的生活，你见到的只有这个修女院里的人，你没有选择她们，不是你选择所有好朋友来到修女院。你进入修女院，然后发现这就是你所拥有的，终此一生，你将坐在早来的人之后，晚来的人之前，你没有选择权，你和她们一起吃饭、睡觉、祷告、娱乐。好比我们在这个房间里，忽然被告知："各位，事情就是这样了，你们这一生再也看不见其他的人了。你们没有选择彼此，但就是这些人在这里了。"想象一下！

有一位修女令小德兰完全无法忍受。这个女人没有任何一点是她所喜欢的，包括长相、步伐、说话、笑容。小德兰十分吹毛求疵。修女们习惯在一所很大的石头教堂里做早晨的默祷，教堂里所有的声音都会有回音。这位修女就坐在小德兰前面，发出奇怪的咔嗒声，这种声音一点节奏也没有，所以小德兰永远不知道下一个咔嗒声什么时候出现。她应该冥想，但是她却全身冷汗湿透，只等着下一个咔嗒声的出现。她知道自己终此一生将坐在这位修女后边，而这位修女永远也不会改变。最后，小德兰觉悟到，看见这位修女接近就溜到走廊下是没有用的，这位修女很显然有些地方讨神喜欢，因为他召唤她做基督的新娘。

小德兰断定，这位修女必定有某些美丽的地方是她没有发现的。她知道这位修女不会改变，唯一能改变的是她自己，所以，她不再加深自己的厌恶并躲避这位修女，她开始放弃自己原先的方式。她和这位修女相见，尽量对她友好，待她仿佛是最亲密的朋友，开始做小礼物送给她，并且猜测她所需要的东西，总是从心底里对她展现最美好的笑容，尽自己所能地待她如最挚爱的朋友。有一天，这位修女对小德兰说："我真不明白你为什么这么爱我。"小德兰想："你要是知道就好了。"

透过这种方式，小德兰变得真心喜欢这位修女，使她不再是难题，但是这位修女并没有什么真正的改变，我确定她还是坐在那里发出咔嗒声，然而一切都改变了。这个难题被克服了，小德兰的内心也成长了许多。她并没有示现任何伟大的奇迹，没有预见任何伟大的事情，只做了一些非常简单的事，这是我们都有能力做到的——她改变了自己的态度。我们没有办法转化这个世界，但是我们可以转化自己的心，当我们转化了自己的心，你看，整个世界都改变了！

7 世纪的印度学者寂天菩萨说过，这个世界充满了卵石、尖锐的石头和蓟。我们该如何避免脚趾被扎到呢？我们是不是要把整个世界都铺上地毯？没有人富到能够给整个地球铺上地毯，但是如果我们拿一片皮革贴在脚底充当鞋子，就可以走遍世界。我们不必改变全世界和所有人以合乎自己的规格，世界上有成千上万的人口，但是只有一个"我"，我怎么能够期待他们完全做我想要做的事呢？不需要这样。只要改变自己的态度，就可以视那些困扰我们、并且带来最大问题的人为最好的朋友——他们是帮助我们学习和转化的人。

我曾经在南印度见过一位占星学者，我问他："我有两个选择，回去闭关或创办尼院。我该怎么办？"他看着我说："如果你回去闭关，将非常地平静、和谐、成功，一切都很好。如果你创办尼院，将会有许多冲突、问题、困难。但是两件事都很好，你自己做决定。"我想："赶快回去闭关吧！"后来我遇见一位天主教神父，我对他提起这件事。他说："很显然，你应该创办尼院。一直追求宁静和避免挑战，有什么用处呢？"他说，我们好比粗糙的木头，天鹅绒或丝绸不能让我们的边缘变光滑，我们需要的是磨砂纸。困扰我们的人就是磨砂纸，能让我们变得平滑。如果我们把那些非常讨厌的人视为修行最大的帮助者，就能够学到很多东西，他们不再是我们的问题，而成为我们的挑战。

10 世纪的孟加拉国学者阿底峡把佛教重新引介到了西藏地区。阿底峡有一个非常可怕的仆人，他蔑视又不服从阿底峡，总之，他是个大麻烦。别人问阿底峡应该怎样对付这个可恶的人，他们提出："让他回去，我们来照顾你。"阿底峡说："你们说什么？他是我最重要的忍辱老师，他是我身边最宝贵的人。"忍辱不代表压抑，不是把愤怒装到瓶子里，也不是以自责的方式对待自己，它意指拥有一个心，这个心看见，所发生的一切事情都是自己在今生或前世所造的因带来的果。谁知道我们和找碴的人在过去是什么关系？谁知道我们在另一世曾经怎么样对待他？如果我们报复这些人，只是把自己锁在相同的轮回中。我们在今生和来世会一再回放这段影片，唯一突破这种轮回的方法，就是转变自己的态度。

不久之前，我遇到一位被关了二十五年的僧人，他被折磨，受到恶劣的待遇，身体受到十分严重的伤害。但是请看他的心啊！当你望入他的眼睛里，完全看不见辛酸、破碎或仇恨，只看见他的眼睛在发光，他看起来仿佛刚做完二十五年的闭关！他谈的全是对狱卒的感谢，狱卒真的帮助他培养出了对施暴者无比的慈悲。他说："如果没有他们，我还是只会在口里念那些陈腔滥调而已。"由于被囚禁，他必须靠自己内心的力量，在这种情况下，不是沉没就是超越。出狱时，他只感受到对关押他的人的爱和了解。

我曾经读过杰克·伦敦（Jack London）写的一本书。我不记得书名，好像是和星星有关的什么东西。书中描述一位大学教授谋杀了妻子，被关在圣昆丁（San Quentin）监牢中。狱卒一点也不喜欢这位教授，因为教授太聪明了，所以他们用各种方法来困扰他。其中一个方法，就是把人绑在非常硬的帆布袋里，然后把袋子拉紧，人在里面几乎不能动也不能呼吸，觉得整个身体好像都要碎了，任何人待在里面超过四十八小时就会死掉。他们反复把教授放在这个袋子里，每次二十四或三十小时。他被这样绑起来，因为疼痛得难以忍受，开始有灵魂出窍的经验。最后，他开始经验到前世，他看见了自己在过去世和这些折磨他的人之间的关系。在故事的尾声，他将被吊死，但是他只感受到对折磨他的人的爱和了解，他确实了解他们为什么这样对待他，他感受到他们内心的不快乐、困惑和愤怒。

一定要用适合自己的方式培养出转化负面状况的能力，并且用它来修行。从痛苦中比从快乐中学到更多，这并不意味着我们必须出去寻找痛苦，绝对不是。但是当痛苦来临时，不论它是什么形式，与其憎恨它并且制造出更多痛苦，不如视它为伟大的成长机会，脱离平常“他不喜欢我，所以我也不喜欢他”的思考模式，开始超越这一切，并且用这种方法来打开心房。佛陀曾经说：“如果有人送礼给你，你不接受它，这个礼物属于谁？”弟子回答：“属于赠送礼物的人。”于是佛陀说：“嗯，我不接受你无礼的语言，所以它属于你。”我们不必接受它，我们可以让自己的心广大如虚空。如果你向虚空丢泥巴，泥巴不会污染虚空，只会弄脏丢泥巴者的手。所以，重点是培养忍辱，并且学着把负面的事物以及人物转化，使其成为正面的灵性回响。

问答

问：如果遵守这些戒律而被自己所信任的人欺骗，该怎么办？

答：你不用那么容易上当。当心变得比较清明时，我们开始看见事情的真相，看见人们的真面目。当我们能看见人们的真面目，而不是他们表现出来的样子时，就会对他们产生极大的慈悲心，但是这不表示我们是傻瓜。慈悲心不是感情用事，而是像剃刀般锐利。我指的不是傻瓜式的慈悲心，真正的慈悲心和清晰的洞察力是相互结合的，一旦看得清情况，自然而然就知道如何恰如其分地应对。但由于我们自己非常混乱，往往不知道怎样适当应对，所以，当我们努力追求快乐时，只会为自己和身边的人制造愈来愈多的混乱和痛苦。这不是我们的目的，我们的目的是得到快乐，或让其他人也得到快乐，但由于我们自己的迷惑，所以办不到。当我们愈了解自己，就愈能了解别人，然后能以恰如其分的态度应付情况，而不至于造成伤害。

佛教的基本原则被全世界的非佛教徒广泛地运用，因为它适用于每一个人，你不必成为佛教徒也能了解。上师总是说："我们并不想改变人们而来信仰佛教，只是帮助人们得到快乐，变得更仁慈更和平。"

佛陀说："我只教导一件事情：苦和苦的息灭。"他环顾四周，看见人们非常需要快乐；然而，由于他们的迷惑，不停地为自己和他人制造更多的痛苦，于是佛陀示现转化痛苦的方法。我们仿佛都被捆绑住，被四方拉扯，虽然企图解脱束缚，但是因为不知道怎么样给自己松绑，所以只是盲目地拉扯绳结，反而愈绑愈紧。

有多少人是真正快乐的？我指的快乐不是他们刚遇见梦想中的对象，或是得到新车、新屋，或是期待已久的工作。我指的是内心的快乐——不论发生任何事情，内心都拥有一个潺潺流动、充满喜悦和平和的泉源。你知道多少人拥有它吗？有一些人，但是不多。

问：您说佛教是无神论。这个观点和您对佛陀的态度应该怎样调和？

答：佛陀不是神，他是一位透过自身努力、获得彻悟的印度王子。他突破所有无明的障碍，他的心无限广大，看得很清楚，他觉醒了。其实，我们都沉睡在无明的大海里，我们也需要醒过来。当我们向佛陀礼拜，是出于对他极深的感谢，因为他做了模范，并且花四十五年的时间，在北印度四处教导各类人物，并且开示八万四千法门来使人开悟。他不是神，他是人类潜能的典范。

问：如果所有宗教都有相似的戒条，那么佛教为什么这样特别？

答：所有宗教都告诉我们不要伤害他人，必须善良、爱他人，他们告诉我们，想要别人怎么样对待我们，就要以相同方式对待他们。佛教的特点之一，不只教我们爱邻如己，还告诉我们怎样做到，它教我们培养慈悲心的方法。

问：佛教不是也谈业力吗？

答：是的。要知道，佛教的基本道德观在于，所有我们身、语、意造作的事，都会带来结果。心智不只是指智力，同时也包括具有情感的心，因为心的基础来自心轮，而不是来自智力。智力是计算机般的脑袋，不是驱动它的能量。我们不停在播种，所有被无明（指迷惑和错觉）、贪婪或执着、愤怒或厌恶所驱策的行为，都会带来负面的结果；不论我们如何为这些行为辩护，这都不是重点，重点在于潜藏的真正动机。唯有那些出于清明的了解、爱和宽厚的行为，才会带来正面的结果。

我们不断在书写自己的剧本。我们所造作的种种都将逝去——不是立刻就是以后，在今生或来世。所以，现在发生的事情，大部分都是过去（今生或前世）所造作的结果；而我们用哪一种态度面对眼前发生的事情，也将创造我们的未来。我们对生命中所有事情要负全责，不能责怪任何人，对眼前发生的事情和自己处理的方法都要负责。事情发生在我们身上，我们是否以善巧的方法来响应，是否从中学习，一切都看自己。佛教戒律谈的就是负责任。要知道，我们每分钟都在塑造未来，没有别人在外面支使我们，也没有人评断我们。从某种层次来看，我们每分钟都在审判自己，因为不论我们做什么，都将产生结果。所以，如果我们播下好种，将有丰收；如果播下有毒的种子，收成也会是有毒的。

问：您是不是在告诉我们，死亡以后，我们还会一再地回来？

答：完全正确。要知道，轮回的观念提供不可思议的广大景象。我们不必根据事情微小片面的角度而疑惑："这件事为什么发生在我身上？"人生中许多事情是神秘难解的，为什么一些大好人还会遭遇可怕的事情？为什么极度可恶的人照样过着美好的生活？如果我们能够看见整幅图画，一幅非常不同的画面将会展现，让我们有很大的空间感。

事实上，在我们无数的生命中，我们已经做尽人类所能做的事情，包括好事和恶事，而且做过许多次。有时候，我们读到关于人们做的那些让人毛骨悚然、不可思议的恶事时，我们可能想着："我永远不可能做这种事！"事实上，这种事我们在过去曾经做过许多次，所以，我们怎么能够评断他人呢？不过，重点不在于我们过去做过什么，而是此刻正在做什么，我们是不是活在当下？我们的心在做什么？它处于善巧状态还是不善巧状态？

问：是不是有女性的佛陀？

答：嗯！佛性是不分男女的。当然，我们都做过男人或女人无数次，我们今生的性别，几乎是必然的。虽然有时候我们是男人，有时是女人，但是，心性没有男女的分别。然而，在大乘佛教宗派中，有一些（并不多）成就非常高的菩萨可能被认为是"女性佛陀"。譬如，有一位"般若佛母"，她是圆满的智慧，是一切诸佛之母。还有"度母"，她是西藏地区的人非常喜爱的佛，她有许多化身，但是她像母亲一样，总是伸出援手，又有点像圣母玛利亚；她普度众生，你不必是好人她也会来帮助你，如同母亲一般，不论孩子乖巧还是调皮，她都在那里，只因为她是一位母亲，她永远是众生的保护者和帮助者。

还有一大群名为"空行母"的女性神祇，她们誓愿为修行者消除障碍并且创造吉祥的因缘，她们通常需要经过祈求而来。空行母中地位最高者是金刚瑜伽母，被视为和佛一样，有许多以她为主的修法。所以，的确有女性的佛陀，她们同时代表突破到达灵性高层次所需要的能量。

问：洞穴对您的修行之路有多重要？

答：对我个人来说，洞穴只是一个洞穴。但是有机会在洞穴里独自修行这么多年，对我的修行之路是非常重要的。对我而言，以这种方式独修非常有帮助，所以我的上师建议我这么做。当然，独修不见得对每个人都有益，端看个人的心理状况，有些人会出神，或变得恐惧，或过度内向而无法与人沟通。但是独修对我非常有帮助，我很感谢有这个机会，当我对洞穴说再见时，我感谢它这么支持我。但是洞穴不是每个人修行都必须有的部分。

第四章 六道

我相信你们很多人都看过“生命之轮”的唐卡。你们如果没有看过，它画的是一个被阎王（Yama，译注：印度神话中的死神，总管冥界）衔在嘴里的巨轮，边缘是十二因缘，里面是六道，轮中心有三种动物，公鸡、猪和蛇。每个动物都咬住前面动物的尾巴，组成了内轮。公鸡代表贪婪，蛇代表愤怒，猪代表无明。根据佛教心理学，这三种负面情绪造成了轮回。我们对事物真相的根本无明，投射出贪婪和愤怒；换句话说，这种“我要”和“我不要”，控制了我们的生活方式，我们花费一生获得自己喜爱的东西，避免自己不喜爱的东西，就是这样的动力，使我们被锁在轮回中。

在图画的最下面，你可以看到对地狱道的描绘。当然，现代有许多人不相信地狱；讽刺的是，他们仍然相信天堂，却认为地狱纯粹是想象！我对这点有自己的看法，因为我在通灵者家庭长大，对在物质世界之外有其他世界存在的信仰，感到很自在。但无论如何，即使在佛教，地狱道也不一定是真实的地方。寂天菩萨在《入菩萨行论》中说：“谁制造了红热的铁地？谁制造了折磨众生的恶魔？这一切都是颠倒心的投射。”即使我们不相信真有地狱道，但我们绝对可以相信一个充满愤怒、喜欢伤人和残酷的心，很容易就能投射出一个狂妄的环境。

佛教相信我们死后会到另一界，失去让我们立足世界的身体，心的种种便会向外投射，变成自身所有的实相；我们在世界上已经做了不少的投射，一旦失去这个身体，这种投射程度会更强。所以，如果心充满愤怒，而又变态地以他人的受苦为乐，这种心态势必向外投射，人在其中也会变得偏颇扭曲。我们现在多少可以了解何谓地狱道，那些活在战争地带的人，就是在地狱里；还有那些得了不治之症受苦的人、坐牢的人、在精神病院被幻觉折磨的人；有些人的配偶非常暴虐，有些孩子被父母虐待，这些都是我们现在就知道的地狱。

地狱道的大问题之一就是，它的痛苦太剧烈了，我们被它完全吞噬，无力采取行动，所以很难脱离地狱得到自由。这就是许多被丈夫虐待的女人无法脱离的原因，她们完全被这种关系牢牢限制住了。

佛陀有一世为了某种原因诞生在地狱（虽然他当时已经是菩萨），必须拖拉一辆非常重的车子，他和另一个人绑在一起，两个人必须在红热的道路上，来回拉这辆沉重的车子。如果他们累了，两旁的守卫就用鞭子抽打他们。菩萨的同伴有一度崩溃了，因为这个工作永无止境，他们都非常累而且虚弱。菩萨对同伴感到非常抱歉，他说："你休息一会儿，我一个人来拉车。"他对守卫说："让他休息一会儿，我一个人来搬运。"守卫回答："你不可以这样做，每个人都是自作自受。"然后，守卫用一个巨大的铁蒺藜打他，当下把他打死了，而他立刻转生在天堂。

这种死亡和转生当下发生了，因为在那种非常痛苦、狂乱、几乎不可能顾及他人的情况中，菩萨却能办到，所以他死后立刻转生到天堂。地狱是持续的，所以很难脱离，这就是传统上认为地狱久远（虽然不是永恒）的原因。地狱众生被拘禁在自己的幻觉里。生活中从那些陷入严重忧郁、精神分裂或失常者身上也能够看见。

其次是饿鬼道，或被称为不满足的灵体。传统上，描绘他们行走在地面上，一般人看不见他们，他们通常有一个巨大的空胃、非常细的脖子。据说，即使他们想办法弄到一小口食物，也很难通过那如细发般的脖子。即使食物通过了脖子，胃却像山一样大，一小口食物于事无补。其他人能吃能喝，但是饿鬼所喝的水会变成脓汁或火焰，食物变成恶心且无法消化的东西。换句话说，他们永远被极度的饥饿以及对食物和水的渴求所折磨，这是吝啬的结果。佛陀说，如果人们了解布施带来的果实，他们将会不断地给予；如果他们了解不布施的后果，将更加勤于给予。

我们在日常生活里也看得见饿鬼，有些人不论拥有多少东西，内心总是觉得贫乏，永远追寻别人所拥有的。他们不但永远要更多，而且要他们布施任何东西也很难，除非那些东西刚好是他们不要的。布施我们不要的东西很容易，如去年流行的东西；布施我们所喜爱且珍惜的东西，便困难许多。

我还很年轻时，有一个住在我家对面的人，他房间的窗户完全是黑的，因为他大约三四十年没有打扫；他穿得破破烂烂到处游晃，房间肮脏又黑暗，里面什么东西都没有；虽然他是一个温和的人，但对他的亲戚却充满怨恨。他说，他不想让他的亲戚因为看见他在享受什么而觉得高兴，这是一种非常扭曲的想法。他死时，人们发现一大堆仍然被塑料包装袋包好的衬衫和套装，还有几千张钞票。这些东西被藏在椅子里、床铺下、地板下，到处都是。当然，在他死后，他的亲戚来了，把所有东西都拿走了。我们不妨想象一下，因为他没有能力享受自己的财富或与他人分享，他可能还停留在那个房间里，变成阴魂不散的某种鬼。

分享是非常重要的，这和饿鬼的心态相反。在佛教国家中，那些布施最多的人、对早晨出来托钵巡行的出家人做最大供养的人，都是穷人和新兴的中产阶级。有基础的中产阶级和有钱人不做布施，除非他们为了招徕别人赞叹他们的美德，才布施给人看。

我们应该很小心地避免吝啬，学习打开心房，看见有人需要就做布施。这包括一些小事情，而不只是物质的东西，如一个微笑、一句好话、倾听他人，有时甚至只是陪伴在别人身边，这就是布施。拥有一个慷慨的心，不要总是想着："我能从这里得到什么好处？这里有什么东西是属于我的？如果把这样东西送掉，我就没有了。"

第三是畜生道。依据佛教理论，畜生道代表根本的愚昧。我认为这对动物有点不公平，我不认为动物这么笨，但是它们确实缺乏某种自觉的特性。它们无法退一步来客观地察看情况，总是非常主观地陷在自己所做的事情中。它们最关心的就是找东西吃。你有没有注意到，动物为了吃和寻找食物，花了多少时间？动物花了许多时间在睡觉，并且让自己温暖和舒适，它们另一件大事就是繁殖后代。想一想，这和许多人的生活没有太大不同。

除非我们展开自己的心，否则比起动物也好不了多少。有些人只考虑自己的本能和享受，只想让自己过得舒服。很多人甚至不去试着打开自己的心，不试着思考、分辨或解析。他们只会追随大众，创造舒适的环境，以避免痛苦的情况，这和动物没什么两样。我们许多人都像这样。只关心如何过得舒服？如何使自己温暖而又不要太热？凉快而又不要太冷？吃得好，穿得好，希望所有事情都舒舒服服的。基本上我们就是动物，除非我们培养那种属于人类的特殊部分——我指的就是心。动物虽然也会想，但是它们没有创意思考的能力，人类和动物的主要区别在于，人类具有创意用心的这份潜能。

接下来是人道，我们最后再谈。人道之后是阿修罗道，阿修罗是半神半人，绘画中描述，在阿修罗和天道之中，都是从粗到微细的层次，层层往上，在最粗的一层天道下面，就是阿修罗道。阿修罗道和天道一样，也很美丽。许多女阿修罗被天神占有，我没有见过男阿修罗被女天神占有，总之，女阿修罗经常被占有。阿修罗的最大问题在于如意树，这棵树的根和主干在阿修罗道，所以如意树从阿修罗道的土地上汲取所有营养，但是，如意树的树枝和果实却在天道。因此，阿修罗充满了嫉妒。阿修罗不能珍惜自己所拥有的美好事物，他们是半神半人，确实拥有许多美好的东西，大可以过很快乐的生活，但是他们不允许自己快乐，因为他们要和天神竞争，他们相信如意树应该是他们的，设法要将果实夺回。所以，他们永远处于战争之中——巨人和天神之战。

在人道中，从那些拥有太多物质者的心理状态就可以很容易了解这种状况。由于总有人比他们拥有更多，以至于他们无法感谢自己所拥有的，永远对拥有更多的人充满了羡嫉，盘算着哪些人得到更高的升迁、更宽广的房屋、更宽敞的汽车、更高的收入，以及其他等等。我们在大企业也能看到这种情况，我想，许多商人可能会转世为阿修罗，因为他们总是盘算着接收和做各种交易，这种心态是永远不满足的。人有时会落入阿修罗心态，总觉得自己所拥有的不够多，如果可以拥有别人的东西会更快乐些。但是，即使我们得到了，还是不够，因为还有别人拥有更多——更新的款式或是更大的东西。这种心态折磨着许多人，但今日的社会却认为这是好事，因为它是消费社会的基础。唯一能够让我们不停消费的方法，就是创造这些虚假的需求，而创造虚假需求的方法，就是指出别人拥有这些东西是多么的快乐！所有广告都向我们保证，如果我们拥有更宽敞的汽车、更美好的衣着、品牌更好的威士忌酒，将会感到无上的快乐。虽然，我们心中某部分知道这不是事实，但是另一个部分处在相信这种迷思的压力之下，以至于还是随波逐流。整个社会弥漫着这种物质竞争的阿修罗心态。

最近我住在新加坡，从某些方面来看，新加坡有点像天道，也很像阿修罗道，因为整个社会都架构在竞争之上。新加坡是马来半岛外一个很小的岛屿，没有任何可耕种的土地，本身没有任何资源，基本上是个很小的城市，所以完全依靠贸易和商业，这使得它有一种不安定感，如果商业转移到其他地方，它的经济将会崩溃。不论新加坡的经济多么好，你永远听得到有人说“是的，但是台湾做得更好”或是“马来西亚已经赶上我们了”。有一天，我和一位华人朋友同行，乘坐他的白色奔驰汽车，我们把汽车停好便离开；当我们回来时，那边排列着八部白色奔驰汽车。当每个人都有一部白色奔驰汽车，就你独缺，你就显得无足轻重了；要不然你就要有一部橄榄绿的陆虎汽车(Rover)，这是第二个选择。而且每个人似乎都有三份工作，孩子们因为承受不了压力而自杀的事件时有所闻。这非常像阿修罗心态：竞争、不安全感、恐惧、怨恨。新加坡人很好，但是今日新加坡社会的整体结构，已经趋向这种压力极大的生活方式。我在新加坡的时候，当时政府发现会计年度终结时，有好几百万的盈余，可是他们又不知道如何处理这笔钱，真是难题！他们喊着："我们该如何处理这几百万元？"最后他们还是说："很好，但是我们不应该因为获得胜利就松懈。明年要做得更好，台湾要迎头赶上了。"

最上层的是提婆（devas），这个字有时被翻译为"天神"，但是提婆的字面意思是"闪耀者"，一个发光的生命体。经典里述说天神经常在半夜来到佛陀静坐的丛林请教问题。在佛教的宇宙论中，共有二十六层不同的天。所以，不能说佛教是悲观的，其实，快乐的境界比悲惨的世界更多！天道的层次是从最粗的一层开始往上，由于对天道的描述出自男性的观点，所以有许多美丽的年轻天神被许多可爱少女侍候着，这是每个男人的幻想！所有你希望的事情都会自动出现，如意树的树枝和果实就在天道的下层。我总觉得这有点像加州的生活方式——美丽的房屋、美丽的汽车、美丽的孩子，但愿还有美丽的身体，每个人都练习瑜伽或是太极拳，每个人都吃健康食品，每个人都有积极的想法。

在这层上面，还有许多层次。每往上一层，就更加精细和纯净，最后到达色界，那是高深禅定力的结果，相当于各种不同禅定的层次，在这些境界里，天神雌雄同体，非男非女。然后是无色界，相当于无色界的有空无边处、识无边处、非想非非想等。但是，不论这些境界多么纯净，都还是在生死范围内。不论我们在这里时间多么长久，一旦转世，在这里的业力耗尽，就要堕落下界。

从佛教徒的观点来看，天道不是一个转世的好地方。它的生活太愉快，非常缺乏促进心灵成长的动力，只会用尽善业，最后剩下恶业。下界的情况又太悲惨，没有办法顾及心灵成长，而在较高层次，又太快乐了。这两种道对心灵成长都有障碍。

加州就像天道，许多来自印度的人都这样觉得。但是，任何境界如果只专注于青春、美丽、欢乐和光明，会是非常脆弱的，因为生命不只是青春、美丽、欢乐和光明而已。那些否认阴影的人，是处于非常不安全和不稳定的状态，完全活在天道却不知道其本质是不稳定的，无异于是一种粗重的幻觉。我记得有一位来自加州的女士，她是瑜伽老师兼按摩师。我第一次见到她时，她年约五十几岁，但是看上去非常年轻，因为她的饮食和运动都依照正确的方法。她来到尼泊尔，话题总是喜悦、爱和光明，有一位喇嘛曾经称呼她为“幸福的云”。后来她病倒了。每个人到尼泊尔都会生病，这场病使她从云端掉落，然后她才开始培养真正的同情心。当你一直和生活中的痛苦隔绝，很难培养出真正的同情心。

就佛教徒的观点来看，最好的转世在人道。因为它的组合很独特，有喜有悲，我们能够把事情看得更清楚，可以发愿超越这一切。而且，我们在人间有选择权，能够选择如何行动、说话和思想，时时刻刻都可以是修行。由于今生和前世的身、语、意所造作的业，我们对今生发生的大部分情况没有太多掌控力，但是在面对这些情况时可以控制自己的反应，解脱之道便在于此。我们可以用积极或消极的方式来响应。如果有人对我们吼叫，我们可以同样吼叫以对，或用比较善巧的方式；如果有人对我们发怒，我们可以选择发怒，或以了解和耐心来面对。如果我们反应积极，将吸引更多积极的事情进入生活；如果我们永远只做消极的反应，就会制造更多的消极。依据我们响应的善巧与否，我们在每一刻中创造自己的未来，一切全看我们自己——我们不是计算机，不是完全被规划好的程序。

禅修的主要目的是帮助我们了解自己和增进觉照力，以使我们打破模式，以更开放、清晰和了解的态度来响应。禅修不只是让我们觉得更平和，平和只是进步的基础。禅修是为了启发对自我的了解，一旦我们了解自己，就能了解他人；当我们了解他人，就能终止痛苦。我们可以用非常巧妙的方式响应一切，以尊敬和慈悲响应他人，人道的重要性就在这里。

这是我们的大好机会，如果我们荒废了，也许需要很长时间才能够找回来，但禅修就在当下，不只是静坐，而是在日常生活中——和每个人的相遇中、在每种情况中，不论是以觉知还是幻觉来行动，或为自己和他人制造更多的痛苦，或逐渐将这些放下并创造积极的环境，都看我们自己。

这就是佛教徒的道路，帮助我们在人生中做最好的发挥，不只是静坐或到佛教道场，而应该是生活的整体，包括所有的人际关系、工作、社交生活——所有事情，一切都属于佛法修行的范围，我们真的不应该浪费这个机会。

第五章 女性与修道

我们开始讨论女性在佛教的地位之前，首先要了解二千五百年前，佛陀在世时中印度摩揭陀国的社会情况，我们需要回顾那个环境，否则将落入一个陷阱——以20世纪末美国加州的眼光，不公平地评断佛陀对女性所做的决定。佛陀在世时，印度女性的定义是跟随男性而立，一个女子是女儿、妻子或母亲，尤其是儿子的母亲。她和男性的关系赋予她在团体里的地位。即使在今日的印度，如果女子不履行这些女性角色，就会被视为没有用的人。所以，这就是为什么印度女性经常急着结婚生子的原因，这就是早年印度的法典，所谓的“摩奴法典”(The Law of Manu，译注：印度婆罗门教的法典，自古以来已成为印度人生活规范的基准)。

从这个观点来看，女性只能透过对丈夫的奉献获得“解脱”。她好像月亮，只能被太阳照亮，而且像月亮，自身没有光芒。所以，女性进入婚姻是很重要的，缺少了婚姻，就没有希望。除此之外，女性在社会上也非常依赖男性，她们甚至不能独自搭乘公交车，出门旅行时必须有另一位女性或男性亲戚随同；如果她们独自旅行，很可能就会被男性骚扰，因为任何独自出门的女性都被视为轻浮的女人，甚至西方女性独自到印度旅行，这也成为她们面临的问题之一。今日情况依然如此，那么可以想见佛陀时代是什么样了！

所以，当佛陀的继母摩诃波阇波提要求佛陀设立比丘尼制度时，对于佛陀的犹豫，我们就不必感到惊奇了。事实上，佛陀拒绝了，继母要求了三次，他三次都回答：“不！连问都不必问。”继母对佛陀的拒绝感到非常沮丧。当佛陀的堂弟兼侍者阿难尊者问她为什么哭泣时，她便说是因为佛陀不让她和大群女众过出家生活，所以感到悲哀。

阿难尊者同情女性，他去见佛陀，请他重新考虑为她们剃度出家。佛陀又拒绝了。于是，阿难尊者问："女性是否具有过神圣生活并获得解脱的能力？"佛陀回答："是的！是的！她们当然具备这样的能力。"阿难尊者说："那么，你为什么拒绝她们出家？"佛陀说："好吧！就让她们出家吧。"于是，佛陀创设了比丘尼制度。这是佛陀唯一确实改变心意的记录。历经这么多世纪，所有尼众都对阿难尊者非常感激，如果他没有干预这件事，我们今天也没有办法在这里述说这段往事了！

佛陀时代，有许多非常伟大的女性修持者，许多女性获得果位而且得到佛陀的赞扬，她们的智慧、学习能力和教学能力都得到赞美。在早期经典里，佛陀一再赞赏他的女性追随者和女弟子，可见有许多女性当年都出家了，这对印度女性是非常不寻常的事。因为即使今日印度教有数千名遁世者、托钵僧、圣人，却几乎没有女性出家众，因为女性的地位还是被设定为服侍家人。

要知道，佛陀创设比丘尼制度是何等具有革命性，所以许多女性立刻参加了，早期经典便有许多这方面的故事。然而，当年的女性制度和男性制度虽然是相辅相成的，可是当佛陀进入大涅槃后，在五百名阿罗汉或圣者的会议上，却没有提到有女阿罗汉。参加会议者背诵所有他们记得的佛陀说过的话，以此建立佛典。但是，却没有女性参与其中，有人可能会问：为什么这样？很显然，佛陀必定也给予女性一些教导，是他没有给男性的，但是我们却找不到这些记录。

对女性存有习惯性的偏见似乎由来已久。我不认为有人会故意坐下来想："噢！我们要有偏见。"这只是当时社会普遍现象的一部分。经年累月，所有事情都从男性观点来背诵和记录，我相信这不是有意的，只是情况就这样发生了。由于大部分经文和注释的书写出自男性（僧人）观点，女性愈加被视为危险、具威胁性。譬如，当佛陀说到欲望，他观想身体的三十二个部分，从头发到脚底，想象如果除去每个部分的皮肤，下面是什么，肾脏、心脏、胃肠、血液、淋巴等等。修行者解剖自己的身体，以便断除对身体的强烈执着，看见它的实相；一旦对自己的身体不执着，也就同时放下对他人身体的执着。佛陀教导的观想，主要是导向我们自己，这是为了断除对自我身体的执着，获得某种程度的解脱，也是为了破解修行者专注在来自自己身体的吸引力。

然而，我们看看后来的教导，在龙树菩萨于1世纪或寂天菩萨于7世纪的著作中，我们会发现相同的观想法被导向外在——导向女性的身体，把女性看成是一袋子的内脏、肺、肾、血液，女性是不净的、令人厌恶的，却没有提到在做观想的男性僧人也是不净的。这种改变是由于传承这种观想法的人，他们的心的开悟程度比佛陀差很多。所以，除了用这种观想来突破对身体的执着，也被用来作为僧人禁欲的方法；它不再是看见事情真相的方法，而变成了培养厌恶女性的方法。

僧人不再告诉自己“女性是不净的，我也是不净的，我身边所有的僧人都是不净的”，而发展成为“女性是不净的”。结果，女性开始被视为对僧人具有危险性，因而演变成寺院的厌恶女人主义。显然，如果是由女性来写这些经论，就会有非常不同的观点。但是女性没写过经论，即使她们能够从女性观点写一些东西，还是会带有那些存在于专为男性设计的经教中的特色及想法。

由于这种明显的偏见，法教产生一种不平衡。我想可能是到了某个阶段，有人察觉到了不平衡，于是随着大乘佛教的兴起，有两件事开始发生。其一，几本重要大乘经典的主角是女性，她开始责备僧人，因为他们的观念非常狭隘；她还提出问题——在佛性的本来实相里，哪里是男人，哪里是女人？然后她继续解说，男性和女性的二分法只存在相对的层次，从绝对的层次看来，谁是男性？谁是女性？当我们静坐观想时，男性在哪里？女性在哪里？

在一些经典里，这些女性主角有时甚至转变为男性，然后又转变回来。佛陀的大弟子舍利弗以智慧闻名，被视为完美僧人的代表，他曾经转变为女性，女主角问他“谁是舍利弗”，然后又把舍利弗变回去，就这样，女主角尝试破除性别的固定形式。她们同时强调一项事实，不论是依附于男身或是女身，女性特质都和一种直觉有关——这是一种比较高度的觉知，佛法称为智慧。在最早期的大乘经典里，超越的智慧被描写成女性，叫做般若佛母，由于她圆满的智慧，而被喻为诸佛之母。所以，在早期的般若佛母大乘经典里，她被描绘为美丽的女性领袖形象，许多学者向般若佛母写祈祷文，她同时也以智慧菩萨而知名，而被深深地爱慕着。许多诗都是以她的难以捉摸为主题，不论你寻找得多么辛苦，永远也找不到她，因为圆满智慧是超越心念的，根据最究竟义，只有无念时才能证得。作家在对她的赞美文里，玩味这个意象，仿佛爱人寻找他们捉摸不定的情人。就这样，大乘佛教哲学也包含了对女性的尊重。但是，所有重要的注释和印度教圣典，仍然是由男性书写，我想不出任何一本书是出自女性之手。

在某个阶段，密乘的新运动在印度开始出现，没有人清楚它来自什么地方和确切发源的时间。这是一个非常有趣的趋势，我想，它的吸引力，有一部分是由于大乘佛教的目标是获得圆满的佛性，但是根据佛陀的例子，这需要三大阿僧祇劫的时间。试想，要证得佛性，需要这么漫长的时间！我相信有一些人会问："何必这么费心呢？如果在我得到成就以前，还有无穷尽的时间和空间，那我在这一世的行为，又能产生什么影响呢？"这种想法确实打消人们的热忱。而密乘的新运动，却保证在一生中就能成就佛性。所以，许多人抖擞精神，又开始认真修行，这其中有一些主要的发起者似乎是女性。早期的西藏地区的上师，在 11、12 和 13 世纪前往印度，他们的自传中经常记录和一群女性修行者见面的状况，这些女性中总是有一位女性领导者。在这些事件中，西藏地区的上师请求参加由女性举行的仪式，最后，这种极度的谦卑使女性心软，容许他们参加，这些西藏地区的上师肯定这份经验是他们修行中的最高点。20 世纪大师加瓦・葛沙巴（Gyalwa

Gotsangpa）说："由于和这些女性在一起，二十年的住洞穴和吃石块，刹那间得到了圆满。"

我们不知道这些女性是谁，因为所有的传记都是从男性修行者的观点书写的。她们的老师是谁？她们修行的是什么？我们不知道为什么许多高深的大师寻求她们的教导，她们的故事从来不曾被写下来。但是经典一再提到她们，各种经典都记载这些喇嘛旅行到不同的地方，所以他们不可能遇见同一群女性；而且，这些会面前后有约一百年的时间。

这些女性是谁？每当我阅读这些经书，脑海里经常浮现这个问题。我们确实知道，当时有一个重要的运动，其中包括了当年的印度女性。那时，大部分佛教活动都集中在寺院大学，譬如那烂陀、超戒寺和塔西拉，这些是大型的佛教中心，犹如那个年代的牛津和剑桥大学。数千名学生从各处蜂拥而来读书，许多早期密乘上师如那洛巴和阿底峡，原先都是这些寺院大学的教授。

那洛巴是那烂陀大学最重要的教授之一。有一次，他正在读书，一位老妇人出现并问他："你知道自己在读什么？你是不是明白自己阅读的字句？"那洛巴回答："是！我当然明白这些字句。"老妇人笑了，问他："你是不是明白自己阅读的内容的意义？"那洛巴回答："是！我当然了解它的意义。"老妇人听到这句话，突然流下眼泪，那洛巴问道："怎么回事？"她说："当你说了解这些字句，这还算可以。当你说了解它的意义，其实你对它的意义一点概念都没有。"他问："那么，谁真正了解它的意义？”她回答：“我的哥哥帝洛巴。”

这时，那洛巴把所有东西都丢下，他是克什米尔的婆罗门，又是非常受尊敬的教授，你可以想象他是什么类型的人。然而，他把一切都抛下了，在印度四处漫游寻找帝洛巴。最后，他来到了孟加拉国，终于找到了帝洛巴，他是一个又老又黑又干枯的乞丐，坐在河岸上，把活鱼丢进红热的平锅里，然后吃掉——这就是他的上师！那洛巴做帝洛巴弟子的事迹被写得很多，但是我们所要讨论的重点是，当时有许多伟大的学者为了寻找真正的体验，必须离开自己隐蔽的环境，寻找老师教导他们观修的方法，以亲证自己学习的东西。密乘就是这样开始的。

早年的密乘被保存得很严密。找到了老师，在被接受之前，必须忍受难以想象的考验。后来密乘传到了西藏地区，最后成了占主导地位的宗教，这不是有意设计的，密乘原来在主流之外。毫无疑问，许多早期的密乘上师是女性，早期的一些经典其实是由女性书写的，这些经典仍残存至今。这群女上师当中，最有趣的女老师之一，她的藏文名字是玛奇克·卓巴夷·加莫（Machik Drupa'i Gyalmo），梵文是希达拉尼（Siddharani）。根据经典记载，她活了五百年——这只是表示她活得很长寿。她是惹琼巴的老师，而惹琼巴是密勒日巴的大弟子之一。传说惹琼巴在印度时，有人告知他将会在一周之内死去，他非常惊慌，问道：“我如何才能防止这件事发生？”有人建议他去见这位女性，她有一个非常特殊的长寿佛修法。于是惹琼巴前去见她，她问他："你是不是能保持一周的清醒？"他说："是的，我可以办到。"于是，她为他灌顶，传授了修法。接着她问道："你想活多久？"他回答："我想和我的老师密勒日巴活得一样久。"于是她说："嗯！他将活到八十一岁，那么你也会活到八十一岁。"后来他真的活到这个年纪，然后希达拉尼把自己的故事告诉他，这个故事很精彩。她是少数被写下来的女性，内容描述她跟随谁修行、修什么法门等等，这些都被写在惹琼巴的传记里面。

然而，许多创立传承的女性的身份都遗失了，我们完全不知道她们是谁。譬如，伟大的成就者萨惹哈（Mahasiddha Saraha）曾追随一位名为"箭工的女儿"的女子长达十四年，她是萨惹哈的上师。萨惹哈是一位非常受尊敬的婆罗门，但是他抛弃一切追随这个低阶级的女子，结果变成了贱民。她是他的主要上师，一直指示和带领他。虽然她和萨惹哈相处了十四年，但我们还是不知道她的名字！她只是被称为"箭工的女儿"，但是她是谁？她的老师是谁？她来自什么地方？所有事迹都是从萨惹哈的角度书写，她在萨惹哈的传记里像个小道具，所有这类传记几乎都是这样。惹琼巴也曾遇见一群女性，她们由一位孟加拉国的金刚亥母带领，他领受她的灌顶，但是我们还是不知道她的身份。

在北印度，一个名为扎拉慕基（Jvalamukhi）的地方，一个黄昏，葛沙巴（Gotsangpa）行经一所寺庙，看见许多穿着非常美丽的年轻女子走进去。那里有女性守卫，阻止任何男性进入，葛沙巴的朋友想要进去，结果被守卫殴打，当她们忙着打他的朋友时，葛沙巴趁机溜进门内。他没有告诉我们进去后发生的事情，但是他确实说过，那是他一生中最伟大的经验。我们忍不住要再问：这些女人是谁？她们在里面做什么？

佛教传入西藏地区时，印度佛教正处于成熟的阶段。所以，西藏地区和许多早期接触佛教的国家或地区不同，他们接受了12世纪以前佛教思想的全貌，这就是今日藏传佛教这样丰富和深奥的原因，它不但接受佛教所有年代的哲学，同时接受了密乘。今日的印度密乘保持在十分边缘的状态，并没有公开的教导，如果你想修行，必须脱离主流，为自己找一位老师。但是，密乘被介绍到西藏地区，首先由第7世纪的莲花生大士引进，在11和12世纪又被重新介绍进来，成为占主导地位的宗教。原本密乘对那些合格并愿意全心修行的人而言，是一项秘密的修行，但是一旦进入西藏地区，所有人都可以得到灌顶，每个人至少得到观音菩萨的灌顶——他是慈悲的菩萨，或是得到度母的灌顶——她是慈悲的母亲，甚至小婴儿也得到长寿灌顶，很少有西藏地区的人不做某种层次的密乘修行。

还有一项和印度情况不同的就是，密乘是和僧团制度一同被介绍到西藏地区的。这点从噶举派的传承可以看得很清楚，该传承在西藏地区的第一位老师是玛尔巴，他是在家的瑜伽士和译者。他的主要传承从密勒日巴开始，密勒日巴是位住在洞穴里的瑜伽士，他不是出家僧人；密勒日巴传给冈波巴，他是一位出家人，冈波巴经过努力的修行，创立了一所寺庙，从此，噶举派就这样流传下来了。佛法在传统上是通过僧团被保存和流传下去，出家人是教授，他们有时间和专业知识。当然，这种秘密修行被移植到寺院环境后，就大幅改变了。其中一种改变就是女性的角色，女性一直是密乘修行十分精华的部分，她被升华，或改变了。

原始的密乘，男性代表善巧的方法或慈悲，女性代表智慧或洞见，两者融合的结果便是佛性。所以，女性在刚开始的地位非常尊贵，甚至在早期大乘时期，女性一直被视为智慧，她是般若佛母。不只一位喇嘛曾经告诉我，智慧和慈悲是相辅相成的，但是每个人都知道，智慧其实高过慈悲。所以在某个层次上，女性修得非常好，因为她们代表佛教修行的高峰。然而，因为密乘传统是在寺院环境里传承，所以问题发生了。虽然理论上女性被视为和男性同等，甚至超越男性，但实际上，她们极度被忽略。

如果在西藏地区谈到女性所受的不平等待遇，喇嘛们总是说："噢！益西·措嘉（Yeshe Tsogyal）怎么样，玛奇歌·拉布衷（Machik Labdron）怎么样，还有这一位……那一位……"但是，这些女性寥寥无几。益西·措嘉、玛奇歌·拉布衷之外，我说不出另一个名字，还有谁？一定还有一些女性。我在这里说真心话，男性上师如同天空的星星一般繁多，但是女性上师有多少？甚至到了今天，任何女性若显现出特殊的特质，就被视为益西·措嘉的化身——她是第7世纪莲花生大士的佛母。如果任何女人显现特殊特质，她一定是益西·措嘉，否则她怎么会有这样的特质？

还有另一个角度，西藏地区一般称女性或太太为“基门”(kye men)，意思是指“出身低”。密乘对西藏地区的影响这么大！无论如何，我们必须注意，在中国西藏地区、缅甸和其他佛教国家，女性非常坚强。佛教社会没有女性不得抛头露面的规定，女性并没有被放在帷幕里面，如果任何人遇见西藏地区女性，我确信你会同意她们的直言无讳。她们经常经营生意，独自旅行，她们对男人很率直，甚至对完全陌生的人也这样。缅甸的情况也一样，女性在社会上以及和异性相处时都非常自在。如今，中国西藏地区和缅甸处于这两种情况之间。印度和中国过去的女性，尤其是高阶层的女性，大都生活在和社会隔绝的状态。这种女性角色的差别使人想到，必定是佛教的影响，否则还有什么理由？虽然西藏地区的女性仍然受到不平等待遇，但是不像大部分其他国家或地区那么糟，而且女性都相当活跃。但是如果你前往一个普通的印度市场，尤其是回教徒为主的地方，你甚至看不到女人。

西藏地区的许多男人都出家，只有很少数的女人出家。从某种角度来看，这种现象令人困惑。西藏地区有三分之一的男性出家，但是那里是实行一妻多夫制的，这代表一个女人可以嫁几个丈夫，通常她先嫁给哥哥，然后也接受弟弟。这代表必定有很多的女性没有丈夫，但是出家的女性仍然非常稀少。总而言之，西藏地区在许多方面来说都像母系社会制度，一个女性可以有几个丈夫，所以女性非常强势。

西藏地区有许多非常优秀的女性修行人，她们是伟大的女瑜伽士，你只能敬佩她们，她们是坚忍无畏的。她们前往偏远的地方，在山洞中不停地修行。她们非常好，但是我们当然永远听不到她们的消息，因为没有人为她们写传，没有人认为写一些女性的传记是重要的。从经典中，无法明显看出有许多女瑜伽士，但是我们知道必定是有的。甚至今日，当喇嘛教学时，会发现大部分的听众是女性，许多喇嘛曾经说过，女性是卓越的修行人，因为她们比男性更容易投入禅修。许多男性害怕将知识丢下——尤其是那些研读多年的比丘，他们害怕忽然要放下知识，赤裸面对禅修的经验；然而，女性似乎很自然地就能够面对。

西藏地区当然有许多伟大的女性修行人，但是因为她们缺乏哲学训练的背景，没有办法写书、聚集弟子、云游参访、讲演。当我们阅读历史便会注意到，尼众的特征就是缺席——但这并不意味她们不在场。直至今日，如果你到西藏地区旅行，离开游客所经的道路进入有洞穴的区域，会发现在那里居住和修行的人，几乎百分之八十都是女性。许多人离开西藏前往印度和尼泊尔居住时，首要之务就是保存传统。在家人希望小区有修行中心，由于喇嘛是男性，所以他们创立了男性寺院，他们认为一个没有寺院的小区就像没有心脏。接下来的数年间，他们建立了几百间寺院，训练新一代的僧人。在这当中，女性当然被忽略了！

我在 1964 年首次到印度，那里只有一所尼院。很讽刺的是，它是由一位英国女性创立的。噶举派就只有这么一个尼院，二十年来，它大概是印度唯一的佛教尼院。后来，在1980年代，人们才想到尼众，但是这些人通常不是喇嘛，而是西方尼众或其他女性，她们开始将尼众组织起来。在这之前，任何出家的女孩子，最后往往都变成某家的仆人，照顾某人的小孩或在厨房工作，这是非常糟的情况。当我在拉乎尔时，住在一个男女僧众同住的寺院，感觉很好，大家在山上有自己的小屋；然而，当比丘在前面举行仪式时，尼众却只能在厨房煮饭。许多教学活动都不准尼众参加，因为“我们不教女性这些东西”，反复听到这样的话，真使我心碎。

“我们不教女性这些东西。”不给任何其他的理由。我有一位非常聪明、热心、可爱的朋友，她是当地一位尼众。她的家人希望她结婚，但是她一直拖延，最后家人订下了婚期，在结婚前夕，她把头发全部剪掉。她的家人没有办法，别无选择，只好让她出家，于是，她跟随一位很好的喇嘛——他有家室——在边界地区教学。即使经历这一切，即使她来自富有的家庭，把所有东西都放弃了，最后还是只能进入厨房煮饭，而所有男众僧人都在前面听佛法！即使她随同喇嘛和他的家人长年奔波，恭敬服侍，但她永远只是照顾小孩或煮饭，永远没有办法得到教导。在东方经常可以看到这种差别待遇，但是没有一个喇嘛敢在西方这么做——西方佛教中心的主持人大部分都是女性，你在西方永远听不到喇嘛说：“我们不教女性这些东西。”

最近，有些地区正进行着大规模的运动，试图对这种不平衡做些调整。虽然喇嘛表达了善意，但我们发觉不能等待他们来做这件事，正如我的僧团上师有一日说：“嗯！阿尼拉，终究你会知道，尼众是被放在篮底的。”所以，唯一能做的，就是让尼众自己组织起来，她们不能再等了，这就是我环游世界为我们的尼院筹款的原因。我在扎西宗的寺院里的喇嘛一直很支持这个计划，他们尽一切能力来帮助我们。

我的上师在西藏地区的寺院有个非常珍贵独特的女性传承，它是从密勒日巴和惹琼巴传下来的，被称为惹琼巴口授传承。它的教学内容非常丰富，其中有一部分是特别有关女瑜伽士的。如今，我们试着在印度重建这个传承，目前还有两三位喇嘛能够传这个法。要知道，一个传承要继续下去，必须是活的传承，同时是一项口授传承，虽然有一些可用的经本，但还是需要口授和教导。所以，我们创立了尼院，尼众先获得基本哲学和仪式的训练——特别是禅修的训练，然后再挑出合适的人选，来修这个女瑜伽士的传承。同时，我们将创立一个女性国际佛教闭关中心，全世界女性都可以来这里修行。我们希望不久之后，这些尼众可以担任老师。

女性的现状的确比过往改善许多。1995 年在印度，六十位尼众在上师和许多伟大的哲学教授面前公开辩经，当时在场的还有在家人。根据西藏地区的传统，透过辩经可以学习哲理，所以，在哲学训练方面，辩经是非常重要的部分。这次辩经是历史性的场面，因为在西藏地区的历史上，这是尼众第一次公开辩经，这大大振奋了她们的士气。你们大概很难想象，这对她们的意义多么重大。这不但对尼众的公众形象有很大的影响，还有她们自我的形象，因为她们主观上认为自己是没有价值的，人们忽略她们，因为她们也不相信自己是值得注意的。很明显的是，如果你一再被告知“我们不教你这样东西，你们不够分量得到一个尼院，你们不够分量得到护持”，你很自然会开始相信自己确实没有价值。然而，尼众们如今了解到，她们和所有人同样具有能力，因此她们培养出极大的热忱来修行、研习、成就；没有理由说女性不能达到最高的目标，历史上比比皆是。近来，印度和尼泊尔建立了几所非常好的尼院，尼众在这里第一次研读哲学经典。

今日的西方对佛法的传播做了重要的贡献。每当佛法流传到一个新的国家，那个国家就会加上一点自己的特色。所以，每个佛教国家都有自己独特的民族特色。表面上看来，似乎佛教在每个国家都十分不同，但是当你观察表面之下时，会看见他们的核心都是相同的；佛法就是佛法，它有其独特的风味。所以，如今佛法到了西方，也将发展出适合西方气质、文化和需要的方式，有许多角度将出自西方的观点，而其中之一，无疑地，将是对女性的尊重。这件事绝对已经开始了，所有的征兆都相当乐观。过去女性没有、不能和未曾完成的事，端看我们如何支持她们，尽量将佛教团体的男女二众联合起来；这是重视整体的时刻了，而不再只是看见盛行已久的不平衡。

问答

问：多登玛的意义是什么？

答：多登（togden）和多登玛（togdenma）是藏语名词，指的是我们刚才谈论的男瑜伽士和女瑜伽士。在我上师的寺院里，有一群多登，他们遵循密勒日巴的传统，留着编结的长辫，穿着白裙，但他们是出家人。在西藏地区，他们住在洞穴里，自有一套独特的修法。传说，这个传承在西藏地区还有女性修持者，叫做多登玛。据我所知，他们的修法大致是相同的，但还是有些独特的传承将重点放在女性角度，我猜它和拙火修行以及瑜伽能量有关，是从女性观点写下来的。大部分经文都是从男性观点书写，探讨男性能量的转化，但是，还是有多登玛住在偏远的地区，毕生奉献给这些瑜伽修法。

问：尼众为什么到今天还被压抑？

答：我不知道，因为这的确不只是男性的过失。我以曾经居住过的拉乎尔为例，现在，是那些非常具有影响力，但其实在某方面还是二等公民的尼众，在阻止其他尼众做进一步学习。同样的，当印度女子婚后离开娘家和夫家同住，她怕的不只是丈夫和公公，还有婆婆和小姑，她们压抑她，限制她的活动。所以，女性的压抑不只是男性的错误而已，女性助长了对自己的约束，并且压迫其他女性。如果有一个女子非常聪慧并有进取心，通常是其他女人扯她的后腿。在东方，经常看见这种情况，我不确定在西方是不是也这样。譬如希拉里·克林顿（Hilary Clinton），她是个非常卓越的人物，你还以为她是女性主义者的梦想，其实她遭受的最大牵制是来自其他女性。上个世纪大声疾呼不许女性参政的人是谁？是维多利亚女皇。这是个很有趣的现象。

问：您是不是可以更仔细解释，尼众和女瑜伽士的修持法的差异在什么地方？

答：在西藏地区的寺院里，比丘和尼众的主要修持就是读书和仪式。西藏地区的规矩如同圣本笃修道院或修女院，大部分时间都花在仪式上，一起进行共修仪式。他们每天至少共修两次，而在天主教徒名为年度圣餐仪式的期间里，从早到晚大部分都在举办仪式，持续大约一周或十天，这些是整年都有的活动。藏传佛教对举行仪式很重视，因为这是西藏地区的人的修行方法。相反，男女瑜伽士的重点是禅修，尤其是内心的瑜伽，控制气、打开脉，诸如此类，虽然僧众和尼众偶尔做长期闭关来修持这些方法，但是男女瑜伽士是专家，他们是内行人。他们把一生奉献在这里，不太关心寺院的事情。这就是两者主要的差别。

问：佛为什么永远都是男性？

答：嗯！我心里有个声音说：“佛是男或是女又有什么关系？”他是开悟的众生，他的心已超越男女。很显然的，历代以来有许多卓越不凡的女性，她们的心和佛合一。藏传佛教当然也有许多女性形象，譬如度母、金刚瑜伽母。以金刚瑜伽母为例，她被视为诸佛之母，她是女性能量的象征。从许多方面来看，佛陀似乎是阴阳合一；许多伟大的喇嘛也同时拥有男性和女性的能量，他们是母亲，同时也是父亲。

事实上，“喇嘛”这个字眼代表“崇高的母亲”，“嘛”是女性，而这个词不是“喇爸”。就像你知道的，开悟的心不是男性，也不是女性。有一次，我问我的上师：“为什么没有更多的女性化身？你为什么不找个时间转世为女性？”他说：“我姐姐诞生时的征兆比我更多，她快要出生时，每个人都说‘哇，某位非常特殊的人物来了’，但是当她生下来，他们说‘噢！我们搞错了’。你知道的，如果她是男孩子，他们会立刻尝试发掘这个孩子是谁，而他也会得到非常特殊的抚育，但由于她是女孩子，没有这样的机会，她必须结婚等等，这就是问题所在。即使你以女身回来，也将很难获得男性所得到的训练和机会，我想现在的情况已经开始改变了。但是这并不代表女性的心不美好，或是女性不能以自己的方式做许多有益的事情。”女性可以用许多方法利益众生，而不只是高坐在宝座上而已。我确信许多菩萨以女身利益许多众生，但不一定是在藏传佛教的组织里。我认为佛陀是男或女没有什么关系，在我的心中，他超越了这两者。但是，如果想象女性佛陀对你有帮助，那也很好。

问：您可不可以告诉我们那个故事，是关于一位女士对上师说，假设有一个女性佛教组织？

答：1992年，在印度举办了为期十天的西方佛教老师会议，我们和上师相处了四天。我们每天都就某些主题做演说。有一天，一位名叫西尔维亚·薇兹（Sylvia Wetzel）的女士站在上师和一群喇嘛面前，说："现在，上师尊者和各位上师，我希望你们做一个观想。想象你是一位男士，你前往一所寺院。在佛坛上是度母，绕墙的唐卡是十六位女阿罗汉。还有一个巨幅的唐卡，描绘佛陀时代传承至今的喇嘛，当然，这些全是女性。在所有尼众前面，宝座上坐着女尊者，她永远以女身回到人间——因为女身比较尊贵——然而她对一切众生还是有慈悲心。现在，你是唯一的男性，必须坐在一排排的尼众后面，但是不要担心，因为我们对你还是有慈悲心，如果你很努力，深切地祈祷，你也能够转世为女人。"她以这种方式说下去。起初，上师和所有僧人都感到愕然，但是当她把整个景象详细说明时，渐渐地，他们开始了解她的意思。他们大笑起来，但是看起来也十分尴尬。这太好了，因为它确实显示出这是僧人思想的方式。

当我是一个有八十名僧人的寺院里唯一的女性时，他们给我的感觉是："嗯！不论怎么样，我们还是喜欢你，这实在也不是你的错！——嗯！不过，这回你生为女人，或许你也有错，但是没关系，努力修行吧，下次你可以变成男人，回来加入我们的寺院。"我想他们从未想过，或许我不希望回来加入这个寺院。但是，没关系，这真的没有什么大不了的。我的意思是，佛法在这里，我们修行佛法，应该感激自己拥有人身，是女性或是男性，真的一点也无关紧要。

问：我想请问：如何以养育儿女为修行。当我的女儿出生后，我觉得没有办法按照计划修行。人们一直说："你的孩子就是你的修行。"我当然相信这是对的。但是，我没有办法找到教导我正式修行的禅修老师，您有什么建议呢？

答：嗯！我从来不曾养育儿女，所以我只能把自己的想法告诉你。但是，我觉得似乎许多修行方法都可以用来照顾小孩。首先，活在当下，和孩子同在，真正体会这个孩子；还有布施、给予，不只是给予物质的东西（这或许是最不重要的事），而是给出你的时间、注意力，并修忍辱。你要付出苦心和奉献，因为你不能离开孩子，当孩子很吵闹或你想做其他的事情时，你不能把他们像猫一样放在门外忘掉他们，你全部时间里都有他们，他们永远跟你在一起，即使他们不在，你还想着他们。当然，这其中有爱和慈悲，关心另一个生命超过关心自己。同时，不要执着，学习如何培养开放的空间，让孩子能够成为自主的个体，不要黏附在儿女的身上。你在孩子身上可以做许多许多的修行。

问：我听过许多著名老师的故事，他们碰巧都是男性，这使我觉得非常沮丧和悲哀。我在1986年开始学佛，这种感觉一直在我心里。我知道自己应该超越它，因为我在佛法里可以学习很多东西，但是这种感觉还是存在。当我进入佛堂做大礼拜时，看着传承世系图，这种感觉又浮现了，我自问为什么生为女人。

答：或许，因为我们需要许多伟大的女性修行者，所以，你应该继续修行，才能够真正利益女性的传承。如果我们希望西方有女老师，就需要女性修行者。所以，女士们，一切就看自己了，好好修行，把修行的结果传给他人，没有别的方法，没有任何事情可以妨碍你证悟佛法。一旦证悟了佛法，你可以将它传给别人，没有快捷方式。美国现在有许多很好的女性老师，将来会有更多。因为每当举办三年、七年或十二年的闭关时，许多闭关者都是女性。当她们闭关结束时，你们应该为她们开辟一个环境，请她们来教学。事实上，现在是女性非常好的时机。

第六章

奢摩他——止

我们在前面讲演里大略谈到，佛教的禅修有两个支流，它的梵文是奢摩他（shamatha）和毗婆舍那（vipashyana）。奢摩他意指“使心平静”，而毗婆舍那意指“观心”。奢摩他在英文中通常被翻译为“止”，毗婆舍那则译为“观”，意指清楚地看见。

有个传统的例子，说明这两种禅修方法的差别。想象有一个被山丘和雪山环绕的湖泊，这是一个清澈的山湖，它清楚地反映出环绕的山脉，很难分清哪个景象是山脉，哪个是山脉在湖面上的倒影。但是，当湖被外在因素扰动，就会发生种种状况。首先，湖面被打乱了，不再清晰地反映出山脉；倒影依然存在，但被扭曲了。而且，因为湖面有许多波浪起伏不已，很难看入湖的深层。不但湖面波涛汹涌，湖底的泥土也被扰动起来，湖水被染污了，混浊又不清澈。这种状态非常像我们每日的心，不断被六种感官（六根）的风所扰动。

六种感官是视觉、听觉、嗅觉、味觉、触觉、识觉（眼、耳、鼻、舌、身、意），佛教认为“意”是第六根。我们的心经常被自己的念头和情绪——被所看、所听、所品尝、所碰触的东西所扰动，所以没有办法清楚反映外界发生的事情。换句话说，当外界有事情出现时，我们立刻会用偏见和成见来诠释，以至于看不见事情的真相，只看见自己的诠释；这过程是自然而然发生的，所以我们往往浑然不觉；如果你和一群经历过相同事件的人谈话，每个人的叙述都会不一样。

之所以会有这些不同的经验，是由于我们先入为主的观念和偏见。我们的感官扭曲了接收到的讯息，正如湖面被外在因素所扰动。如果我们在心很混乱的状况下观心，会看不到太多东西，只看见表面的不宁静。然而，如果面对这个山湖，并且让风平息下来，湖面终将变得平静，如同镜面一般，能够正确地反映出所处的环境。一如我们观看一个清澈平静的山湖时，能立刻见到深处，看得见鱼、水里的植物、底层的石头，包括湖底所有闪亮的卵石。由于湖水清澈极了，以至于看起来只有几寸深，如果丢颗石头，它会沉到最底层；同样地，当我们的心不再被六根的风所扰乱时，心就会平静下来而变得清明。

当心安静时，我们就能从六根接收到正确的讯息，看见事情的真相而没有扭曲——换句话说，就是看见在我们妄下批判、偏见和杂念以前的本来面貌，能清楚、透彻地看事情。同样地，当我们穿透表面，进入心的本身，就可以见到非常深奥的层次。奢摩他和毗婆舍那的差别，关键就在这里。当湖面的水是平静的，泥土虽然沉到湖底，但还是在那里，还是不干净的。任何的扰动都会把泥土搅到湖面，让湖水又变得浑浊。同样地，当我们只修止，进入深层的专注，心变得极为清明，非常集中或是定于一点，而且极有力量，但是，根本的染污还在心里，只不过静止不动，保持蛰伏状态，如同湖底的泥土。

经过奢摩他的修炼，可以达到深层的专注，外表容光焕发，但是还没有调伏那些隐藏的负面情绪。事实上，因为心这时更加集中、有力，一旦这些负面情绪被激扰时，将以更凶狠的形态浮现于表面。如果阅读印度早期的史诗，譬如《摩诃婆罗多》或《罗摩衍那》，会读到一些圣者或隐士的故事，他们禅坐了几个世纪，甚至几千年，心受到很好的控制又有力量，极深的禅定可以保持几个世纪。可是，如果有人打扰他们的禅坐，把他们从禅定中唤醒，他们当即的反应就是愤怒，甚至是暴怒。由于他们的心如此有力量，甚至可以从第三只眼中喷出火焰，燃烧那个触犯的侵入者。有些故事描写到，当天神觉得被这些发展出惊人念力的圣者所威胁时，由于害怕被圣者毁灭，为了消弭他们的力量，就送一些美丽的天女去诱惑他们；当他们张开眼睛，看到这些令人难以抗拒的美女时，就扑向她们，在很短的时间内，就耗尽他们所累积的力量，就像把压力锅的锅盖打开一样。

这个故事的启示是，即使我们花了几个世纪的时间深入修行奢摩他，除非运用智慧，否则情况可能会比开始的时候还要糟。佛陀很早就了解到这点，他离开皇宫后寻找老师，找到了一位，当他把所有东西都学会后，就离开这位老师去亲近另一位老师。每位老师都教导各式高深的奢摩他，达到所谓的无色界，在这些禅修中，心念穿过无尽的意识层次，达到非想非非想的境界，最后来到空无一物的境界。佛陀的两位老师都说这种境界就是解脱，佛陀修持这些方法很快便达到这些境界，但是他知道这不是真正的解脱，必须要从头来。这种非常高深和微细层次的心，虽然下一生可以转生到意识极度高超的层次，但仍然不算是解脱。

佛陀放下这些法门和老师，接下来的几年，他采取苦行，但是也失败了。他自问："解脱在什么地方？解脱存在于什么之中？"他记得小时候看过父王在春天庆典里耕作，于是他就到山楂子树下打坐，静静地进入了初禅，从这个境界，他开始把注意力转向心的本身。几年后，他坐在菩提树下，了悟这就是解脱之道。他重新发现一条被忽视的古老道路，回头发现它，这就是毗婆舍那的道路——内观之道，我将在后面加以阐述。但是有一点很重要，奢摩他是发展毗婆舍那的前行和助缘。

奢摩他是什么？有一位修行高深的喇嘛告诉我，如果我们的奢摩他修得很得力，所有佛法都在我们的手中；如果我们不培养奢摩他，任何修行都不会真正有用。这很有道理，当我们用散乱心做任何事情时，都是没有力量的，也不会成功；学习任何东西都必须用心，包括写信、用计算机，或做其他事情，都必须全神贯注于所做的事情。基本上，奢摩他就是：做任何事都全神贯注，不是同时想着其他的事情，而是全心全意。如果我们专注于所做的事情，很快就会产生效果；如果只用一半的心力，不论工作多么辛苦，只会造成内心的冲突。

我们必须培养修行的动力，这是非常重要的。否则，当最初的热忱逐渐减弱，心开始厌倦时，便很容易分心。所以，当人们要开始修奢摩他时，通常得到的建议是先坐很短的时间。我们应该很巧妙地配合自己的心，不要和它做对，有两种方法能做到，其一是静坐一小时甚至三小时，不论发生什么事，就是坐，不要站起来跑出去大叫，只是把它坐完。

另一个方法就是告诉自己："善待这颗心，和它合作。"毕竟，我们必须让心愿意专注。如果我们读的是一本非常无聊的书，多半很难记得它的内容，因为心里会产生冲突，急着想做其他的事情，不想读这本书。这的确是很困难的：有一个“我”在这里，还有这本我逼迫自己读的书。但是，如果我们读一本自己觉得很精彩的书，甚至不会意识到自己是在读书，因为这是一种喜悦；我们会在迫不得已的时候才满怀遗憾地把书放下，然后又等不及再把书拿起来读，我们可以让自己的修行变成这样。有些人告诉我，因为他们所受的知性训练，使得头脑非常活跃，静坐对他们来说是很无聊的。许多人都有这个问题。

为了对静坐产生兴趣，如前所说，一开始只要坐很短的时间。因为，心几乎对所有的事都能保持短时间的兴趣，可是如果拉长时间，便会开始烦躁不安，心即使有兴趣也会烦躁不安，因为它不习惯把注意力长时间集中在一点上。之后，当我们再度试着去静坐时，内心会产生抗拒，因为心会记得上一次的无聊。可是，如果我们在仍然感到喜悦、还不会觉得无聊的时候就停下来，心会记得上一次很有趣，于是就想要再做。

所以，我们经常建议——至少藏传佛教是如此——修“止”要短而频繁，所谓短是指我们感觉舒适的长度，但如果短于十分钟，则又用处不大，我认为二十分钟大约刚好。我们大约需要十分钟让心安静，如果心才刚静下来就停止打坐，那又太短了；如果坐得太久，在心力到达高峰，注意力开始涣散时的这一点上停止，那就是太久了。最好是在心力到达高峰，还没有下滑之际就停止打坐。当你发现心开始觉得不耐烦时，可以暂停几分钟，看看四周，然后再开始。

一颗专注的心，好比一束光聚集在精准的一个点上，直到它变得像镭射光一样，最后当镭射光转向内心，便能够穿透心的许多层次；如果光线涣散，便只能照亮表面，不能穿透深层。我们应该努力开展这项内在本有的特性，每个人都有专注的能力，都有寻求宁静的倾向，对于这些，我们多少都有一些经验。例如：如果我们所做的正好是自己有兴趣的事，就很容易专注；看看那些观赏足球赛或好电影的人，不用教，他们就会专心。

关键就在于开展我们本具的心智机能，让心导向我们想要的方向，禅修就是在训练心。我们参加健身课程，辛苦锻练使得肌肉疼痛；如果我们坚持下去，每天锻练一点，肌肉就会开始强健，并且发现自己能够做到先前认为不可能做到的事。从来没有人一坐下来就会静坐，即使佛陀也不能，每个人刚开始静坐时都会遇到问题，刚开始都要面对一个狂野、没约束的心。

有些人抱怨，一打坐心就会受到干扰，包括心的喋喋不休，记忆又不断涌现等等，他们认为这是自己特殊的问题，但事实上，每个人都有这类问题，每个身体、每个头脑都一样，那些成功者并不见得是心灵天才，但是他们有耐心和恒心，这是禅修要进步所需要的两种主要特性。从诞生的那一天起，甚或在这之前的好几世，我们很少试着去驯服自己的心，因为我们通常没有被鼓励这样做。

长久以来，我们的心里充满了从感官传来的信息，以及各种各样知识的刺激，所以当我们坐下来试着要让心安静下来，消除所有念头，专注在一个点上时，往往不能立刻产生效果。效果不是只靠希望就能产生，初学者经常会发现，这时候的心反而比平常还要喧扰，感觉从来没有这么糟糕过，因为平时我们并没有意识到心的喋喋不休，所以当我们坐下来准备应付它时，障碍就来了。每个人都有同样的问题，这个问题现在存在，佛陀时代存在，甚至早于佛陀的五千年前、一万年前也存在。如果没有这些问题，就会有另一些问题，所以，需要极大的耐心，如果我们有耐心又坚持不懈，最终必将有收获。

如何开始呢？有许多达到专注一心的方法，所有方法都有用。佛陀依照修行者的个性，教导许多不同的技巧，其中真的没有什么差别，凡是能让心专注、更加集中的方法，都是有用的。

我将解说两三个方法，让你们有一点概念。传统佛教最普遍运用的修法，就是注意呼吸的出和入，不论南传佛教、禅宗、藏传佛教或其他教派，这个方法为佛教所有宗派所运用。我们介绍这种，因为这是佛陀自己用的方法，这个方法让他达到开悟。它适合所有的人，在日常生活中的任何情况下都可以运用。这个修法有许多变化，我只解释一个简单的方法。有许多教导，教我们应该专注在呼吸的吸入和呼出上，这种教导是让人想象站在呼吸后面观看呼吸；但是，我们其实要和呼吸合一，变成吸入和呼出，自我和呼吸之间不要做分别。

西方人禅修会遇到的问题之一是，一方面我们有个禅修对象，另一方面我们又有个我在努力禅修。一开始，是有这个二分法，有一个我，还有个修行，我要去修行，这就好像是两座山面对面。人们并不了解为什么修行没有进步，其实，应该去消融主体和客体的界限，换句话说，我们要变成修行；一旦我们变成修行，成果立刻显现，因为心和对象融合了。如果我们将心和修法分开，不论修得多久，它们永远不会合一。

当修法中包含了呼吸，我们应该放下所有和呼吸有关的想法，让自己就是吸入的气息，就是呼出的气息，其间没有分别。如果能这样做，很快就会达到各种程度的平静、安宁和专注。培养专注力是很重要的，因为那会把心变得很柔软。有人说，专注的心会变得僵硬，这是个很奇怪的想法。事实上，当心念完全集中，并和对象融合，会变得柔软又流动，你希望它想这件事，它就会想这件事；你希望它想那件事，它就会想那件事。专注的心如同身体，如果身体僵硬，就会摔断；但如果身体柔软，即使遭逢意外，也不会那么容易受伤，即使受伤了，也能够痊愈。同样地，如果心柔软又顺从，就能够应付极大的伤害和困难；相反，如果心僵硬又顽固，就会折损。

我们必须培养一个安宁、专注、驯服的心，之后，如果希望用这个心做不同的修法，它会很容易适应，很快就有成绩。持咒一百万年，但是如果心不能专注在所修持的对象上，就不会有效果；相反的，如果心和修法完全融合，即使只念几句咒语都有效果。

首先，我们应该学习能够运转心，西藏地区的人用“离苏隆哇”（le su rung wa）这个字眼，它的意思正是能够运转。心必须变得可以运转，然后才能够轻松完成所有我们交代的任务，这就是奢摩他的目的。奢摩他本身不是目的，佛教禅修的目的不只是得到平和或快乐，或集中注意力，而是如果心是平和、专注、柔软的，我们可以用它来长智慧、慈悲和了悟，修行奢摩他就是学习运用我们的心。

我们都希望平和、快乐、慈悲、善良，但却发现自己激动、有压力、易怒、沮丧。我们虽然都具备拥有平和、快乐、耐心、智慧心的潜力，但是却没有开发这些潜力。奢摩他用这种方式锻炼我们的心，让心变柔和，使我们能够用它来利益自己和他人，但这需要时间。

如果我们真的很专注，那会非常有用。如果听见一个声音，那只是个声音，让它离开；如果念头产生了，那只是念头，是心海中的波浪，让它离开，不要给它们任何能量。修奢摩他的要点，就是不要管闲事；好奇心属于内观。

首先，注意让心安静、集中于一点，如果我们对内心世界着迷，就会分心，所以不要这样。这个时候，把和呼吸合一当成是世界上最重要的事情，是唯一应该做的事。

修奢摩他即使时间很短，也会有用。如果心开始不安定，可以睁开眼睛，看一看四周，再回来禅修。当心渐渐开窍后，我们就可以用渐进的方式训练它，它开始记得禅修时只需要和出入息同在。我们是知性的众生，心是能够学习的。以前心学习如何变得散乱，如何思考、推理、合理化，这个心受过许多喋喋不休的技艺训练；如今，它的程序必须重新规划，这需要时间和耐心，但却是可行的；当心开始认知和经验到平和宁静，便会自动产生热忱，只要我们没有过度逼迫它。

禅坐时专注在出入息的好处之一是，我们到任何地方都带着呼吸——我们永远都在呼吸。所以，即使在白天，尤其在我们受到压力时，都可以把注意力带回到出入息上，就是这么简单！我们不用想它，不必替它做任何事，不用批判这是美好的呼吸，还是污秽的呼吸，只是把自己呼出去，再把自己吸进来，可以一整天都这么做，一天之内，有数不尽的机会把自己带回到呼吸上，让自己心念集中。我们对此应该感激。

另一个培养专注一心的方法，就是让心做很多事，而不是把它变空，藏传佛教喜欢给心很多事做。我个人认为，空掉一切对大部分西方人是个好主意，因为我们的脑袋总是聚集了太多垃圾，有机会放掉一些是好事，想象我们的心像个垃圾场，然后慢慢开始丢掉一些垃圾。这里所说的另一个方法是，让我们的思想超乎寻常地复杂，但是要采用有规律的方式。在藏传佛教，就是做极度复杂的观想，曼陀罗、本尊、灯、咒语，诸如此类，把心完全占据，以至于无法分心。

我记得修过一个法，必须观想一百二十四位本尊，每位本尊都有佛母，都有三头六臂。每个本尊都在做不同的事情，手里握着不同的东西，佛母的色彩和本尊完全不同。我们必须在头盖骨顶端和发际的中间区域看见所有人物，同时还必须看见他们都出现在一个坐在胸中的小本尊心内。要同时看见一百二十四位本尊，事实上是两百四十八位，所以当我去见我的老师时，我都快要变成斗鸡眼了。他告诉我，尽量看清楚一些，他说："如果你能清楚地观想他们，你的心将变得高远广阔。”他告诉别人只要大略观想就可以了，但是我没那么幸运，他要我把本尊看得非常清晰，所以，我真的试着去做。我记得，当我一头栽入这个完全不可能的任务时，试着在一个针头大的区域内看见无尽的曼陀罗，我的心完全沉浸在这不可能的任务中，这份努力给予我许多能量。我不能说自己的心变得很广阔，但真的培养出清明。所以，这是另一种方法。

我们或者把心完全占据，或者把心完全空掉。有些人比较适应这种方法，有些人则否。有时候交替运用两种方法也很好，藏传佛教信众通常交替运用。等到我们谈到金刚乘的时候，会再深入叙述。

现在我们谈的是比较直接的奢摩他修法。就像人们所说，重点是了解为什么要修它。当然，我们都喜欢更平和、更快乐，虽然这种动机对学习禅修也不算坏，但却不是最究竟的动机，最究竟的动机是为了开悟。开悟的意义是：揭露智慧、慈悲、纯净的无尽潜能，以及无限的能量。我们其实早已拥有一切，只是必须把它揭露，发现潜藏在内的东西。禅修就是达到这个目的的方法。

为什么我们希望是智慧的和慈悲的？如果只因为喜欢是智慧的和慈悲的，那就偏离了道路。因为，“我”是不能获得智慧和慈悲的，一旦“我”消失，智慧和慈悲才会显现；当达到这个层次，才能利益他人，否则，只是以盲引盲。所有真实的宗教，都寻求达到这种不被自我捆绑的意识层次，佛教称作无为法的、不生的、不灭的。你可以给它任何名称：我、无我，或是神；事实是，有一个微细的意识层次，是我们生命的核心，它超越平常有为法的心，我们都可以体验到。有些人透过服务，有些人透过奉献而体验到，有些人甚至认为可以透过分析和知识训练体验到。佛教徒通常是透过禅修来体验，这就是我们现在所做的事。达到无为法的境界，是为了帮助他人也能如此，但是我们必须从自己的立足点开始做起，从我们的意念、身体、问题、弱点和优点开始。每个人都是独一无二的，但是我们潜在的本质却极度地相像。

当人们静坐时，会面临两个基本问题：掉举或昏沉。如果我们的思想太活跃——而这是经常发生的问题——通常建议先静下来。安静的方法包括：坐在温暖的房间、闭上眼睛、吃些重口味的食物，其他还有各种方法让心更放松。禅坐的要点，就是导引心彻底放松，同时全然保持觉知，如果你进入一种美妙、梦幻、平和的境界，你不想动，感觉可以持续坐几个小时，被幸福感冲昏了头，非常地安宁，但是像是在朦胧的雾中，那就完全走错路了。要达到这种境界很容易，它会感觉非常愉快，有些人甚至以为他们就要入定了，但事实上这是无记。

如果心掉举，就必须学习放松，只要想象把一切都丢下，同时保持眼皮下垂。据说吃点东西也有帮助，可以让心踏实，因为血液到了胃部，而不是上冲到头脑。另一方面，如果是昏沉，解决的办法就是到比较凉快的地方，把眼睛睁开，吃非常清淡的食物；有时候，凝视虚空也有帮助。如果是掉举，还可以观想腹部有个黑点——黑色使意念迟缓；同时，将意念导向腹部，能让心更稳定。如果太昏沉了，则可以观想一道白光在前额中央，以提升、照亮心。

我认识一个人，他静坐时一直有昏沉的老问题，对治的方法就是坐在井的边缘上，很快就不昏沉了。甚至密勒日巴也有这个问题，他曾经把一个点燃的酥油灯放在头上；我有一个朋友也曾经在打坐时把一碗水放在头顶上，以保持坐姿挺直，同时减少倾倒的可能性。

重要的是，心是放松的同时保持警觉。如果发现自己的心愈来愈清醒，愈来愈警觉，好像心里某样东西在打开，清醒过来，变得更轻、更空，就知道自己已经走上正确的道路了，毕竟这些全和清醒有关，佛陀的意思就是“觉者”。伟大的孟加拉国印度教圣人阿南达玛以玛（Anandamayi Ma）说过，不论你到达禅坐的哪一个阶段，如果缺少清晰的觉知，就是错误。重点是要保持这份觉照力、知觉或知道，这在禅坐中极为重要。

我们还需要培养平衡。佛陀说过，如果你把一个弦乐器的弦调得太紧，不但会制造出刺耳的声音，甚至弦还会断掉；相反的，如果弦调得太松，乐器就发不出任何声音。你必须调整自己的心，如同调整乐器的弦，不紧也不松，刚刚好，达到平衡。就像玩冲浪板，如果太紧张或太松懈，都会跌倒，你必须是泰然自若。如果你能够平衡，不论浪头多高，都不会有问题。心也是这样，我们必须达到这种程度的平衡。

有规律的禅坐也非常重要，我现在没有时间详细说明。我谈的是奢摩他，并不是谈如何修行，你们总是可以找老师学习方法，所以我谈的只是一个概要。然而，每个修行人都必须有固定的时间和地点来修，这是很重要的。我们是习惯的动物，如果每天做同样的事，很快就会养成习惯。起床，上厕所，然后修法；坐下，点香，或做其他的事情。很快的，这个心开始记得这是禅坐时间，所以很快就能安定下来，因为它记得要做什么事。可是，如果我们不停地改变时间，在这里禅坐一下，在那里禅坐一下，然后必须一再提醒这个心要做什么，这就要有更长的时间才能安定下来——至少在开始时是这样。我们应该试着培养出节奏，即使是有规律地静坐十分钟也好——如果你无法坐得更久的话。

如果可能的话，清早刚起床，静坐十分钟、二十分钟、半小时、一个小时，看你能坐多久。在一日之始，集中心念是很好的，带领你的心进入房间，进入身体，首先和身体连结，然后和出入息连结。这无关乎你信的是什么教，或是根本不信教，这和信仰没有关系，这关乎如何面对我们的心。

晚上睡觉以前静坐一下也非常好，如果有时间，回顾一下白天——白天里我们的觉照力怎么样？是不是很和善？做了什么美好的事情？做了什么或许不太好的事？不做审判，只是回顾一下我们在这一天之中，究竟做了些什么事。然后，下定决心明天做得更好、更觉知、更清醒、更善意、更有耐心。接下来，静坐一会儿，注意呼吸，五分钟或十分钟，只是吸入和呼出。放空心念，抛下一切，只活在当下。

我们应该自问：这一生在做些什么？每天在做些什么？每小时在

做什么？每分钟在做什么？没有人阻止我们禅坐，没有人阻止我们成佛，是我们自己阻止自己。基本上我们是在修心，因为到头来，所有事情都是我们的心；不论快乐或悲哀，宁静或激动，什么都没有，只存乎一心。我们不能改变这个世界，但是能够转变自己对世界的态度，一旦转变了自己，那将遍及我们身边所有的事物。

有一回我到瑞士，和一些天主教修士和修女、耶稣会信徒等人在一起。他们在苏黎世有一个很大的组织，这个组织的创办人和跟随他工作的修女修士等，在日本学禅多年，如今他们在苏黎世已经许多年，在瑞士很有名。起初他们的影响力在于人权、帮助吸毒者和无家可归者，现在他们的主力是教导经济学家、政治家、银行经理，以及许多在联合国做事的高层人士如何禅坐。他们的信念是，这些人应该学习怎样接近自己智慧的心和自我的清明、宁静，因为他们控制经济和世界政局，所以也可以做出大好事。

我问他们这项教学有多成功，他们告诉我，做梦都想不到会这么成功。修士和修女筹划的许多课程和节目，有几百人来参加。这些人对学习禅坐很有热忱，即使只是为了降低压力和培养更宁静的心。这样的修行并不自私，它不只帮助个人，还有其他广大的利益。如果我们被自己的无明、贪婪和愤怒所拘禁，任何和我们接触的事物都会被染污，所以，如果我们希望拯救世界，就必须先拯救自己。

现在，我希望大家静坐约十五分钟。如果你的心溜掉了，把它带回这个房间，然后，把它带入身体。如果你的身体有些感觉，只要注意它，不要评论喜欢或不喜欢，只要知道它的存在，认识身体。当你体验身体而安定下来后，便把注意力放在出入息，只要和进出的呼吸合一，不要故意把呼吸变长或变短。这其实不算是集中注意力，因为我们并非从一段距离外观察呼吸，我们是和呼吸合一，知道它的进和出。当心里出现念头时，不要管它，脑子本来就有思想，不要给它任何能量，不要被它捉住了，不要理它。如果有人想要吸引我们的注意力，我们不去理他们，最后他们就会放弃离开。念头来来去去，但是我们对它没有兴趣，只要把注意力一再地带回到呼吸上——吸入，呼出。

我们练习大约十五分钟。当声音响起，它只是声音，只是空间里传来的震动。没有问题的，声音本来就在那里，耳朵很自然会听见声音，不要赋予它任何能量，只是回到呼吸上。

问答

问：对于那些呼吸有困难的人，您有什么建议？

答：如果有人呼吸困难，可能更适合用其他方式的禅修，方法很多。大部分人很容易进入呼吸，但是对一些很紧张的人，即使没有病也没有濒临死亡，专注呼吸也会让他们很浮躁。在这种情况下，做其他种类的观想或专注在其他东西上，像是光等等，会比较合适。基督徒可以观想耶稣。

问：可不可以谈谈静坐的姿势？

答：背脊要挺直，肩膀向后，同时保持放松。虽然脊椎是挺直的，但重量感要放在下面，不是放在肩膀上，重点是把重量感维持在肚脐正下方，而不是高耸在脖颈或肩膀。即使坐在椅子上，也要保持背脊挺直，双脚要平放在地上，不要靠在椅背上，双手可结印放在腿中，或轻轻放在膝盖上。至于眼睛，有许多不同的看法。有些人认为轻轻闭上眼睛是可以的，藏传佛教信众和日本人则坚持眼睛必须微微张开，并将注意力放在几尺远的地方，眼睑微垂，眼光顺鼻而下，这个姿势可以让眼睛休息。有人说如果闭上眼睛，会使心变得黑暗。刚开始修行张开眼睛可能比较困难，但是不要集中眼神，到最后你会发现，如果有可能，张开眼睛是比较好的，这同时还能防止内心过度幻想。

佛教并不是教你和感官断绝，只是任感官活动而不对它起反应。我们希望禅坐是流动的，没有丝毫执着。如果你听见或看见任何事情，把它放下，但不要把事情切断。

问：如果发怒了，该如何平静自己的心？

答：有几种方法，传统方式是做慈悲心的观想。这个概念是，我们将一种心情和它相反的心情交换。所以，如果我们对某人发怒，坐下来培养对他的慈悲心。开始时，我们先培养对自己的慈悲心，然后，当那种温暖的、那种能够接纳愤怒的感觉在心中生起时，你就把这种感觉给予他人。

另外有一种方法——这要看你是用哪一种修法，这方法是看着愤怒本身。首先，你把自己的心安静下来，然后你看着愤怒，看愤怒的感觉像什么？它在哪里？身体对它怎样反应？什么是愤怒？当我们说“我生气了”，它的意义是什么？它的感觉是什么？这是一种方法。

还有一个方法是，回顾使我们发怒的事情，从一段距离外观察它，就像看电影一样，试试看能不能以不同的方式重新放映这段情节。

愤怒是一种非常有趣的情绪，因为我们通常希望将它驱除。所以，它和欲望以及执着不同，大部分人如果能够实现自己的欲望，都会很喜欢有欲望。愤怒会伤害我们，受伤的通常不是我们发怒的对象，而是我们自己，所以我们不喜欢它，因为它使我们觉得不舒服，所以希望驱除它。这样也很好，我并没有说它不好，但是我们的动机是来自于不喜欢它。

有无数的方法可以应付愤怒，其中一个方法是，了解忍辱为学佛路上必须培养的伟大特质之一，佛陀一再赞美忍辱，它是成佛所需的特质之一。除非旁边有人来激怒我们，否则我们永远无法学习忍辱。如果每个人对我们都很慈爱，如果他们只说、只做正确的事情，我们或许觉得很好，但却不能给我们成长的机会。所以，那些触怒、反对和伤害我们的人，绝对不是怨恨的根源，而应该是深深感激的对象。这些人是真正帮助我们修行的人，促使我们心灵强健，给我们修炼谅解和忍辱的机会，他们是我们的上师。如果用这种态度对待这些把自己逼疯的人，所有的关系就会转变。他们不再是障碍，反而变成我们绝佳的机会。你能了解吗？一切都存乎一心，外面的世界一点也没改变，但是我们的心改变了，这就是重点所在。这和改变别人、改变条件无关，而和改变自我有关。

这当然也包括自己对自己生气，这是极具毁灭性和无益的。我们要对自己有很大的慈悲和耐心，因为我们也是受苦的众生。

问：您认为欲望需要消除吗？

答：这得看你对欲望的定义了。希望开悟是好的欲望，我们不希望消除它。世俗欲望的问题在于，它不断愚弄我们，我们总是想象着，欲望如果满足了，就会快乐。但是世俗欲望好像盐水，愈喝愈渴，问题并不全在欲望本身，而在于我们对它的执着。你可以住在皇宫、豪宅，拥有九十九部劳斯莱斯轿车，如果你不把这些放在心上，如果明天你失去这一切，而只是耸耸肩，那就很好。但如果这真的困扰到你，而且你花所有的时间在攫取、保卫、防止他人抢夺、企图得到更多，这个问题就很严重了。

问题不在于我们拥有什么和如何享受它，问题在于我们对事物执着的方式，以及无力把它放下，这也包括对人的执着。

我们当然可以享受人际关系，但是和我们有关的人可能会离开或逝世，这是世事的本质。我们在人生的某个阶段都必须彼此分离，关键在于我们如何响应。我们能否不紧抓住自己的经验和财产，有经验和财产是很高兴的事，没有的时候，也没关系。但是，如果我们紧抓事物，一旦失去便感到心痛，那就有问题了。我们紧抓事物的事实，让我们离不开生死轮回并以假为真；轮回并没有捆绑我们，是我们自己用双手把它紧紧抓住。

人们常说一个故事，那是印度抓猴子的特别方法。一颗椰子有个小洞，洞的大小刚好容纳一只猴子的手穿过，小洞里面有一片黏黏的椰子糖。一只猴子来了，因为它闻到味道，把手穿过小洞抓糖，当它把手握成拳头，手就伸不出来了，接着猎人就来把它抓走了。没有任何东西把猴子留在那里，没有陷阱，它只需要把手掌打开就可以离开，它是被自己的欲望和执着捉住了。我们的心也是这样。问题不在于椰子糖，问题在于我们无法放下。你懂吗？问题不在于我们拥有或没有什么，而在于我们对事物执着的程度。

还有一个故事。古印度有一位国王，他拥有一座雄伟的皇宫，后宫里满是美丽的女子，他有许多珠宝、黄金、丝绸，巨大的宝库。国王有一位婆罗门上师，他唯一的财产就是一个乞食的葫芦钵。有一天，国王和上师坐在花园的树下，上师正为国王说法。这时，有一名仆人跑来，大叫着："国王陛下！快来！快来！国王陛下！你的整座皇宫都失火了！"国王回答："别吵我，我正在听上师说法。你帮我处理皇宫的火灾。"但是，这位上师却跳起来大叫："你是什么意思？我把葫芦钵留在宫殿里了！"

看得出来吗？问题不在于你拥有什么，问题在于你执着的程度；问题不全在欲望，而是执着。如果你希望握住水，你必须用杯状的手握住它；如果你紧握拳头，它就会流掉。攀缘和执着带给我们极大的痛苦，我们认为执着是爱，其实它不是。

问：我们如何培养对自己的耐心和慈悲？

答：我想，我们必须了解耐心和慈悲是为了众生，而我们也是众生，因此我们要对自己负责。如果我们对自己没有耐心和慈悲，对自己的无明、妄想、愚昧、愤怒、贪婪没有耐心和慈悲，我们也不可能以慈悲对待他人。

第七章

毗婆舍那——观

这一讲继续前一讲的禅修主题。现在，我们要讨论毗婆舍那。如前所说，奢摩他使心念集中，专注一心。毗婆舍那利用专注的心，集中在心念本身。或许，我应该说个小故事作为开场白，显然这是个真实的故事，是我从一位西藏地区的老瑜伽士那里听来的，我刚到印度时，他是我的禅修老师。

他告诉我，当他住在藏东的康区，有一个弟子是西藏地区的商人，这位商人曾经把盐运到内地，再从内地带回茶叶。他非常热衷于大手印修法，但是他特别喜爱修止的宁静。老瑜伽士对他说："现在是你应该改变的时候了，你的止已经修够了，应该开始修观。"当然，修观要我们"想"，我们必须分析和向内看，但是这位商人没有兴趣，他希望保持这种平和与极度幸福的境界，所以，他继续修止。

有一次，这位商人和朋友旅行前往内地，他们来到一座大森林，决定休息喝杯茶。商人去找木头，在他到处收集生火的树木和细枝时，他决定坐几分钟，稍微静坐一下。没想到他一坐下来，就进入了禅定，这是一种非常深入专注的境界，几乎和出神一样，然而他的朋友还在等着他。朋友开始喊他，但是没有回应，他们四处寻找都找不到他，最后他们放弃了，只好搭起帐篷过夜。第二天早晨，他们再度寻找，还是没有找到，于是推测他可能被野兽吃掉了。无论如何，他们不能永远留在那里找他，只好很遗憾地继续前行。他们到内地做生意、买茶叶，然后启程回家。一年后，他们又回到这座大森林，他们决定，至少尝试寻找失踪朋友可能留下的衣服，在这之前他们认定朋友是被野兽杀死了。但是当他们再度在这个区域四处寻觅时，竟然发现他还在那里静坐，他们摇一摇他，他睁开眼说：“噢！茶煮好了没有？”当他们解释说，从他们歇脚喝茶，已经一年过去了，他震惊极了，觉得自己浪费了一年的生命，这种专注是没有益处的。

有些宗教认为，人能保持这种出神似的状态达数月之久，实在太非凡了。但是，藏传佛教不同意，他们称这为“冷冻的禅坐”（frozen meditation），认为它是无益的。有了这次的经验，这位商人渴望培养内观能力，停止和这些沉重安宁的境界玩游戏。

假设我们已经修止一段时间，心已经变得平和专注。当我们希望专注在呼吸时，就安住在呼吸上；当我们希望安住在观想上，就安住在观想上，我们的心是受过训练的。如果回到佛陀早期的教导，将发现他从止而又进一步，这不是结束，而是非常重要的开始。然而现代人没有条件做这种修行，这需要非常宁静、安全的环境，以及许多时间。由于现在很难得有这种条件，整体的趋势强调毗婆舍那而忽略奢摩他，也就是强调所谓的“直观”，换句话说，我们一开始就修内观，而没有学习奢摩他。问题是，由于我们的心训练得很差，很难获得任何深层的内观，所以只看见念头跳来跳去。先前我们曾用湖做譬喻，没做奢摩他的训练就做毗婆舍那，就好比想要看穿一个波浪汹涌的湖，湖面波浪起伏破碎，湖水泥泞不堪，很难看到任何深处的景象。

所以，虽然修奢摩他需要时间，但还是值得的，至少让心湖表面安静，并培养一点专注力，这是历来的做法。还有另一个必须先修止再修观的深层理由是，修内观的目的是把自我一层层剥落，如果自我还处于脆弱的状态就这么修，最后可能神经变得更紧张、脱节、疯狂。为了达到安宁专注的境界，精神状态必须是平衡的；如果不是，就是还没有准备好进入更深层的禅修。在修止的过程中，意念渐渐开始自我平衡，一旦达到深入的平和和专注，就达到了内心的平衡，内心一平衡，自我意识也就平衡了。一旦这种内在中心建立成功，就是将这个中心打开的时候了。所以，除非我们已经培养出一些东西，否则将无法开启。我们必须看透它，但是除非我们已经拥有它，否则是无法看透的。

无数的西方人前来静坐，希望能消除许多心理的不平衡和问题。但是，除非我们先经过培育阶段，学着让心安定，否则这是不可能实现的。人们在冗长的毗婆舍那课程中经常产生幻觉，因为他们情绪不够稳定，无法应付这种内观的状态。所以，传统方法是先让心念安定、集中和平衡，再开始探测内在，并层层剥除，这是很合理的。这不是浪费时间，而是安全踏实的方法。这并不意味着我们必须达到程度非常高深的奢摩他，但是，在心转向自己之前，至少必须确定心已经更加集中、安静和平衡。

毗婆舍那是什么？根据藏传佛教的说法，它是带着大疑问观入心的本身。最接近我们的东西是什么？是我们的念头和情绪。但是念头和情绪离我们太近了，我们甚至从来没有看过它们。我们的感官导向外界，永远将注意力赋予自己所听、所看、所尝的，等等。我们很少自问："心是什么？"令人惊奇的是，很少有人这么做。我们都说："我想这样，我想那样。"但是，念头是什么？我们看过吗？它从什么地方来？停留多久？往什么地方去？有些人非常相信自己的念头想法，可以为它而死。当我们思索某件事时，我们确实相信那是真的——即使下周我们可能有不同的想法。我们都强烈认同自己的念头，想着：我生气了，我是个生气的人，我是个沮丧的人，我是个可爱的人，我太善良了，我太慷慨了。我是这样，我是那样。但是，这个"我"是什么？我们甚至不问自己。

毗婆舍那将我们注意力的光束转移，从外在发生的种种事情，重新调整焦距到我们内在的宇宙。修炼毗婆舍那的方法很多，正如修奢摩他的方法很多一样，但是，它们都包含这个大问号：这个询问的心，这个心没有答案，但是有许多疑问。当然，最大的问题是："我是谁？"我们想着：我喜欢这样，我不喜欢那样；我是澳洲人，我是中国人；我是愤怒的人，我是沮丧的人；我是女人，我是男人；我是老师，我是公交车司机；我！我！我！我！但是，这个我是谁？我们的一生，都建立在这个"我"和"我的"感觉上——我的国家、我的丈夫、我的妻子、我的孩子、我的房子、我的车子、我的想法、我的情绪、我的沮丧——谁是这个拥有这么多东西的"我"？这就是禅坐的内容，它和让我们感觉舒服些没有关系，虽然它可能带来这种效果；相反，它也可能让我们感觉更糟。它不见得和宁静有关，虽然我们可能变得宁静，但是，也可能不会，它当然也不是被无与伦比的喜悦冲昏头。毗婆舍那和向内看有关——发现我们的真相，发现心的真相，发现心怎样运作和作用，然后，达到一种超越凡俗的意识层次，佛教称为“无为法”。它真正的意义是，超越思想、言语、观念，它是我们所有众生最深的层次，是我们和所有众生汇合之处。这就是禅修。

就像我前面所说的，修行的方法有很多种，其中之一就是专注在出入息。当我们修止时，不要理会所有进入意识的念头、感觉或感官的知觉，只是让它们离开，因为我们试着让心平静专注，不被念头或外界的扰动所分心。但是修毗婆舍那时，会有好奇心，我们不让念头流去，而是提出问题：念头是什么？看起来像什么？是什么颜色？有任何形状吗？从什么地方来？停留在什么地方？感觉像什么？心是什么？思想和心相同还是不同？

当心处于完全宁静的状态、没有念头时，它和有念头时的状态相不相同？观看心和念头的觉察力，和念头相不相同呢？你依照这种方式来观看和发问，剥下一层又一层，寻找这颗心。我们谈论心、心、心，心是什么？愤怒是什么？它的感觉像什么？有人对你很坏，你感到愤怒。现在，把这个人丢下，丢掉你愤怒的对象，观看愤怒本身——它是什么？它在哪里？它的感觉像什么？身体的感觉是什么？只要经验它，不要批判它；不要想它，只要知道它。

我们的问题不在于有念头和情绪，心自然会产生念头和情绪，正如海洋自然有波浪，问题在于我们相信、认同并执着念头和情绪。如果我们能够认知念头和情绪是会变迁的心理状态，其本质是透明的，是智慧心的呈现，就没有问题了。它们升起又落下，如同海浪一般。

但是我们往往没有这种认知。如果情绪或念头来了，我们立刻扑上去——引申、投入、重复、认同、反刍、担忧，如果事情不好，就责怪自己，紧抓不放，相信它。我们对自己的记忆也抱持相同的态度，非常执着，因为记忆定义我们的身份，即使记忆是痛苦的，我们仍然不想放它走，我们想着：“这是我。”不论记忆多么痛苦，它属于过去，已经逝去了，我们为什么还是执着于它并让它代表我们？我们就是这样，所以，我们受苦。

大部分坐在这里的人都安然无恙，眼前没有什么可怕的事情发生在你们任何人身上，但是，许多人必定被烦恼、焦虑、记忆和困惑所折磨，每个人想着：“这是我的问题。”这时候我们无法生气蓬勃，虽然我们呼吸的每一口气都是新鲜的，我们吸入的并不是老旧的空气。同样的，我们的每个念头都应该是新鲜的，那其实就没有问题了。

内观禅修的目的之一，至少藏传佛教是这样认为，就是开始了解念头和情绪的本质。心究竟是怎么样运作的？我们如何接近心灵更加微细的层次？它需要时间。禅修不是立竿见影的，我们无法服用药丸获得观慧。我们可以吃药得到幻觉经验，但是没有药能够让我们看见心的本质。药或许可以开启我们的心，引起我们的兴趣，但是无法代替我们工作。有一些机器帮助人宁静下来，进入阿尔发波（alpha waves）或其他等等，但是，没有一部机器能让我们内心觉悟，只有耐心静坐才能做到。

禅修是件苦差事，但也是最有回报和收获的事。当我们看见先前视为理所当然的心理机制，并开始了解它，心结就渐渐松开了，内在感到某种极大的自由、广阔和放松；当我们开始了解自己扭曲的思考模式和神经质，就已经直接看见它了。我们开始对自己的痛苦和困惑产生慈悲心，由于现在开始看得清楚了，因此也能够看见他人眼里的痛苦和困惑，自然而然会对他们产生慈悲心。不论他们外表看起来多么成功，从他们的眼中，能够看见他们的痛苦。眼里真正散发喜悦光芒的人，是非常少有的。

我不认为有必要一直坐着修持这些复杂的藏传佛教的慈悲观，我们真正需要的是开始观入自己的困惑，然后，才能够看见他人的困惑。当心灵展开，进入愈来愈深的层次，内心的慈悲很自然地就流露出来了。我们的内心有慈悲也有清明，这就是心的本质，我们只需要揭露它。如同被石头和泥土隐藏的泉水，必须清除粗石瓦砾才能发现，当我们将泥土和石块除掉，泉水就会清新纯净地涌流出来。我们的心中蓄存了广大的爱和慈悲，它冻结在心底，必须接近它，暖化它，使它流动。

经由观自己的心，能够看见那些痛苦、困惑和错误的认知。由于这个发现，我们可以了解到每个人都处于相同的困境，这就是为什么人这样的可怕，原因就是因为受苦、困惑。一个人心中如果怀抱着平和、爱和慈悲，就不可怕了，他不会伤害别人，或是令人憎恶、心怀偏见或残暴，他是开朗的。

当我们先修止再修观，心的某种特质将高度发展。藏语称它为“舍新”（she shin），意指观察的灵敏觉知。当我们禅坐时，即使是修止，仍然有一部分的心站在后面观看，它能看见我们落入某一极端，也就是掉举或昏沉，心的这一部分知道的，而且能修正这种不平衡，心的这种特性非常有趣。观入心的本身，传统上比喻为一个人坐在河岸上观察流水；另一个传统的比喻是，牧羊人看守羊群——这立刻会产生一种站在后面观看的意味。

我在拉乎尔时，有一天牧羊人生病了，一个年轻的男孩被叫来代替这位有经验的长者。年轻男孩显然从来没做过这个工作，所以非常紧张，他把山谷下面聚集的羊群带上来，大约有一百只。他大概知道如果丢了一只羊，会被打成肉浆，所以他非常小心，不让羊群乱跑。他把羊群集合成一大团，不断将它们从一个地方移动到另一个地方，一整天他就跟着这群羊跑来跑去，最后当黑夜降临，他下山时，已经精疲力竭，羊群也累坏了，它们吃得很少，因为被放在这样拥挤的圈圈里，它们也变得非常紧张不安。羊群悲惨，牧羊人悲惨，这一天没有人过得好！

第二天，有经验的牧羊人回来了。他把羊群赶到牧场，然后爬到一个高处的小丘，拿出西藏地区的啤酒，躺下来观望羊群，他没有睡着，只是安静地注视着。羊群四处漫步，轻咬慢嚼，天色渐晚，羊群休息。一天将尽，牧羊人将羊群聚集起来带下山，大家都度过安静、平和的一天。羊群吃饱了，每个人都很快乐。

这是一个最好的例子来说明错误以及正确的观心方法，当你修观时，要记住这个例子。铃木禅师曾说：“控制羊群最好的方法，就是给它一个广阔的牧场。”当我们观心时，不应该像要突袭什么似的，坐在那里想要捕捉每一个念头，如果我们想要这么做，会把心弄得紧张、僵硬，到头来只会让自己精疲力竭；一旦出了一点错，人就会崩溃。

有时，你会看见这种事情发生在禅修者身上。他们严酷地静坐，脸上带着“不成佛便成仁”的表情，这种态度会造成反效果。观心时，我们必须非常清晰而且完全放松，让心顺其自然，心里想什么都没有关系，或许是极聪明的念头，或许是极愚笨的念头，都没有关系。这些都只是念头，只是心的游戏，重点是不要被迷住就好了。当你想着“哇！这真是个有趣的念头”，你就突然被吸进去了；接下来，你发觉自己已经完全被一些记忆和绮思所捕捉，觉性完全消失了。

如果我们过度严密注意自己的心，念头将不灵活。好比有人知道被监视，就会变得非常不自然，甚至不能好好喝一杯茶，念头失去自然的特质，身体和心灵都会变得过度紧张。另一个极端是，如果我们太松懈，会不断失去这份觉知。我们需要保持兴趣和观察，但不要干扰或陷入自己的意念。不要忆想过去，不要期待未来，不要着迷于现在，如实地观看，只要和它同在就好。一个念头，就只是一个念头；一种情绪，就只是一种情绪。它仿佛泡沫，终将破灭，而另一个泡沫又将生起。

我们刚开始这样修行时，心似乎是分裂的，而发展出所谓的观察者、目击者、知者。这是心的一种形态，它仍然只是心——概念心，而这个心站在后面观看发生的事情，仿佛是在一段距离之外似的，它本身不是绝对的实相，因为它仍是二元心，但它比起我们平日的思考方式已是一大进步，因为它给我们空间，以便看见一个念头就是一个念头，看见一个情绪就是一个情绪。然后，我们可以决定它是不是一个有益的念头或情绪。我们如实认识它，而不是被它所吞噬，不再和它合而为一。

如果培养了这种内在的觉照力，就仿佛内在有空间，可以驾驭生命的波浪。人们总以为禅坐者必须永远处于非常安宁的状态，一旦有什么动荡，很可能就会被淹没。对于初学者，这的确是事实，如同一个正在学习冲浪的人一样，刚开始，他们必须紧紧跟随小浪，不然就会被浪所覆盖，但是，冲浪专家却找寻大浪。一旦你掌握自己的平衡，浪愈大，愈有趣，秘诀就在于平衡和泰然自若。一个好的冲浪者，必须不紧也不松，保持平衡。我们修行时也要这样。

当发展出这种内在的空间时，凡事看起来几乎都像梦一样。这指的不是想睡觉，而是不再那么坚固、现实、急迫，事情有一种几近幻象的特质，你再也不会那么严肃地对待，因为你不会完全掉进去。当我们知道后退一步，以某种清晰角度来观看生命时，就能带着清新和自发的态度应付所有发生的情况，不再像平日那种按机器开关似地立即反应，而开始用自然、适当的态度响应。从孩童时代开始，我们脑袋里填塞的就是垃圾。这些垃圾来自电视、书籍、电影和无益的谈话，一直没有被清除。我们很小心地保持房间的干净，甚至对一丝灰尘都很注意，但是，我们对自己真正的房屋——我们的心，却什么也不做，从来不清扫。

禅修也和清扫自己的心有关，腾出空间容纳更美好、干净、单纯的东西。每个人每天都能拿出一些时间，只是静静地内观。如果我们能找到老师给予个人指导，这是最好的，除此之外还可以依靠书籍，而且必须坚持，每个修行人的两大助力就是耐心和恒心，这不是一夜之间的事情，但回报却是无限的。没有一件事像调心和了解心的本质这样有价值，它不但利益我们自己，也利益所有人、所有地方。最后，当觉知、自在和开阔同时存在我们心中，事情就发生了，或许只有百万分之一秒，虚空粉碎了，我们瞬间看见无为法的境界。

如同藏传佛教的人爱说的，我们的心就像深广、蔚蓝的天空，平常被云层覆盖，我们只看见云层，所以认同云层；但是，一刹那间，云层打开了，看得到天空，我们看见天空在那里，它永远都在那里，不论云层多么黑暗，天空不会被染污；不论云朵多么雪白松软，天空不会被美化——天空只是天空。这个广大如天空的心，将我们和所有众生连结；这个广大如天空的心，不只是有趣的观念，而是我们可以真正亲证的。觉悟的一刹那，我们知道自己就是，因为觉悟是没有分别的。没有能观的我，也没有所观的对象。在这一刻，只是看；这个时候，我们清醒了。

修内观的真正目的是接近无为法的心，能够更频繁地体验它，而且延长体验的时间，直到我们持续处于这种绝对无分别的觉知状态，于是，我们就成佛了，成佛就是这么一回事。

问答

问：有时候，我在禅坐时看见一片空无，这让我感到恐惧，我该怎么办？

答：我不认为经历恐惧是坏事。禅坐时感到恐惧是很平常的事，这是自我在作祟，害怕会死去。害怕是对的，因为自我终将死去，自我害怕它的游戏将被揭穿，所以惊慌。当我们即将了解一些新鲜事时，总是感到惊慌。但是这种惊慌不是坏事，与其跟随这种惊慌而发怒，不如试着和惊慌活在当下。以一种非常慈悲温柔的心，允许恐惧生起，承认它，接受它，与它同在。重点是不要分散对恐惧的注意力——我们总是很自然地想要做些事，以分散对恐惧的注意力，但是每当我们这么做时，就使自己一再落入相似的经验。所以最好只是静静地坐着，试着面对恐惧，问它从何而来？是谁在害怕？如果你有恐惧，就提出这个伟大的问题。

问：我一直是个相当平静、非暴力的人，但是近来我一再梦见暴力的情况。它们从何而来？

答：来自你的心灵（psyche）。或许这是好的，我不确定，我不是精神医生。但是我知道，有时我们认为自己是平和、平静的人，只是因为被云层覆盖了。我们从来不曾真正被挑战过，有许多其他东西被压在下面，等着出来。有时候当我们做某种修行时，禅坐也是其中一种，所有东西都被扰动了。人们开始禅坐的反应之一：“噢！我还以为自己是个大好人。”因为我们搅动了心灵深处，好像扰乱了一池死水，所有垃圾、脏东西都浮到表面。脏东西的浮起当然是必要的，重点是不要认同它，我们只要知道脏东西就是脏东西，让心安歇其中就好。记得，这一切只是念头，只是情绪。好的念头、坏的念头，都只是念头，它们不是我，也不是我的。或许这不是件坏事，或许这是一个你需要经过的新阶段，不要抗拒，只要好奇。

问：您说在此之前，自我必须死亡。那心灵呢？

答：依据佛教的说法，自我是在我们生命中央这个紧密坚固的意识，就是“我”，除此之外的都是“非我”。我们习以为常，我思考、我感觉、这是我的记忆等等。这个紧密坚固的意识，总是认同过去，永远认同自己的惯性反应——一向做事的方法，这是我、我喜欢这个、我不喜欢那个、我要这个、我不要那个等等。这是非常迂腐的，它意味着，当我们遇见任何新鲜事时，很难有一种自然开放的反应，所以，生命变得乏味。事实上，生命是精彩的，但我们让自己无聊，因为我们的心变得这么局限，所以非常迂腐。我们正试着看透这种局限性。

为什么这种局限性是个大问题？因为它蒙蔽了心性。当我们刚看见某样美丽的东西时，我们想着："噢！多么美丽。"第二次我们想着："噢！这很好。"到了第三或第四次，我们甚至不再注意到它，对所有事情，我们完全陷在这种惯性的反应中。我们开始观看自己的念头时，便会发现这个心简直无聊透了。所以，禅坐如此困难，因为它非常无聊，相同的旧念头一而再、再而三地不断浮现；这就是自我，会将这些东西不断引发出来，让自我有安全感，并以此觉得自己是个个体，而且还很独一无二。这只是一小部分的习惯反应，但已使我们完全看不见眼前发生的真实情况，这就是问题所在。所有宗教都尝试超越这个小"我"，希望达到更高层次的存有。

在这种境界中，我们能接近庞大的流动能量源头，因为我们没有陷入惯性思考的冲突之中。当我们到达意识的这种层次，就是所谓无为法的境界、心性、法身等，就回到生命的根本。当然，我们可以保存这个自我，但是现在我们知道它只是一个游戏。我在前面说到的"心灵"(psyche)，指的是内在心智，我其实没有精准地用这个字眼。我们一旦开悟，仍然运用内在心智，但是不再被念头和情绪所愚弄。

有念头和情绪，和陷入其中并认同它，这两者有很大的区别，我们能够依然保有念头和情绪，也同时看见它如彩虹般的本质。换句话说，虽然我们没有完全相信它，但还是可以和它游戏。当我们看见彩虹，不会认为它是真的。彩虹的生起，是由于某些因素和条件，譬如空气中的湿度，在某种角度和阳光接触等等，如果这些因素和条件聚合，就产生非常美丽和看似坚固的东西，我们称它为彩虹。它不是真的存在，但是又确实存在，我们都能看见它，但无法伸手抓住它。这和我们的外在环境以及情绪非常相似，它们存在，但是并非完全以我们所理解的方式存在。当我们觉悟到这点，便能获得极大的自由。我们可以享受彩虹，但不会想着捕捉它，它不是我的彩虹，没有人能够把这道彩虹买下来放在后院，作为私人的彩虹，我们必须从这种自我的专横奴役中解脱出来。如果我们寻找这个自我，将永远找不到，也因此我们可以把这本虚构的小说解体。

问：儿童似乎很能接受出现的各种念头、感觉和情绪，看似无忧无虑，但是永远当小孩是很可怕的！我们是不是需要重拾这份童真的本性？

答：将天真的童心和开悟的心相混淆是个错误。儿童不是开悟的，虽然他们拥有某些我们需要培养的特质。儿童不批判，拥有如你所说的开放和轻松，但是，儿童同时也非常受情绪的影响。当我们看见一个饿肚子的婴儿，会发现他因为贪欲而颤动，如果没有按时喂他，他就会大发脾气；当你观察儿童游戏，就能够看见自我以最野蛮的形式运作，当儿童得到他要的东西时，充满阳光般的笑容，但当他遭受阻挠，会立刻暴怒起来。从无始以来，从我们原始无分别的觉知被分裂为“我”和“他人”以及“自我”和“自我以外”时，这种现象就产生了，它是我们的根本无明，因为相信有个独立的个体，这正是我们的问题。

我们的确需要培养某些儿童的特质，譬如清新、开放和好奇。小孩子充满了“为什么，为什么，为什么……”，甚至留意我们不曾注意的小细节。从这个角度来看，他们非常灵敏和好奇，对所有事情还没有出现惯性反应，这种清新自发的心的特性，是我们必须要有的，但是我们不需要回去做贪心和愤怒的奴隶。

没有人比小孩更以自我为中心了。他们认为，全世界都是为满足他们的需要而存在的，他们没有意识到需要去关心别人。我们不应该对孩子太感情用事，他们和我们一样，也被牢陷在生死的世界中，我们从孩子身上可以非常清楚地看见人类的状况，因为他们毫无掩饰，还没有发展出将赤裸的贪心和愤怒掩饰起来的社会适应性，一切都暴露在外。我发现和有幼童的朋友住在一起，很有教育意义。我看过生长在最良好环境的孩子——父母疼爱，房屋美好，拥有许多玩具，非常受溺爱和照顾，然而，他们的生活依旧充满创伤。如果他们稍微受到阻挠，情绪反应就非常激烈。

问：童心的正面特质是什么？

答：举个例子，当孩子非常伤心时，如果有人给他们一根棒棒糖，他们的眼泪会立刻消失，他们就会咯咯笑起来，完全忘记几分钟前还在伤心。童心真的很新鲜，每次看事情都像是第一次遇到一般。

曾经有人做过十分有趣的禅坐测验，就是把电极等东西插在头上，测量人的脑波。测验对象是一个修行正规印度式静坐的人和一位禅师，测验的目的是发现两者的区别，因为两人都说自己在禅坐，但是所修的类型非常不同。同时他们也测验一位不打坐的人。每隔三分钟，他们就突然制造出很大的声响，这个声音很有规律。他们首先测验不知道怎么样禅坐的人，这个人初次听见噪音，脑波变得非常波动，第二次稍微好些，第三次则有一些隐隐的波动，到了第四次，他稍微忽视它。做印度式静坐的人，对噪音毫无反应，他没有听见。禅坐的禅师听见噪音，心跑出来，注意到噪音，然后又回去修禅；第二次，心注意到噪音，然后回去；接下来，心注意到噪音，然后又回去。他的反应没有改变，每一次，心都会注意到噪音，然后回去。

这个例子说明了我们所谈论的心的特质，心起了反应注意到某件事，然后回到它原来的自然状态，心不加以阐述，不被捕捉，不感到兴奋，只注意正在发生的事情。每次发生，它注意，不厌烦，不变成习惯。这样，它像孩子的心，当某些有趣的事情发生，它注意，然后放掉，然后继续下一件事。这就是“像孩子心”的意思，它看每件事都像是第一次遇见，对事物没有一大堆先入为主的观念。当你看见一个玻璃杯，你如实地看见它，而不是看见所有你生平见过的其他玻璃杯，并附带着你对玻璃杯的看法和理论，以及你喜爱的玻璃杯是什么形状，或者你昨天用的玻璃杯是什么类型。我们谈论的是，一个能够以清新眼光看见眼前事物的心——这是我们努力想要达到的目标，但是我们长大成人后就失去了，我们试着让这种清新的心重生，不受任何惯性牵制地看事物。但是，我们不要一个被情绪席卷的心。

问：这是不是我们愈老，人生愈短的原因？

答：是的，因为我们愈来愈像机器人。当我们还是小孩时，所有事情都精彩极了，生活似乎会永远继续下去。每个日子都好长，因为有那么多令人着迷的事情发生，我们感到极有兴趣。所以，童年似乎非常漫长。但是，当我们变得麻木，当我们的心愈来愈不好奇，当我们在人际关系、社交生活、工作，甚至亲密关系中，都愈来愈机械化时，我们就变得愈来愈像是在梦游一般。所以，生命失去活力，似乎愈来愈短。

你们读过托马斯·曼（Thomas Mann）写的《魔山》（*The Magic Mountain*）吗？它叙述一个得肺结核的人住在瑞士的疗养院，这本书非常厚，当你读到三分之一时，会发觉什么事情都没有发生。托马斯·曼花费一整章的篇幅，只谈论为某人量体温。他描写时间的特性，以及我们对它的主观体会。因为疗养院基本上并没有真正发生什么事，所以刚开始两个月，你会逐渐适应这种规律，那似乎是正常的时间长度；但是几个礼拜、几个月过去，所有事情，饮食、人群、散步、无聊的讨论都是一样的，一天天过去，时间的观念全部消失了，两年和两个月开始感觉一样。

下面是个极端的例子。我十八岁成为佛教徒，人生转变了。我对自己的整体想法重新评价，那是个热烈的时期，当我回顾时，那真是一个伟大的时期。我想：噢，是的，我当南传佛教徒的时间维持了好多年，最后才来到大乘佛教。事实上，当时只有几个月，但因为那是一个热烈的时期，内心有许多事情发生，所以感觉时间拉长了。可是一旦没有什么事情发生，还是同样的工作、同样的关系形态，这件事也一样，那件事也一样，反应愈来愈惯性，时间似乎愈变愈短。这是非常悲哀的，不是吗？因为事实上，时间是一样的，但似乎加快了，显示出我们的反应愈来愈机械化。从某方面看来，那是个警示，要我们清醒过来，重建儿童似的好奇心和清新的心。

第八章 觉照力

我们已经讨论过，如果真心想要修习佛法，就必须开发我们的心。意思是开发清明和观慧来看见事物的实相。我们已经谈过每天禅坐的必要，那能帮助我们开发清明和观慧。每天持续静坐的最大好处，就是帮助我们将心稳定，并给我们空间，让我们能够放下并归于宁静，渐渐开始了解内心的变化。但是，大部分人可以规律静坐的时间是有限的，还好静坐只是诸多帮助我们的方法之一，我们应该在没有静坐的大部分时间——也就是在日常生活里，练习觉照力。接下来的谈话，会把重点放在一整天保持觉照的方法上。

首先，我们必须变得更觉醒。通常我们做事只投入一半的专注力，我们经常以为自己全心在做事，其实我们也许同时想着一百件不同的事，只是不自觉而已。这有点像一个人以为自己在遛狗，最后却是随着狗的带领，忙着赶上狗的脚步，没注意狗是不是走直线。

首先要知道的是，我们的心完全没有被驯服过，佛陀比喻凡夫的心像发情的野象——它不是动物园或马戏团里温驯调伏的象，而是一头野象。有时，佛陀甚至用喝醉的野象来比喻！近来，我们听到新闻报道，甚至是身居要位的政治家，也会因为行为完全失控而造成全国的灾害，更不论对他们自己和家庭所造成的伤害了。想起来实在很可怕，即使受到这么多监督，许多公职人员显然还是无法控制自己的行为。无法控制自己的行为，是因为无法控制自己的心。每个人多少都有这种问题，我们有多少次冲动做事而没有考虑到事情的后果，只因为想做，所以就跳进去？我们其实并不知道怎么样控制自己，心被愤怒、欲望、嫉妒、困惑所蒙蔽，看不见更宽广的关联性，所以经常对自己的行为缺乏责任感。

我们如何对自己的行为负责任？开始的一个好方法就是，学习了解自己的心理状态。最简单的训练方法之一就是利用日常生活，譬如梳头发、刷牙、刮胡子或早上喝咖啡时，将注意力完全集中在所做的事情上，专注在所做的事情上，知道自己在做，就这样而已，看看自己的心能在保持沉默的了知状态多久后，才跳入批评、辩护和解释之中。“噢！天啊，这真是笨。我为什么一边刷牙一边想这事？”或“哇！我的生活会变得很好，刷牙时保持专注是很容易的。”

当我们跌入心的喋喋不休时，正念就不在了。我们只是想着要有正念，但正念不是用脑思考来的，而是活在当下，当下清楚觉知，心里一点批判也没有，如果批判开始浮现，不要管它，回到眼前的一刻。仔细想想，我们的生命里发生了多少事情，但我们从不曾真正经历过它，我们经历的只是想法、诠释和比较。我们活在过去发生的事里，或是期待未来的事，几乎不曾经历当下的一刻，所以，经常觉得自己的生活无聊、没有意义。要知道，这种无意义感并不是来自于我们的生活，而是来自于我们生活里觉照的程度。

越南的一行禅师写过有关为洗盘子而洗盘子的好处。这是个要点，因为通常我们洗盘子的目的是希望得到干净的盘子。每当我们做任何事，都是为了获得结果。写一封信，目的是制造一封可以邮寄的信，洗盘子不是为了洗盘子，而是为了得到干净的盘子，然后做下一个工作。当我们洗盘子时，想着接下来要做的事，要喝一杯咖啡、今早某人说的话、昨晚所看的电视节目、小孩在做什么、先生上班前对我们说的话，脑海里最没有想到的事就是这些盘子。然后，当我们喝这杯咖啡时，想着喝完咖啡必须去买东西、要买什么等诸如此类的事，这个时候虽然喝着咖啡，却不是真的在喝咖啡，因为心里又想到其他事情去了。我们整个人生就这样过去了，即使在做一件很愉快的事，譬如吃一顿好菜，心里想的却是甜点。我们甚至从来没有享受过美好的事情，因为享受美味才几分钟，心又溜到别处去了。

一行禅师问："为什么不是只为了洗盘子而洗盘子？"总是会得到干净的盘子啊！这是指当我们洗盘子时，完全专注于它，这时，世界上没有其他事比洗盘子更重要，因为这是我们正在做的事，所有其他事情只是我们的念头，眼前发生的事情，才是真正的事实，所以是最重要的事。如果这时候错过了，将永远错过，因为，一旦过去了，就永远没有办法拾回"现在"。所以，让我们试着洗盘子时只知道在洗盘子，这不是什么难事，我们清楚知道自己站在水槽前，现在，手拿起一个盘子，可以感觉到水，感觉肥皂泡——知道自己在洗什么东西。完全注意眼前发生的事情，如此，眼前这一刻便是专注的，这一刻便是我们真正拥有的一切。我们的一生，是由一分钟接着一分钟组成的，如果我们因为想其他事而错失这些时刻，它们将永远消逝。如果将自己的意识放在眼前所做的事情上，不论是什么事，心本身将被净化。这么做不会有压力，事实上，心还会觉得这是十分愉悦的经验。

禅很强调活在当下的这一刻，并指出带着觉照力所做的每一件事都是深奥的。因此，即使看似最崇高的事情，如果漫不经心，都是没有意义的。或许，我们是坐在宝座上教学的住持，但如果教学时漫不经心，也是没有意义的；反之，在寺庙外面扫落叶、擦地、切菜，如果清醒专注地做，即使最平庸的事，都成为深度的禅修了。

有些人会想："我很清醒，我知道自己在做什么。"试举一些小动作为例，譬如喝水、梳头发、刷牙、刮胡子，我们通常机械化地做这些事，脑海中同时想着其他的事情。现在，不要想别的，把所有注意力都集中在这件事上，当你梳头发时，就只梳头发——知道发生什么事，知道身体在做什么，知道心在做什么，与它同在。做起来不像听起来那么容易！刚开始，我们几乎都会想到其他的事并带入评判，同时还想着："噢！这很容易，我非常专注。"一旦我们想着"我很专注"，就已经不专注了，我们只是在想着专注这回事，真正的觉照是沉默的。

做事如果经常专注于眼前的一刻，将有助于我们把日常生活转化到非常深的层次。主要的问题是，我们的心非常迟钝，渴望保持休眠状态，不断忘了保持正念。事实上，正念这个词在梵文和藏文的意义都是"记住"，它和基督徒的"灵修默想"，以及葛吉夫（Gurdjieff，译注：俄国人，于20世纪初创立"第四道"）"自我记忆"的观念类似，这和记住我们所在的地方、我们是谁、眼前发生什么事有关。正念和记忆类似，它最直接的敌人就是健忘。我经常告诉人们有关正念的特性，而他们说："是！听起来很好，我会试试看。"第二天，他们真的努力试着以更觉醒的方式对待工作和家人，这立刻为他们的生活增添了特殊的新面向，人们开始注意并说："哇！你变得比以前好，怎么回事？"他们前来告诉我，保持正念多么棒，对他们生活的每个方面都产生不同凡响的效果，我说："好吧！几个月以后再来告诉我。"过了六个月，我又遇见他们，问到保持正念的情况，他们通常回答："噢！我全部忘光了。"

这就是最主要的问题，我们太习惯于休眠状态，努力保持清醒对我们是非常困难的；除此之外，一点问题也没有。这件事不需要任何时间，或任何特殊才能，不需要我们是伟大的天才或瑜伽士，或做多年深入的修行。当我对你说，只要活在当下，只要在当下对身体保持觉照力，你就能够了解。心向后退一步，突然之间，你会明白身体在做什么，不是吗？非常的容易。最主要的挑战是记得，譬如，如果你学习弹奏乐器，开始时不是学贝多芬奏鸣曲，而是做非常简单的练习，譬如音阶；但是，通过不断练习，最后就能掌握技巧，如果继续练习，甚至会达到不再意识到技巧的地步，音乐只是流经你的手指进入乐器。

心也是这样。我们的心充满坏习惯，需要重整，培养新习惯。刚开始非常困难，有许多阻力。但是，如果我们有耐心和恒心，这份觉照力将愈来愈强；渐渐地，心开始明白觉照的意义。然后，觉照的时间开始延长；然后，有一天，我们甚至连想都没有想，虽然处在一片混乱之中，忽然会变得全然专注，能够清楚看见所有实相，内心却是安静的。虽然批评和审判再度汹涌进来，我们会失去这种清净，但一天天过去，当我们真的看清实相时，这种清晰和内心宁静的时刻日益增多，所有事情都会变得非常鲜明，这是一种清醒的过程。

处于休眠中是我们的常态，我们做很多梦，有些是愉悦的梦，有些是噩梦，都非常精彩且有娱乐性。但是，当我们清醒过来，会发现这其实是一种较低层次的意识，姑且不论它看起来多么精彩，不论多么相信这种意识，现在我们知道自己醒过来了，这种意识只是个梦。没有人能叫醒我们，我们必须自己醒过来。但是，如果我们决定宁可沉睡下去，那就算了。

有时，人们问我觉照力和专注的差别。觉照力和专注不一样，譬如，假设你正在阅读一本精彩的书，完全被吸引，你看不见任何其他东西，也听不见任何其他声音，这是专注。但是，知道自己被书吸引是一种觉照，这之间的区别你懂吗？保持觉照的意义不是想要保持觉照，一旦我们想要保持觉照，就不是真的觉照，只是想要保持觉照罢了。一开始，我们最多只能保持觉照几分钟；然后，我们的思维心开始带入各种想法、意见、比较、批判，于是，我们又脱离了。当这种情况发生时，不气馁是很重要的，保持耐心和恒心，必将进步。一定要学习着不但对别人有耐心，对自己也要有耐心。

佛陀教导四种基本层次的觉照，从非常粗糙到逐渐微细的层次。第一是对身体的觉照，包括呼吸。第二是对感觉的觉照，不是指情绪，而是纯粹的感官觉受，当眼、耳、鼻、口、皮肤或意念等感官接收任何刺激，经过感官意识的运作，产生了感官觉受，这种觉受不是愉快、不愉快，就是无记，我们稍后再深入谈它。第三是对心本身的觉照。第四是当感官受到外在环境冲击时，对外境的觉照，这把我们和非常广大的觉照力连结在一起。

当我开始跟随一位僧团的老瑜伽士修行时，我对他说："我大概知道在正统禅修时该怎么修，但是我不知道在其他时间中该怎么办。"他说："这很容易。你只要了解所有生起的念头和情绪都是法身。"法身意指究竟实相。我说："不！这太困难了，我办不到。"他回答："你办得到，只是懒惰。"但事实上，这十分困难。直接看着心本身不是易事，觉悟它是出于智慧的变现尤其困难——主要是，你连智慧是什么都不知道！

佛陀待我们比较慈悲，他教我们从注意身体开始，因为身体令我们感受明显。他说："当我们坐下，我们知道自己坐下；当我们站立，我们知道自己站立；当我们走路，我们知道自己走路；当我们躺下，我们知道自己躺下。"想想看，当我们坐下、站立、走路和躺下时，对自己的身体经常是浑然不觉的，我们甚至连自己在做什么都不清楚。试着对身体、身体的姿势，以及身体现在正在做什么都保持觉照，不要以任何方式去思考、比较或批判，只要知道身体在做什么、在感觉什么，如果能做到这点，就是在当下。这是一种非常善巧的方法，引领我们活在当下。

另一种利用身体带领我们活在当下的方法，就是在白天里将注意力放在出入息上，就跟我们禅修时一样。我们不能在过去或未来呼吸，只能在现在呼吸，呼吸永远和我们在一起。这是一种善巧的练习，将心带回到现在，因为呼吸和心境密切相连。呼吸会随着我们的愤怒、热情、平和、快乐或沮丧而改变，呼吸反映我们现在的心境。将注意力带到入息和出息，确实能有助于把心安定下来。即使是一般的说法，当有人生气时，也是叫他做深呼吸，从一数到十。在白天里，每当我们想到或感觉到需要平静时，这样做很容易。即使在最忙碌的生活中，我们有时候也需要安静。

印度新德里的红绿灯转红时，会显示出“放松”的字眼。每当你遇到红灯，与其坐着磨牙，不如视为修行的机会，和出入息连结，和呼吸合一；于是，往常那些造成压力的事情，如今可以帮助我们放松，而不必改变环境里任何东西。红灯还在那里，但是我们的反应改变了。这个原则可以整天运用，试着把平常引发压力的事情视为警讯，想象一个警告，红灯正中央写着“放松”的字眼！放下所有一切，只要活在当下，我们都能做到。

第二种觉照层次是对感官觉受的觉照。“感官觉受”意指我们透过五根或第六识（心）接收刺激后产生的变化过程，这种刺激立刻被心诠释并感觉愉快、不愉快或无记。我们体会到的所有事情，不论来自外在或内在，都根据这种苦乐原则，我们的正常反应是被愉快事物吸引，并避免不愉快的事物，我们一直是这样的。即使我们坐着，保持某种姿势一阵子，就会开始感到有点不舒服，由于感受到不愉快的感觉，我们就会动来动去，直到再度觉得舒服，然后，我们又觉得很好；但是，这只能持续一阵子而已。

我们每分钟所做的一切事情，都是为了尽量保持愉快的感觉，以及驱逐和避免不愉快感觉的过程。我们被声音、风景、滋味、笑容、触摸舒适物、愉悦的念头所吸引；另一方面，我们企图避免不愉快的事物，所以我们陷在吸引和排斥的两极之间，持续动荡。我们似乎相信，如果自己的行动够迅速，将获得更多愉快事物并可避免不愉快。我们几乎是无意识地在做这件事，因为那已经很机械化了，我们被这种过程所控制，它遍及人、事、境遇、心情、念头等。只要我们没有意识到这点，只要我们未能看见它潜藏在自己的恐惧、诠释、判断和偏见之下，我们便和巴甫洛夫（Pavlov，译注：俄国的行为主义心理学家，提出著名的“条件反射”理论）的狗没有什么不同，我们完全被制约了。

开发对感官觉受的觉照力，有助于我们察觉刚生起的波动，在心尚未接受、扩大和将它膨胀变形以前，就察觉到这些愉快和不愉快的内在波动。一旦这种波动发生，我们就被拘捕在：“我喜欢它，要它，一定要拥有它；不要它，不喜欢它，一定要把它丢掉，一定要离开它。”这整体的反应是建立在一开始愉快或不愉快的微细波动上。如果我们当下能够觉察到波动，看见实际发生的事情，就可以给自己空间并选择如何应对。如果它是某样令人愉悦的东西，我们可以反应说：“是的！我喜欢它，我要它。”做这种选择没有什么不对。如果某件事是不愉快的，我们可以说：“不！我不要它。”然后避免它。我们并非要变成受虐者，而是要创造空间将情况看得清楚，然后，就能做出清楚而不是惯性的反应。

我们的喜欢或不喜欢似乎是这样真实、确定、永久，因而忘记那往往是很随性的。譬如，有一个礼拜，我们可能认定紫色是世界上最好的颜色，我们爱紫色，认为所有紫色的东西都是美丽的，不能理解为什么有人穿绿色！然而过了几年流行绿色，于是，我们无法想象为什么有人想穿其他的颜色，而忘记不久前自己曾经痛恨绿色。重点不在于我们喜欢紫色还是绿色，而是我们的喜欢、不喜欢不断变动。喜好经常被我们所处的社会所控制，即便是艺术，一个世纪前认为最美丽完美的东西，下个世纪可能就被视为是粗劣的，我们无法得知品味会如何改变。

我们必须观照自己的状况，意识到这个微细的“感觉色调”，然后决定如何面对。这带领我们到下一个层次：心的觉照。我个人认为，将注意力带到心的唯一办法，就是培养规律的静坐。在白天忙乱的活动中腾出空间观看内心的情况简直是不可能的。静坐是把专注力带入心中所不可或缺的方式。理想状况是一天静坐一两个小时，如果没有太多时间，半小时或二十分钟也很好。少于这个时间是不够的，因为一般人需要大约十分钟才能静下来，如果你十分钟就从静坐中起身，会没有时间体验安定的心境。

一般认为清晨是静坐最好的时间。如果要尝试，可以提早半小时起床。另一个理想时段是睡觉前，睡前至少静坐十分钟是非常有益的，将心放空，把所有的担忧、顾虑、压力都放下，就是放下，让心安静、广阔、空无。如果睡眠处于这种状态，会得到更深层的休息；相反的，如果睡觉时心中翻搅着对白天所发生的事情的忧虑，很可能早上醒来会觉得根本没睡，即使睡着了，念头还是跑来跑去。所以，睡前静坐一会儿是很好的，让心能够放松安静，然后在这种状态下入睡。

学习往内观心的趣事之一就是，通常那是我们最不想观察的地方！如果你注意我们平时思考的方式，就会发觉我们陷入和自己没完没了的对话中，充满了记忆、辩解、期待、批评、绮思、白日梦等，我们只是不断地思考、比较和分析。我们相信自己的想法——我有自己的信仰，它是真实的，是我所相信的！我所喜欢的一定是好的，因为我喜欢它！我不喜欢的一定是坏的，因为我不喜欢它！当我们产生情绪，我们也相信它，相信自己的愤怒、沮丧、记忆、恐惧，我们相信这就是我。那些经历悲伤童年的人，往往非常强烈相信他们的记忆，永远不放掉记忆。虽然记忆是痛苦的，他们还是紧紧抓住它，这让他们感觉："我是个被虐待的人。"

各种禅修的目的，首先是教导我们如何把心静下来，然后观入心本身。它教导我们如何和自己的念头及情绪保持距离，观看它们只是念头和情绪，只是心境。它们短暂地生起，然后消失；接着，另一种心境又生起，如同泡沫一般。我们的问题不在于有念头和情绪，而是我们认同它们，想着："这些是我的念头、情绪、记忆。"我们没有空间，仿佛身处大海中央，一再被翻滚拍击的巨浪所吞噬。觉照力让我们有一个安宁的空间，可以从中观看一切，而不被吞噬。

我在马来西亚时，看见一件运动衫上画着浮在巨浪上的冲浪板，冲浪板上有个盘坐的人，标语写着："乘着生命的浪头，要觉照，要快乐。"这就对了。觉照，活在当下，知道念头就是念头，情绪就是情绪。正如滑冲浪板，你逐渐培养出定力，滑行在风浪最大的海上，直到你不再被浪头吞噬而骑在浪头之上。当然，你必须从小浪开始，直到获得平衡，之后，浪愈大愈好！同样地，当我们开始练习觉照力，最好处于一种没有威胁、平和的气氛里，这是人们参加禅修活动的原因，也是人们规律静坐的原因。但是，一旦我们学会平衡，就会像冲浪者一样，觉得浪愈大愈有趣。

当我们开始培养心的觉照力时，心似乎一分为二。心产生了新角度，它有各种名称：目击者、观看者、理解者、观察者。它亲眼看见，不审判也不批评。随着亲见者的出现，心里产生了一个空间，它使我们看见念头和情绪只是念头和情绪，而不是"我"和"我的"。当念头和情绪不再被视为"我"或"我的"，我们开始有选择：有些念头和情绪是有益的，鼓励它；其他一些不太有益，让它离开。所有念头和情绪都被认出来和接受，不受任何压抑，但是必须选择怎么样应对，我们可以增加有益和善巧者的能量，消除无益者的能量。

这一切都很有解脱味，不是吗？重点是，我们都做得到，并非不可能，甚至并不特别困难。这种分离是心理功能的一部分，它不是某样我们必须制造或来自外在的东西，它早已经是我们心理组织的一部分。如果我们学习对念头本身更加察觉，心将十分自然地创造出内在空间。觉照力变得愈强，这种分离愈明显，直到它一直存在那里，即使出现情绪问题，仍然会有这种内在空间。一旦培养出站在后方观察的能力，我们就有能力做到，因为心本来就是这样运作的。

一行禅师有个他称为“正念铃”的东西。在他举办的禅修中，他会指派一个人拿着铃四处巡走，隔一段时间，每当他摇铃，学员听见铃声，就必须停止正在做的事情——在这一秒钟完全停住。这一刻，他们不但要意识到身体在做的事，还要意识到心和情绪在做什么，必须觉知当下发生的所有事情。我们应该制造自己内心的正念铃，让自己清醒过来。即使处于最忙碌的日子，可以抽出十秒钟，觉照这个心在做什么；然后，当我们对修行更加熟悉时，心就能学会该怎么做。清明的时间愈变愈长，直到我们想都没有想它，心就突然自动进入状况。这就像一部失去焦距的照相机，你不断地旋转镜头，直到焦距忽然对准了，所有事物都变得非常清晰，你有生以来第一次发现，从前一切是多么的模糊。但之后，我们又会失去焦距，因为又开始打妄想，又被包围住了。没关系，每当我们想起来，就再回来，终究会培养出觉醒的习惯。坏习惯的形成是非常容易的，好习惯的创造则极度困难。所以，刚开始需要非常精进和许多承诺，一旦开始尝到甜头，就会促使我们前进。

大部分人觉得生命里还有一些想要的东西，解决之道不是去得到完美的伴侣、房屋、汽车、国家，没有一件事是完美的，不满足感永远存在，某些地方老是不对劲。如果我们总是企图改变所有外在的东西，改变身边每一个人、改变社会、改变文化，认为事情会因此变得完美，我们将受到巨大的幻觉之苦。以往有一种信仰，认为普世的教育、健康的照顾、提供适当的食物和住宅，能将世界变成乌托邦，然而，请看结果是什么：在西方，几乎每个人都得到教育和某种健康照顾，住在美丽的地方，拥有所需的一切，包括衣服、食物、美好的房屋，但是不是真正快乐？他们是不是每天醒来都想着："噢！生命多么美好！何等的恩赐！"年轻人从来没有拥有过这么多的物质、教育、权利，然而，却也不曾像今日有这么多抱怨，感到这样被剥削、失意和愤怒。这对我们应该是很大的暗示，答案或许不只在外面，一部分或许在于内心。

不论我们多么努力想要使这世界变得完美，也从来没有达成。所以，每个人或许应该试着改变自己的内在质量。这个结果会是惊人的，所有事情都会转变。当我们的生活变得更清明，心同时也打开了，就能轻松面对现在感觉困难重重的压力环境。我们透过心体验所有的事情，你是否觉悟到这点？除非透过这个心，否则是无法体验所知的事。所有外在的事情都是透过感官、意识和心传达给我们，少了这个心，我们就死了，如同被连根砍去的树木。或许你可以说，我们其实是住在自己的心里，而不是住在这个国家、房屋或身体里。

我们对身体非常注意，清洁它、修饰它、喂养它，并且运动，但是，我们给自己真正的家多少注意力？隔多久清洁自己的心？做多少心的运动？给它多少修饰？给它多少营养？认真想想。所有经验都透过心的过滤而来，如果我们的心处于混乱状态中，不论身在什么地方，生活都会陷于混乱中。如果心是平和的，不论身在什么地方，都将是平和的。

我想举一个非常简单的例子。我曾经和母亲住在伦敦，当时她担任一位非常有钱的加拿大人的管家，那栋奢华的楼房就在海德公园旁。有一回，所有人都要出门一阵子，只剩下我一个人。我住在伦敦这栋奢华的楼房里，有两部巨大的电视机，想吃多少食物都可以，我有足够的钱买任何想要的东西，许多唱片，应有尽有，但是，我无聊极了！我告诉自己："记住，如果有朝一日你被诱惑，认为物质的舒适能带来快乐，就回忆这个经验吧！"

还有一回，我住在一个洞穴里，它不是我自己的洞穴，这个洞穴非常小，小到无法站立，最多放个小箱子坐在上面，这个小箱子同时是床铺。那里有很多跳蚤，所以我全身都被咬了；没有水，我必须走半里险峻的山路把水提上来；那里几乎什么食物都没有，而且很热。但是，我充满了喜乐，我非常地快乐，那是个非常神圣的地方，当地的人好极了。虽然从物质的观点来看，环境很艰苦，但那又怎么样，心很快乐就好。我记得那里整个地方都沐浴在金色光芒中，你们明白我的意思吗？

我们文化传播的大谎言之一就是，获取愈多财产将带来愈多快乐，这完全不正确，无欲才能带来真正的快乐。如果我们仔细想想，或许就会同意，最快乐的时光，就是觉得所有事情像眼前这样就很好，无尽的欲望其实对心是很大的负担。所以，如果我们真的希望快乐，并希望为身边的人创造快乐，我们的任务就是清洁、疏通、整顿自己的心。

如果我们的心和扩音器连在一起，每个人都可以听得见别人所想的事，人们就会真正希望学习禅坐，并且赶快学习！我们不妨开始整顿自己的心，将垃圾丢出去，捡起每一样东西，问："它有益无益？我为什么携带它这么久？"丢掉它，好好做一次春季大扫除，心会感到更加的干净和开阔。把窗户弄干净，你可以清楚看见外面。这应该是我们的第一要务，为什么我们对待自己的心好像是无关紧要的东西？

第四是对法的觉照。它的意义，至少根据大乘学派来说，是指透过感官体会外在的现象。如我前面所说的，我们只能透过感官的诠释来了解某事。我们以某一种方式来理解事物，只因为我们具有这个独特的感官。如果我们具有不同的感官，对事物的理解将会有所不同，但是它对我们同样真实。我们从来不曾真正认知外在是什么，只透过感官端看连结到的东西是什么而已。一只苍蝇运用结构非常不同的眼睛和触角所感受的实相和我们所体会的非常不同，但是从苍蝇的观点来看同样正确。我们看事物不比苍蝇更好，我们只是从自己的观点来看。譬如，这片玻璃非常坚硬，如果我用它打人，对方会有感觉。但是，现代物理告诉我们，玻璃大部分是由空气组成的，只有几个电子、质子、中子快速环绕着它。然而，我们不是以这种方式来体会；如果我是一只蚂蚁、大象或海豚，我又会感受到不同的东西。每种体会都是正确的，我们的看法不会比其他人好。

问题在于，我们紧抓住从外界接收到的刺激。因为它引起愉快或痛苦的反应，我们开始发挥和诠释它，无法只视它为一连串的刺激。有个故事是说，在佛陀时代有位印度的修行者，他住在南印度某地，他禅坐时得到一个经验，以为自己开悟了，但是，他禅坐的那棵树的树神对他说："不！你没有开悟。"他说："我没有开悟？"树神说："绝对没有。"于是，他问树神："谁开悟了？"树神回答："嗯！有一个人叫做佛陀，他住在北印度，你可以考验他，他开悟了。"于是，修行者想："好吧！如果我的经验不算开悟，我一定要找个真正了解开悟是怎么回事的开悟者。"

他出发上路，走了几个礼拜或几个月，在北印度四处询问佛陀的去处，终于在一个清晨，他到达佛陀居住的城镇。但是，佛陀出去托钵了。修行者找到了佛陀，他奔向佛陀并礼拜在佛陀的脚前，说："请告诉我如何得到开悟，请教导我。"佛陀说："现在的时间不适合，我正在托钵，你稍后再来。"但是，修行者坚持着："你现在就必须告诉我，给我一些教导。"佛陀回答："现在真的不是适当的时间，请离开我的脚前。"修行者回答："不！不！你必须给我一个教导。"于是佛陀说："好吧。听时只有听，看时只有看，感受时只有感受，思考时只有思考。"当佛陀说完，印度修行者便得道了，成为阿罗汉。然后他升到空中，向佛陀礼拜，随后燃烧了自己。这就是教导。你们明白了没有？

问答

问：他证得空性没有？

答：一方面，这是空性。另一方面，这是说……

问：没有人在家？

答：完全正确。就好像在一个空屋，所有门窗都打开，微风吹进来。看时，只有看；想时，只有想——其他一切都是我们的诠释。当我年轻还没有成为佛教徒之前，我自然而然开始进入这种境界。突然间，我意识到自己在看，不过那只是视觉信息被接收而已。而听的，只是声音，想的，只是意念来到脑海——来了，去了；下一个念头，来了，去了。

当我的心进入这种意识状态，我以此看着身边所有的人。当时我在图书馆上班，我看见他们全都卷入自己的想法、情绪、每日新闻、人际关系，以及其他发生的事情中。他们没有空间，完全被牵扯在其中，仿佛被窒息了。我觉悟自己平时也是这样，一股巨大的同情心油然而生。我看见大家为自己和身边的人制造了很多痛苦，然而这不是我们的本意，我们希望快乐，希望平安，希望身边的人快乐，但是，我们所做的每件事都制造出反效果。当我看到这点，我感受到无比的爱和慈悲。

我告诉你们这件事，因为我不希望你们认为强调觉照力会让人变得冷酷。有时候，当我谈论超然、不执着、保持清醒、观看念头和情绪只是念头和情绪、不被牵扯等等，人们认为这听来很冷酷，但是事实并非如此。那些真正的情感，譬如爱、慈悲和同情，都会自然而然地生起，因为它们是我们本质的一部分，而这里已经没有任何东西阻碍它们。我们在前面谈到将心打开，另一个打开心的方法，就是学习更能活在当下和更有觉照力。

问：我的问题和念头有关。我们在不同的时间里，都很擅长体验自己的念头，或是真的去将它实现，将念头实现似乎是非常吸引人的。所以，我想自己的问题是，念头是从什么地方生起的？如果一些从自身中生起的意念真的出于自己，我会感到很惊骇。

答：你认为念头从何而来？

问：嗯！这是我提出的问题。是不是有固定数目的念头在宇宙中像溜滑轮似的环绕，等待进入我的意识银幕？或者，念头像野草从田野里生起？

答：念头是我们自己制造的，并非从外界进入，而是来自内在。我们能够制造各种念头，心里有整套光谱，从红外线到紫外线，具备各种潜力，成魔或成佛，一切都在心里。如果愿意选择更接近红外线，这是我们自己的事，万事都在于己，但这并不意味着我们必须将所有念头付诸实现。要知道，自己完全具备当恶魔或当天使的能力，只要还未开悟，只要我们心中还存有妄想、厌恶、贪婪、欲望的根苗，什么事都做得出来，因为我们是凡夫，凡夫就是这样。当念头生起，必须认知和接受，但是不要给它能量。我们当然不认为有一个外在力量将念头注入心中，说谎大王就在我们心中，所以，我们需要净化自己的心。

问：您举洗盘子和专注于洗盘子的例子，您是不是认为有时候做一件不必用心的事，其实可以让我们去思考必须思考的事？虽然不专心，但其实是利用这段时间想其他事情。

答：有时生活很忙碌，这是必须的，但是你应该觉知到自己的不专心。如果我们一直这样，做所有事情都是这样，我们永远不能活在当下。当我们因为修行变得更有觉照力时，我们可以做一件事时，知道自己在做，同时还计划着其他事情。有时，我们需要机械化一点，但是，如果我们做事一直都像机器，便是虚度整个生命！

问：有一个题目和这有点类似，就是创意的灵感。我在一个小区剧院表演，我希望活在当下，同时又能释放心灵并具有创意。

答：那么，你就觉知自己正在释放心灵并具有创意吧！保持觉照力并不代表不思考。保持对念头的觉知，是保持觉照的一部分。譬如佛陀开悟后，花了 45 年建立僧团以及教义，这个教义经过 2500 年大致都没有变动。他当然运用念头，但是他知道自己在做什么，他用非

2001 年，丹津·葩默于扎西宗。

春天来临，丹津·葩默在她位于拉乎尔闭关的洞穴前，将室内潮湿的物品搬出晒干。

丹津·葩默闭关洞穴一角，
图中左下是她打坐用的木箱。

2001年，丹津·葩默与第九世坎初仁波切于扎西宗合影。

丹津·葩默

2001 年 3 月，位于新址的道久迦萨林比丘尼院中的女尼。

丹津·葩默与道久迦萨林比丘尼院的女尼

2001年3月，丹津·葩默与道久迦萨林比丘尼院的女尼集体合影。

常清晰的头脑在思考。参禅的人对诗、艺术和戏剧都非常有创意，但是他们是用静湖般的心来从事，而不是一个动乱的海洋。当心专注、灵敏、清明，伟大的创意便会生起。它不是含糊的，而是清纯的，因为它来自一个更深的层次。所有伟大的艺术家和音乐家都可以触及这种深刻的层次，它不是表层的心，而是内在创意非常深沉的泉源，是没有自我的。

问：您以前谈过心和意识有虚空感，我曾经听过“心如天空”的比喻，我们是不是一直都在那里面？

答：是的。但是，我们不认识它，因为我们总是和云认同——黑云、白云，我们看不见心的那种虚空般的本质，而这是我们必须接触和认识的。

问：当您说话时，您是不是处于那个相同的境界里？

答：从胜义谛来说，我们永远不会离开它，因为它是我们生命的根源。至于我们是不是认识它，那又是另一回事，真正认识心的这种虚空般的本质是一个重要的突破。方法是学习怎样更加频繁地、在更多的行为中发挥这种纯粹没有分别的觉照力。当它一直存在而没有间歇时，人就成佛了。大部分的人根本接触不到它，那些我们视为开悟的人，他们进进出出这种境界，想看它，就能看见；大部分时间，他们处于平常的意识状态。这种根本的意识是计算机的能源，它永远在那里，如果我们把它关掉，我们就死了，意识就离开了。

问：有时我的念头多极了，感觉很难静坐，很难进入这种觉知。

答：因为你很骚动不安？

问：是的。因为我的念头如浪潮一般。

答：每个人都有浪潮般的念头，如果你要等到没有念头才静坐，就永远不会静坐。禅坐最大的重点是学习接受这种混乱的心，并处理它。但是，如果你在某个时候格外不安，最好出去走走，看看天空、花朵、树木，让心安静下来。

问：最好的方法是静坐一阵子吗？

答：只要把心安静地带到出入息，基本上，这就是当下发生的所有事情。把过去发生、未来可能发生、现在令我们忧虑不安的事，都放下。在这一刻，我们只是在这里，吸进来，呼出去。这是眼前发生的事，其他都是我们内心的批判和解释。只要将心带回到现在，放下所有其他的事情，不要给它任何能量，只要活在当下，就会让心宁静下来，如果心不宁静，就让它不宁静，没有关系。

问：我学了许多观呼吸的方法，不知道应该用哪一种？

答：最好固定用你最喜欢的那一种。观呼吸有许多方法，例如你可以把意识带到腹部的起伏，觉知整个呼吸的进出；有些藏传佛教的人谈到光的进出，也都可以。只要找到你觉得最舒服的方法并固定下来，它们是殊途同归的。你知道，没有任何事阻止我们保持清醒和觉照，在某个层次上，我们是永远觉知的，否则我们将失去知觉。但是，我们不清楚自己的觉知，我们忘记自己是有意识的。所以，觉照力不是我们需要去发展的东西，我们早已拥有它，我们只需要认知它。

我们的心非常迟钝，被习气所困，很难突破。最深的习气之一，就是心的迟钝。我们或许认为自己经常用脑，智力非常高，外向，聪明，总是在想事情，但是基本上，我们是逃避活在当下，逃避真正的清醒，我们都是沉睡的，在这个梦里梦游。对有些人它是噩梦，对其他人则是美梦，但都只是做梦，而这种清醒过来的渴望被沉重的迟钝掩埋了；清醒过来是煞费周折的事，所以我们继续打呼，这是问题所在。

所以，我建议从小事开始，试着克服习惯性的不专心。试着做每件事都全心全意，把眼前所做的当作我们最重要的事，因为它是我们正在做的。其他所有事都只存在念头中，只是记忆或期待。唯一真实拥有的是自己现在所做的事，如果我们错过，就失去了，因为它消逝了。你懂吗？我们现在见到的每个人，对我们而言都是世界上最重要的人，因为他正在我们的面前。

问：这是不是您先前所谈论的究竟实相？

答：不是。这不是究竟实相，因为它还是属于相对的境界，还有主体和客体。究竟实相是没有分别的，超越主体和客体。我们活在这种主体和客体的二分法之中，有“我”和“非我”。但“活在当下”是进入没有主客体之分的境界之路，能够获得无分别的觉知并且保持它。当我们到达这种境界，伟大无条件的爱和慈悲自然会生起。

这点对我们亲近的人尤其重要，我们必须试着以从没认识过的态度和他们交往，清晰地看见他们真正的潜力，而不是用我们套在所有人身上的固定模式。我们分分秒秒都在改变，拥有非常多不同的潜能。我们永远无法看见一个人有两次是相同的，而这个无法看见一个人两次都是相同的我们，也不是相同的人了！我们不但永远无法两次都踏入一条相同的河流，而且这个踏入河流两次的人，也不是相同的人了。万事分分秒秒不停在改变，但是我们总是把自己的偏见和解释加在每个人身上，直到再也看不见真正的他们。当我住在洞穴期间，虽然洞穴很小，但有时我会走到洞穴的另一个角落或坐在阶梯上，闭上眼，试着把念头放空，然后再睁开眼睛看这洞穴，仿佛我从未见过它，但是却真正看见了它。

习气的力量使我们变得迟钝，我们视而不见，认为所有事都很无聊。小孩对身边一切都感到兴奋，因为所有的事对他们都是有趣的。我们应该有一个像小孩在寺庙看壁画的心，他不会想着“哼！这些没有我去年看过的壁画那么好看，这个画家不怎么样”或是“我认为他的蓝色用得太多了”或是“我喜欢另一种绿色”，他只是看着它，十分着迷。小孩没有先入为主的想法，他们不做比较或解释，而只是以鲜活的心看所有的图画。这是我们希望做到的。

问：有些日子十分单调，像洗盘子这种工作，我不觉得重要或值得去注意，只是一些盘子，每天都要洗。我是不是应该想："好吧！当我洗盘子时，我应该真正专心，把工作做好。"

答：不！不是"我必须专心把工作做好"，不是这么激进的态度，只是觉察，知道自己在洗盘子，你洗的每个盘子都是新的，每次洗盘子都是新的经验。但由于我们的心变得太迟钝，所以洗盘子变得不重要了，它似乎是庸俗的，生活似乎很无味。事实上，生活不是无味的，只是因为我们的心迟钝，所以日子才变得索然无味。你明白吗？

我们应该试着在做所有事时都全心全意，出自内心，只是知道，非常简单、轻松，不要企图专心，就只是知道，只在当下。我现在在做什么？我现在在洗盘子，好，我就洗盘子。如果你把这种特质带入所有事，就会让心非常轻松、放松、没有压力。其实，洗盘子是很欢喜的事！

问：是的！我知道洗盘子不像其他一些事情，它不需要我们付出情感之类的东西。

答：这不是重点。重点是不论你在做什么，即使这事非常需要情感和智力，你还是以觉照的心去做，这里所指的不是追逐一个目标或设定目标，因为事情的结果将自然显现。我们的社会非常注重结果，所以大家都这么竞争，永远有压力，大家永远看着某样在远处的东西。如果你一直观望所攀登山脉的山顶，就注意不到脚下生长的绿草和花朵。我们一直都看着远方，不是吗？然后，真实的事情、真正的生活，从我们身边溜走。我们被锁在自己的脑里，和眼前的一刻断绝，总是把注意力集中在某样够不着的东西上，以为一旦这样或那样的事情发生，快乐和满足会像魔术般地出现。但是，眼前发生的只有"它"，它是我们唯一拥有的，其他都只是虚构，如果我们因为想着其他事情而错失眼前的一刻，这一刻将永远失去。所以，只要知道当下发生的事情，这就足够了。这一分钟将转入下一分钟，然后再转化成下一分钟，它不惊奇，它不是灯光、音乐、恩赐，但它会转化你的生命。

问：面对批判这一类的心态，最好的对治方法是不是让它离开？

答：认知"批判"是心的作用，但同时也要认知到，它只是心。我们的问题是相信心并认同它。

问：您早先谈到心的迟钝、冷淡，以及看见云没有看见天空。这和恐惧似乎有很大的关系。您了解人们害怕什么？他们为什么害怕？

答：恐惧是非常深的问题。恐惧从何而来？恐惧基本上从我们错误的认知而来，我们认同了某样自认为是"我"和"我的"东西，那就是自我。因为我们认为自我是"我"和"我的"，于是创造出整张网来保护自己，而保护自我的主要方法之一就是利用恐惧。当我们感到害怕，重点不是自问“我恐惧什么？”而是“恐惧是什么？它怎么样显现？它的相貌是什么？它从什么地方来？”，并进一步超越这一切——是谁在惧怕？如果我们说“我害怕”，那么，这个我又是谁？我们做的许多事都是源自于希望和恐惧。这不是我在两分钟内所能解释的东西，这个题目太大了。

问：许多人似乎都害怕心灵世界，害怕自己。

答：是的。因为自我不希望被发现原来它是不存在的，所以对此非常害怕。自我将真正的修行视为自我的死亡，真的是这样。当然，自我从开始就不曾真正存在过，只因为心的力量活动得非常活跃，所以造成事情背后有个主体的印象。自我害怕被揭发是个大骗子的身份，所以，当然会有许多人害怕禅坐，因为害怕会发现什么事。所以重点就在于对治恐惧，唯一克服恐惧的方法，就是面对它，否则，我们一生都将被恐惧所驱策。

问：无所不在的观念使我着迷。您知道有许多只手臂的菩萨，他们是不是无所不在？

答：佛的心是无所不在的。

问：菩萨怎么样工作？

答：菩萨以最适当的方法工作。他们可以示现为许多不同种类的生命，或转世在许多不同的环境里，他们甚至示现为无生物，譬如，根据情况变成人们需要的桥梁和船只。观世音菩萨有一千只手，他在任何情况下都会伸出援手，每只手掌上都有一只眼睛，代表他不但给予帮助，同时清楚地看见当时的情况，所以能提供适当的帮助。他依据众生的因果业力，给予适当的帮助。

我们是非常短视的，举遗传工程学为例，现在能够在母亲子宫里看见婴儿是不是畸形，如果婴儿畸形，依照我们短视的慈悲心，便希望婴儿最好不要生出来，而采取堕胎，这看来似乎对婴儿和母亲都很慈悲。

我年幼时，得过一些谁也没有办法诊断出的病。我经常住院，医院里有许多得了各种疾病的小孩，脑水肿、痉挛性麻痹，还有其他一些很可怕的疾病。即使我当时只是小孩，而且是唯一还算正常的孩子，但我对其他小孩的智慧和成熟都感到震惊。他们可爱极了，眼里充满了解和慈悲，他们的父母非常爱他们，这些生病的孩子和父母之间的关系令人讶异。

没有人知道他们从这当中学了多少东西！如果将“不完美”的孩子事前堕胎，切断这份关系，会更好吗？我的意思是，菩萨不一定会冲进去停止某件看似可怕的事情，或许有必要让这些众生经历这件事。我们来到人间不是只为了享福，是为了学习、成长、清醒。佛教认为转生天道不是好事，原因之一就是天道缺少挑战，在那里所有事都是美好的，什么也学不到。佛教认为转世人道是最好的，因为人间苦乐参半，所以，我们还能选择、成长、开展。菩萨具有智慧，他知道什么是适当的应对，但那可能不是我们这种尚未培养出慈悲心的人所认为适当的。

问：和痛苦共存的方法，是不是就是和痛苦在一起？

答：嗯！如果你因为头痛而吃颗阿司匹林，没有问题。但是，如果你的痛苦避免不了，就接受吧！痛苦本身可以变成美好的禅修。我记得有一回在洞穴里砍木头，斧头滑落，我的拇指差点被切掉，我用丝巾把它包扎起来，十分疼痛，它不像癌症，但也疼得够厉害。我的第一个反应是厌恶："怎么样能让痛苦离开？"但后来我把注意力带到疼痛本身，首先，痛感非常强烈，所以很容易专注，然后我想，疼痛是什么？不是这坚实的肿块，当我们进入疼痛之中，它似乎是波浪状的，里面还存在许多丝丝缕缕。又有一回我的眼睛发炎，持续好几个月，痛得非常厉害，我看不见，被迫处于黑暗中。这痛很有趣，它好像一首交响乐，其中有小提琴、敲击乐器，它不是只有一种疼痛，有刺痛、扭痛、剧烈的痛。当我进入它，不再有"我觉得痛苦"的想法，也不再痛苦，我完全被变化的痛感所收摄。如果你更深地进入痛，会发现在杂乱的痛苦后面，有一种隐藏的宁静。所以，痛其实可以是一种伟大的修行。

问：如果长期把痛苦封锁起来，要怎样恢复对痛苦的觉知？

答：你指的是情感的痛苦？

问：不！我指的是身体、心灵或情感，任何种类的痛苦。

答：人是可以重新恢复知觉，提供痛苦重现的空间，接受它并慈悲对待它，给它空间让它说出想说的。我们的生命处于享乐和痛苦的二分法之间——企图避免痛苦和追求享乐之间。

问：关于转化情绪，人如何将痛苦的情绪转为对修行有益的燃料？

答：从某方面来看，佛教一切的修行都在把负面情绪转化为正面的，其中的做法又分许多层次。所以，这是个很大的问题。简单说，我们首先要认知发生的事情，然后接受它，这不代表我们必须同意或不同意，如果我们产生愤怒的感觉，一定要先认知这感觉，然后接受自己有这些感觉。如果我们不接受，而是拒绝，我们就把进一步的沟通切断了。

接下来就要视情况而定。以愤怒为例，有许多应对的方法。我们可以用正面的情绪来取代负面的情绪，就像插入一块更好的楔木取代旧的，旧的楔木会掉出来。如果我们很愤怒，就可以修慈悲观，有许多修慈悲观的书和教导。我们在修慈悲观时，首先把爱导向自己，我想这个修法在西方是很贴切的，因为，一如一位上师曾经说过的，西方人和西藏地区的人的主要差别之一是，西藏地区的人普遍对自己的感觉相当好，然而他见过的大部分西方人，并不是真正喜欢自己，他们甚至会恨自己，而且非常不愿意原谅自己，这很奇怪。

所以，当我们试图消除愤怒时，首先要和自己和平相处。毕竟，如果我们对自己怀抱愤怒，还以为这种愤怒不会转变为对他人的愤怒，这是错误的幻想。如果我们仍然紧抓愤怒的根源，也就是我们内心的冲突，而对自己满是悔恨、愧疚或责怪，即使我们决心要爱敌人，也是没有用的。

首先，我们必须努力接受自己，真正做到对自己友善，对自己有慈悲心。我们本来就应该对所有众生都关爱和慈悲，既然我们自己也是众生，我们首先要负责的众生就是自己，一定要对自己仁慈。我不明白西方人为什么对自己这样粗暴，他们能看见自己所有的缺点，不愿意承认自己的优点。他们很乐意告诉别人“我是个非常容易生气的人”，却不愿对自己说“我很容易生气，但我也很慷慨”。

所以，当我们对治如愤怒之类的负面情绪时，首先要和自己和平相处，有一些禅修的方法可以用。当我们培养出对自己真诚的友谊时，要继续培养并将它散播出去。一开始先送给某位我们关心的人，但不要将注意力集中在一个吸引你的异性身上，因为慈悲心的远敌是愤怒和仇恨，近敌就是欲望。慈悲心没有攫取、执着，它纯然是无条件的爱，希望他人快乐。所以，当我们练习给予慈悲时，可以从一位自己喜爱的人开始，自古以来我们称这种人为“施主”，他是任何一位曾经对我们很仁慈，使我们觉得很温暖的人，我们怀念这个人，想着：

“愿你吉祥如意。”希望他们远离灾难，试着真正为他们祝福。

一旦培养出这些感觉，接下来将它给予某位中立人物，他是我们常常见到的人，但是没有什么好恶的感觉。然后，我们对某位很难相处的人做同样的练习，就是让我们常生气的那个人。我们一直试着对这个人培养慈悲心，如果这种感觉培养不出来，没有关系，我们再回去观修某位喜爱的人，然后是某位中立者，直到效果产生。

这个对治愤怒的方法已经有两千五百年的历史。佛陀说：“仇恨不能终止仇恨，仇恨只能被爱终止。这是永恒的法则。”但是我们必须付诸努力。这是传统对治愤怒的方法，还有一些传统方法可以对治其他的情绪，每一种情绪都有解药，都有相反的情绪来平衡。譬如，对性欲过盛苦恼的人，可以建议他观想身体的不可爱面，观想身体从头发到脚底，没有皮肤，只有脑、心脏、胃肠，没有一样是美丽或能引起欲望的，观想从身体里冒出的所有东西，譬如汗、鼻涕、粪便、尿，即使它来自你的爱人，没有一样是可爱的。我们开始发现，身体其实没有我们欲望所创造的那么吸引人，这是对治对身体执着，或是对他人产生过度性欲的解药。

另一个应付负面情绪的方法是，一旦我们培养出很强的觉照力，每当念头和情绪生起，就能看见它的本质，不至于跳进去而被卷入。当我们看透它，就会发现它并不坚固，是透明和流动的，它的本质是空的。如果我们能在念头和情绪生起时立刻看见，在这个刹那，我们可以将它转化为巨大的纯净能量的来源，同时为我们带来极敏锐的观慧。所有负面情绪的根源都是某种形式的智慧能量——是被扭曲的智慧能量，所以在大乘佛教（尤其是金刚乘），这些负面情绪没有被根除，可以透过其本性理解它们，而让我们了解它真正的本质，它使我们接近非常深层的纯净能量。但这是假设已有很强的觉照力，如果我们具有这种觉照力，不管面临什么事，当下自然得到解脱，问题就不复存在了。

问：您谈到对亲近的人，譬如家人，修慈悲心的重要性。但如果有许多冲突，您真的认为和他们相处，比离开他们，直到自己培养出慈悲心更好吗？

答：如果你处于一种很难应付的情况，觉得脆弱或无力，那么，离开一段时间修慈悲心或许有帮助。当然，如果无法离开，那么你只好在这狮子群中修了。但是，刚开始修，处于较平和的气氛中的确比较容易，那样不会觉得太受威胁。

问：您是不是指最后最好还是面对这些情况？

答：是的。事实上，最后我们都可以应付所有发生的事情。我不是说要去找特别讨厌或难处的人，因为他们总是会出现。但是，如果他们已经存在，你就要面对这种情况了。重点是培养足够的内在力量和清明来应付这些情况，当我们懂得善巧应对这些状况，它似乎就不是那么困难了。

问：所以，不需要出去寻找难于相处的人？

答：完全不需要，他们会出现的。佛陀赞叹善知识，这是他一再强调的事情之一。他说，我们应该寻找好的朋友，好朋友意指那些道德和心灵都比我们高超，或至少和我们相等的人。我们应该有一些朋友鼓励我们培养美德，同时应该尽量避免坏朋友——那些以负面行为影响我们的人。

问：我以为重点是能够应付所有的人，包括最难于相处的人？

答：当我们的心灵够强健时，就能够应付所有的人。但是，如果我们很容易受身边的人影响，而我们又可以选择时，选择对心灵有帮助的人做朋友是合理的。当然，一旦我们具备内在力量能够利益他人，我们和任何人在一起都可以。但如果我们还是脆弱又容易受影响，那么我们既不能利益他人，也不能利益自己。

问：所以，离开某些对我们造成困扰的人是对的？

答：是的。如果你还没有达到能够利益他人而不被拖累的地步，何必被牵扯呢？我们最好选择能够使自己得到启发、快乐、和谐的人，以及那些增长我们内心养分特质的人。

问：如何知道自己的行为是不是在利益他人？您先前谈到每个人的观点都不一样。

答：我们必须检验自己的动机，当然我们几乎能为所有事情辩解。甚至波布（Pol Pot，译注：柬埔寨独裁者，1975年上台，其后杀戮几百万百姓）都宣称自己是无罪的，他坚持没有做错事，他不了解每个人为什么都那样愤怒，而这是在造成两百万人死亡之后！但是，如果我们有诚心，应该检查自己的行为，包括身、口、意的业，它是出于幻觉、困惑、贪婪、执着、厌恶、愤怒、嫉妒、骄傲，还是出于谅解、爱、慷慨？我们必须自问行为后面隐藏的究竟是什么。如果动机是正面的，行为或许也是正面的；如果动机是负面的，即使我们的行为在别人眼中是好的，结果恐怕也会是负面的。同时，我们必须有长远的眼光，这就像将石块投入湖里，如果产生了涟漪，会有什么结果？它将如何影响人？我们应该看宽广的景象，觉察自己的语言和行为确实影响他人，只说“没关系，责任由我来承担”是不够的。

问：我想在某些情况下必须非常善巧，觉察到对方是不是受到伤害，即使同样的行为可能对其他人不会造成伤害。譬如，如果想照顾某人，他可能因此感到受伤，而我们却不知道。

答：我们需要培养一种看清周遭情况的能力，并判断自己的动机是不是真的想帮忙。当然，我们都在学习，都会犯错误，但重点在于培养清晰观照情况的能力，并且适当地应对。当然，我们需要对自己的行为负责任，不怪罪他人。做选择往往是很困难的，但是我们不应该冲动地跳进去，应该察看有什么选择，试着做最聪明的事。

问：开悟（体会到不二）是不是有层次之分？如果有，是什么层次？有时人能够超越单一的感觉。开悟或觉知有没有不同的层次？

答：开悟就是开悟，正如蓝天就是蓝天。但是，有些人只瞥见蓝天一眼，云层离开一会儿，后来又聚集了。对于一些人，云层离开后维持相当长久的时间；只有很少数的人，云层离开后再也没有回来。

问：他们是如何办到的？

答：他们或许在前世有非常深的经验，在这一世，他们只是恢复过去的证悟。我想这是唯一的理由，因为它的出现是自发、自然的，心再也没有回到无明的状态，他们保持着这种觉知。譬如本世纪的拉玛那·玛哈希（Ramana Maharshi），他大约十六岁经历到使他永远改变的经验。但大部分人只有灵光一现，短暂看见非常清明的境界，没有观也没有观者，只有广大的觉知，但后来就又消失了。

问：它为什么消失了？

答：因为心的惯性太强烈了。我们的内心深藏着无明、混沌和麻木。

问：您的意思是人回到旧有的思想模式？

答：是的。重点是尽量试着了解并重复这种灵光一现，直到逐渐延长它。有许多这类禅修方式的书籍，你可能有一本非常厚的书，前几页讨论瞥见心性之前应该做的事，其余都在讨论之后应该做哪些事，因为你必须学习如何了解它，延长它，如何将它融入你的意念以及日常生活中。

问：您对灵光一现应该有所了解。如果在瞥见心性以前应该做这些事，之后应该做那些事，这是不是指它还算是相当容易成就的？

答：有一回，一位住在拉乎尔的美国女尼告诉我一个故事，当时她和一些僧人同坐在喜玛拉雅山谷一个屋顶上，这些僧人问她："你第一次证悟心性是什么时候？"她说："我从来没有证悟心性。"他们说："不要紧，你可以告诉我们，我们是你的师兄弟，说吧。"她说："没有！我从来没有过。"僧人只是看着她，好像在说："什么？"

问：她真的有开悟经验吗？

答：没有。但是，这些僧人不相信她，他们以为她只是害羞，你无法从外表看出这件事。他们不是佛，只是普通僧人，但是他们修了很多法，对他们而言，开悟没什么特别，所以，他们不相信她没有开悟。我们的心复杂极了，即使最简单的事情，还去分析、拆解它们，让它们变得极为复杂。由于我们的云层一迭迭地堆积，以至于很难找到一个空隙看见心性。然而，这些僧人没有电视机、收音机、小说、杂志，他们几乎从不看报纸，他们的心真的十分简单、空性，这是很好的。如果有人对他们说"你做这件事"，他们就做，他们不需要分析、了解，或是陷入各种情绪纠缠。其实西方人也能做到，心性就是心性，没有西藏地区的人或西方人之分；天空就是天空，不论它是在澳洲或在西藏地区的上方。

问：我过去曾经因打坐到浑然忘我的状态而有所挣扎，我达到一种只能称之为虚无的境地，我的意思是说，我完全平静、无欲。但是，这种虚无似乎很冷漠，有点无情。当您说从空性中生起真正的慈悲心，我不知道自己是不是真正拥抱了空性，因为我害怕失去“自我”。对我而言，在禅坐中所面对的虚无，并不是愉快的事情。

答：或许这是事实，或许自我设了恐惧这个防线，好像站在一个深沟的边缘，害怕向下跳。

问：我觉得如果自己再继续深入下去，将不断向下沉，没有办法出来。

答：嗯！或许自我会继续沉没不出来。

问：但是，经验到这件事情的，究竟是什么东西？

答：那不是自我。当我们经验到无为法，我们不会消失或变成宇宙里的小点。从某个角度来说，我们会第一次真正充满生气，如我之前说的，好像从睡眠中清醒过来。但是，这种清醒和平常的“自我”无关，它完全超越一切，更加地辽阔和鲜明，不再因“自我”而和所有众生分离，而是和所有众生连结在一起。自我知道这是死亡，所以，它产生极大的恐惧。

问：是不是所有进入这条道路的人都会感到这种恐惧？

答：大部分的人是。恐惧是自我的最后一道防线，所以，当我们依照佛教方式禅修，一开始总是皈依佛、法、僧，然后发菩萨愿来为所有众生开悟，而不是为自己。接下来我们修上师相应法，观想众多老师以及从本初佛开始的传承，并将他们溶入我们自身，保护我们。我们好像被佛捧在手里，没有任何事能伤害我们。怀着这种内在的保障，我们获得跃进的勇气。

问：是什么引发了静坐时的情绪，譬如哭泣和其他种类的能量？

答：我们为这些能量创造出空间，让这些紧密隐藏的小结解开。这些小结是我们不知不觉压抑的情绪、恐惧、焦虑和喜悦，而被我们肤浅嘈杂的心念刻意忽略了。当你静坐时，心安静下来，便腾出空间，允许事物浮到表面上。于是，各种情绪都上来了，有些人开始笑，有些人开始哭，有些人恐惧，有些人欢喜。所有事情都跑出来了，你只要让它出来，认识它，接受它，然后让它消失。

问：那些从身体产生的能量呢？它们是不是来自相同的源头？

答：是的！道理一样。当你静坐，你的心和气（身体的内在能量）两者非常密切地连结。当心变得更加专注时，也会影响身体的气，身体的气开始聚集和活动。藏传佛教有一种双重的修法，首先有意识地控制气来影响心，其次运用心来影响气，两者相辅相成。

问：如果在禅坐中产生发疯或出窍的经验怎么办？

答：如果你有这种感觉，并觉得受威胁，最好将意识固守在体内，譬如，专注在入息和出息。当你专注在呼吸的出入时，就不会跑到任何其他地方。

问：您认为在危机中试着静坐好不好？

答：坐下来和出入息结合，并试着把念头放下是很好的。如果佛教有口号，那就是“放下”。

问：愤怒和自我是什么关系？

答：愤怒是自我的伟大拥护者之一，它同时也会让自我觉得伟大和可怕。当愤怒在心中生起时，我们应该意识到它、认识它，如果可能，不要认同它，不要想这是“我的”愤怒，只要认识它其实是一种心理状态。然后，如果可能，把它丢下。如果我们看得非常清楚，在真正看见的那个刹那，它会自然而然地转化，然而这需要非常敏锐的观慧。除此之外，还有一些对治愤怒的方法。其一，提醒自己，对方会这么做是有其因缘的。如果我们考虑他们的背景、教育、想法及动机，就能看清他们为什么这样做，然后，我们会更清楚愤怒来自哪里，并了解到愤怒不是适当的反应，或许还有更适当的方式，一种比愤怒更好的反应。

问：如何帮助一个非常害怕死亡的人？

答：你知道，我来到澳洲已经探访过大约六七个濒临死亡的人，我遇见的这些人都好极了。其中一位罹患某种神经中枢的疾病，她的沟通方式是，只能用一只手指非常缓慢地在计算机屏幕上打字。我还见到其他得癌症或各种疾病的人，他们都有家人并且非常活跃，其中一位还是瑜伽老师。他们都是在某一天突然发现得了致命的疾病，而且只剩下极短的岁月。

几天前，我遇见一位罹患癌症濒临死亡的女人，她告诉我她只剩大约三周的生命。我说："嗯！你知道，其实你非常幸运，因为我们都必须死亡。生命中唯一确定的事就是死亡，我们是不是还有一口气，谁知道？但是我们将会死去，这是必然的。"大部分人从不思考死亡这个问题，直到突然要面对它，所以人们不知道该怎么办。他们从来不曾想过这个问题，还有许多尚未处理的混乱关系，因为他们以为自己将永远活下去。

如果你有这个伟大的机会，知道自己突然间就要死去了，那么，这是最后一次决定什么事重要什么不重要、什么念头重要什么不重要、什么情感值得保留什么不必保留的好机会，这是个面对重要和不重要事情的大好机会。死亡不是一件坏事，我们都会离开这世界，但是，我们一定要利用这个机会成长，好好整理人际关系，只有爱，没有执着，真正面对自己，没有遗憾地逝去。我们应该觉得自己曾经好好活过，现在离开没有问题。如果我们面临即将死亡的事实，要知道，我们每一个人总免不了一死，只是没有觉察罢了，如果我们被迫面对这个事实，那么，这是内心大幅转化的绝佳机会。所有人都是这样，刚开始时盲目惊慌，接着深深地懊悔，然后愤怒和怨恨，因为他们就要离开孩子和配偶了。大部分人觉得活得不够久，多数才活到四十几岁，觉得还有许多事要做，但是他们最后都克服了这一阶段，然后可以说："现在我准备好要离开了，我每天都流一点眼泪，但是，还好。"

问：有些人临死时非常恐惧，我们应该如何处理这种恐惧？有些人或许把所有该了结的事情都已经了结，但是他们对死亡还是很害怕。

答：就个人而言，我会告诉害怕死亡的人，真的没什么好害怕的。这是个伟大的冒险，我们已经生死过许多次，这只是自然现象，如同树木和植物，我们不停地循环，在生态学上，这甚至是健康的。基本上如果你的人生是正派的，没有故意害人，如果你是个仁慈、诚实、高尚的人，当你死时，就没什么好怕的。我们死后将接收到自己心中留下的投影，我们遇见的众生，会和我们的层次十分相似。

这不是什么大不了的事，意识不会死亡，只有肉体会死亡，而我们不是这个身体。我们之所以害怕，是因为认同身体。一旦我们觉悟自己并不是这个身体，我们所认同的"心"会继续下去，那么，还有什么好怕的？有濒死经验或有天眼通的人，他们都同意死亡一点也不可怕。除非你曾经是一个非常糟糕的人，生命充满了仇恨和愤怒，喜欢伤害别人，那么，你害怕是有道理的。但是对一般人来说，没什么好怕的。

我想，当我们和害怕死亡的人在一起时，和他们谈论死亡是重要的，因为他们可能处于拒绝死亡的状态。你要和他们谈论死亡，让他们也能自在地谈论，这样做通常会让他们如释重负，因为他们身边的人都还处于拒绝状态。死亡是个大禁忌，人们通常不愿谈它。他们会告诉你自己有多重性高潮，或其他各种各样的事，唯独不谈死亡，因为他们羞于提到死亡。说出不可说的事是很大的解脱，尤其对于正在面对的人来说。

问：自杀和安乐死是不是把我们应该经历的过程切短了？

答：自杀和安乐死将人可能转化的时间剥夺了。如果你得了可怕的疾病，真是糟糕，当然它还伴随着惊慌、疼痛等。我有一位做护士的朋友，她曾经在癌症医院上班。她说：一方面，你因为看见这些美丽的小孩由于癌症入院，心如刀割和极度沮丧；另一方面，你也可以看见许多癌症病人入院时带着拒绝、愤怒和怨恨，但一天天过去，他们内心的变化逐渐增加，大部分人最后都充满光明。如果你在生命仍处于惊慌或拒绝时，就将它切断，你就没有给自己转化的机会。

问：我还有一种想法，这可以救活许多被宣判无救的人。

答：太对了。你会因此严肃对待生命，觉得生命非常宝贵，你不再浪费它。我第一次从印度回到英国时，初次见到了我八岁的表弟，他在我离开英国前往印度后才出生。他得了胞囊纤维症，肺里充满痰，让他不能呼吸，所以，他每天必须倒立两个半小时，让我的阿姨为他拍背，把上升的痰吐掉。大部分食物他都不能吃，因为它们会生痰。他经常处于身体的痛苦中，常常窒息，每天都要有人为他拍背。但是，他是个非常快乐的小男孩，非常开朗、聪明、友善。

我第一次遇见他，他正在做昆虫的小塑料模型，他问我要什么模型，我看着蝎子和蜘蛛说："我想要一只青蛙。"他问什么颜色，我说绿色。于是，他为我做了一只很漂亮的绿青蛙。他非常地温柔、快乐、喜悦。过了不久，他病得很严重，死在医院。因为生病，他知道自己只有短暂的生命，所以不能把它浪费在消极、悲叹和呻吟中，他没有时间消极，他的时间只用来自得其乐和交朋友，并在死前尽量发觉这一切。这对我的阿姨来说也是个很伟大的经验，她学到许多东西。

问：我们都受自己的教育和环境所影响，是不是这些造成了我们的独特性？

答：从佛教徒的观点来看，每个人的独特性来自前世的累积。婴儿并不是完全空白地来到人间，当你直视婴儿的眼睛，婴儿已经是一个人了。我们具备所有来自前世和今生的熏染和习气，重点是，要看待这些只是种种的熏染，而不要想这是“我”。

问：所以，当我们达到这种境界，是不是代表我们已经达到某种宇宙性的层次？或者还是独立的个人？

答：当你达到绝对的心性，你是宇宙也是独立个体。佛陀说：“我也运用概念，但我不再被它愚弄。”换句话说，我们还是能够利用自己的个性，但是不被它所利用。让我说个例子，假设我们都在看一个白色大银幕，银幕上放映着电影，我们观赏电影，它的节奏很快，电影里什么人物都有，英雄、女侠和恶棍，你想着：“噢！天哪，这个女侠是不是能够得到英雄？”很不幸，英雄走掉了，一会儿，他又回来了。电影里有笑有泪，最后是快乐的结局，每个人带着笑容走出戏院。我们对电影全神贯注，看戏时，相信它是真的。

但是，如果你不看银幕，把眼光转向放映机射出的灯光，你会发现光其实是穿过一格一格透明的胶卷底片传过来的，这些底片速度快极了，所以看来好像人在动作，其实它只是银幕上平面的影像，我们被愚弄了。禅坐教我们把注意力从银幕移开，转而观察这些一格格的底片，当我们开始看，它的速度开始减慢；当我们的注意力变得愈来愈敏锐清晰时，这一格格底片终于被分开了。

这一格格胶卷底片就是我们心的片断，它们连成像链子一样，当链子断开，我们开始看见放映机后面的光。当我们觉悟自己是放映机射出的光时，我们还是可以看电影，但不会再真正相信电影了。因为我们知道它只是透过这些一格格透明底片，被放映在银幕上的一部电影而已。你能了解吗？

问：是不是有灵界众生在引领我们的生命，并带领我们从死亡到新的生命？有没有天使和我们在一起？

答：噢！你现在是向一位前通灵人发问，我个人是相信的，但这不只是我个人的信仰，佛教大体上也这样认为。有许多层次的众生是我们肉眼所看不见的，他们可以说是住在各种不同的频率里，有些的悟境非常高深，我们称之为佛。佛和菩萨帮助我们，不审判我们，也不支配我们的生活，只是帮忙。如果我们开放自己，祈求他们帮助，倘若这是在我们的因果范围之内，他们就帮助。还有一些低层次的众生，他们的悟境不深，但如果动机纯正，他们也会帮忙。佛和菩萨给我们精神上的帮助，我们向他们祈求的是心灵的祝福；其他较低的众生，或许可以向他们祈求更多世俗的福报。

宇宙里还有一些十分邪恶的众生，会造成伤害。但是，如果你真心真意地皈依佛菩萨，因为他们的加持力量非常大，这些邪恶众生不能伤害你，不论你修什么都一样，因为光明能够立刻摧毁黑暗。还有人相信，有一些没有形体且相当普通的众生，他们为了修炼爱和智慧，所以志愿帮助世人。同样的，如果你向他们打开胸怀，便很容易得到帮助。我认为，我们确实被这些众生所环绕，并不孤单。我们只要祈求，如果所求是有益又能够办到的（因为有时候我们所祈求的东西不是我们需要的)，他们就会帮助我们。

问：您认为基督徒最能从佛教学到什么？

答：基督徒似乎最希望向佛教学习如何静坐。

问：这是不是也是您的想法？

答：是的。佛教徒有很好的方法。他们对心理学了解很深刻，尤其是心灵心理学。它不预设任何信仰系统，所以适用于各种信仰的人们而能利益每个人。当我住在意大利时，遇到许多基督教神父和修女，他们很愉快地练习佛教静坐。

问：您为什么说自己是前通灵人？

答：我是在通灵环境里长大的。我家曾经每周都举办降灵会，现在我已不介入这些事了，但是，我还是保留一些通灵人对死亡和死后的看法，它还算吻合佛教观念。但是，你要小心，它有点不正统，但不是非常不正统。佛教徒也相信，我们死后将进入中阴身，你在那里会遇见频率相同的众生。所以，在这一生里，最重要的是修炼心性，提升心灵层次，当我们死亡时，便能够投射出我们真正希望再遇见的众生。

所有事物都是我们心的投射，正如物质世界，也是我们的投射，我们都活在自己的投射中。这是有物理根据的，不是随便说说的。由于每个人都依据自己的诠释来看事情，所以我们都投射出自己的电影。当身体死亡后，我们不再有这个物质的据点时，心将创造出仿佛是真实的外在景象。所以，趁我们还有机会的时候，写一个好剧本是很重要的，因为，接下来我们将完全卷入这部电影里！

第九章

西方人的难处

这次要谈的是关于西方人初学佛法所面临的困难，即使修行久了，这些问题还可能继续发生。首先我想谈疑惑，或许由于西方人有犹太教和基督教背景，倾向于视疑惑为可耻的，几乎视其为敌人。我们觉得如果有疑惑，就代表否定教义，而我们应该拥有毫无疑问的信心，当前的一些宗教就认为毫无疑问的信心是一种应有的特质，但是佛法却不见得这样。佛陀形容佛法是“依里帕希可”（ehi passiko），意思是“来看”或“来检验”，而不是“来相信”。学佛的人有一颗开放和有疑问的心，并不被视为缺点；然而“这不是我思想体系的一部分，所以我不相信它”，这种心态却是封闭的，对灵修的人极为不利。一颗开放又有疑问的心，不因为人家这么说就相信，不会完全没有问题。

有部著名的经典，叙说一群村民前去探望佛陀。他们对佛陀说：“许多老师经过这里，每个人都有一套教义。每个人都宣称他的哲学和修行是真理，但是他们全部互相冲突。现在我们完全陷入云里雾里，这该怎么办？”这个故事听来不是很现代吗？它发生的时间是二千五百年前，然而问题完全一样。佛陀回答：“你们确实应该感到困惑，这是很混淆的情况。不要因为是累世的传统，或因为这是你的老师说的，或这是长老教导的，或因为它写在一些著名的经典里面就相信它。当你亲自看见和体验它是真实不虚时，才能够接受它。”

这是十分革命性的言论，因为佛陀所指的，当然也包括他的教义。事实上，长久以来，大家已经知道教义是需要“每个人亲自”去检验和体验的，所以，不要害怕产生疑问。斯蒂芬·巴彻勒（Stephen

Batchelor）写过一本《相信疑问》（*The Faith to Doubt*）的佛学书，我们有疑问是正确的，但是必须以开阔的心来发问，并非所有符合自己偏好的观念就是正确的，不符合的就是错的。这种态度好像古希腊普罗克鲁斯特斯的床（Procrustes，译注：希腊神话中的巨人，将旅客羁留捆缚床上，体长截断下肢，体短拉拔使和床齐长。比喻削足适履强求一致），有一个固定的模式，所有遇到的事情都必须被拉长或截短来适应，这只会扭曲事情并阻碍学习。

即使经过仔细检验，如果仍有难以接受的事情，并不代表必须抛弃所有的佛法。甚至到现在，经过这么多年，我还是发现藏传佛教中有些东西，我不完全确定。我曾经就此去请教我的上师，他说："没有关系，显然你和这个特殊的教义不太能沟通。不要紧，把它放在一边，不要说：'不，这不对。'只要说：'目前我的想法还不能容纳它。'或许以后你会了解它，或许不会。这不重要。"

当我们遇到难以接受的观念，尤其如果它是佛法的主要部分，应该先以不带偏见的心来观察它。尽可能阅读所有和这个主题有关的东西，不只是从佛陀的观点，如果有其他的途径，也要去读。我们必须自问，它和教义的其他部分如何连接。在运用智力的同时，应该知道自己目前的理解程度还是十分世俗化，尚未拥有包容一切的心，观点非常局限。所以，绝对有一些是我们平凡世俗的心识，所无法直接体验的东西。但是，并不代表这些事情不存在。

所以，保持一颗开放的心是很重要的。如果其他人有更深入的体验和更广大的心，说他们体验过，那么，至少我们应该说："或许可能是这样。"我们不应该以自己有限、无知的心为标准，但是，也要知道这些有限、无知的心可以被转化。修行之路就是这样，当我们往前进，心确实会变得更加开放和广大，而能开始真正更清楚地看事情，终于真相大白。我们要有耐心，不应该一遇到觉悟者就期望了解他深奥的开示。我相信每个人都读过某些探讨智慧的书籍，可以几年来一读再读，而每次都像是第一次读它似的。因为当我们的心打开了，就会开始发现其中一层层更深的意义，那是我们以前看不到的。真正的灵修道路就是这样，它有层层的意义，而我们只能了解到目前的智慧所能理解的观念。

每个人的盲点都不相同，我知道有些事情对我而言非常简单，别人却觉得非常难以掌握，因为我在接触佛法以前已经相信许多教法；相反的，有些对我很困难的事，别人却觉得很容易了解和接受。我们来自不同的背景，所以，每个人都各有独特的问题。重点是这并没有什么关系，我们的怀疑和问题能激励自己，确保心智的灵敏度。

曾经，我的整个灵修生活就是一个大问号，但是我没有压抑问题，反而把怀疑的事情提出来，一一检验，当我从问题的另一端走出来，就发觉这样其实是没关系的。我们可以很快乐的怀抱着疑问，只要对它不固执，不把整个人生建筑在受它威胁的感觉上，就其实根本不是问题。我们应该要培养出对自己天生特质的信心，相信它将结出果实，也就是相信我们都有佛性，都具备修行应有的所有特质；如果不相信我们都有佛性，将很难走上这条道路，因为缺乏前进的基地。修行真的非常简单，佛法不是建立在教条上。

但是，修行对我们为什么这么困难？根本原因在于我们的心态，不认识自己的本来面目，不了解自己在生命中的角色。因为不认识自己的本来面目，所以感觉和所有人是分离的，一种“我”的感觉，创造了我们的恐惧、愤怒、执着、嫉妒和不确定。但是，佛陀说，事情不必这样，我们的本性是纯净的，我们只需要重新发现自己的本来面目，这就是修行的目的。

修行非常简单，根据的不是信仰，而是实验和导向开悟的体验。修行并非学习这个喇嘛所说的话，或是那个传承说的什么，然后相信它将拯救我们，它不会拯救我们的。我们当然要知道佛陀的法教，以及伟大的老师过去的开示，因为他们比我们早到达那儿，并留下地图让我们跟随。修行有点像阅读一本旅游书，你可以阅读旅游书并感觉自己在那里，但事实上你并不在那里。这些是别人的旅行经验，当你真的到达那里，你便拥有自己独特的经验。修行和亲身体验有关，它不是穿戴上别人所描述的东西，不是根据盲目的信仰。当然，你需要某种程度的信心来买张票开始旅程，你必须相信这个国度是存在的，它值得你前往。然后，重点只是前进，当你向前进，你就能够对自己说：“是的，这正是他们描述的，没有错，它看起来确实是这样。”

另一件令人感到困难的就是业力和轮回的观念。要我谈这个问题并不容易，因为我无法想象有人不相信业力和轮回。记得小时候我问母亲她相不相信轮回，她说这对她而言似乎是完全合理的，为什么不相信？而我想着："对，这也是我的想法。"所以，我从来不记得自己有任何时候不相信它。你知道，对我而言，相信轮回的喜悦就是，它提供极宽广的视野，向前和向后，从这一边到另一边，有无尽的时间。在整幅织锦画中，我们的这一生不过是一小根线而已，表示我们今生已尽自己最大的努力，但是我们不需要做尽所有的事，或许我们什么事情都做过了，在许多次生命里扮演过各种不同的角色，经验过所有的事情，因此这一世不需要全部再经验一次，这一世我们应该经验真正重要的事情。有些人认为生命只有一次，非得在有生之年把每一种经验都填满。如今你大可放轻松，不必因为这一世没有经验到某件事而担心错过，你大可以去做其他的事情，反正这只是个游戏。

问题是我们完全认同眼前所扮演的角色，"我是个女人"、"我是个男人"、"我是个母亲"、"我是个妻子"、"我是个比丘尼"等。我们认定某种稍纵即逝的东西是自己目前的角色，这是个大错误。当我们了解到这点，就不需要坚持目前的角色而想着"这是我"，因为角色本身并不重要。人们对女性主义和女权这样激动，但我们的前世可能是男性，而今日的男性过去世可能是女性，这一切都是非常不固定的；有时我们扮演女性，有时扮演男性，这有什么大不了的？我们可以扮演任何角色，就像莎士比亚笔下的演员，你上台扮演的角色，你完全信以为真，但是下了舞台，第二天晚上你又扮演另一个角色。演技好的演员能恰如其分地掌握角色而演出，他清楚自己只是在扮演一个角色。

了解轮回的意义让我们有迈向未来的力量，因为我们可以引导今生的事件在未来实现。意识将继续下去，我们今生的誓愿将会在来生结果。当然，从佛教徒的观点来看，会质疑谁是这个演员。不过我们目前谈的是相对层面，宁可认同演员，也不要认同角色，然后才来面对这个疑问：究竟谁是这个演员？

接受轮回的观念同时让我们有空间，看见今生的情况只是短暂的状态。我们不知道自己前世是谁，那时候我们完全认同那个身份，下一世，我们又会是另外一个人，又会被强烈认同。问题的根本不在于角色，而是我们和它的认同。所以，即使轮回不是真实的，它还是非常有用的世界观，因为它让我们在忙碌的人生中找到平衡和空间。少了轮回的信仰，佛教就不合理了，因为这条道路根据的是：我们被牢陷在无明之中，不认识自己的本来面目，由于身、口、意的行为，以及对这些行为的执着，我们被拘禁在相对的主体和客体之间，使我们不停地轮回。佛教教导我们，从来没有一个人在从事这些活动，帮我们切断这种连结，看见心广大虚空的本质，而不是这种非常紧缩、自我中心的认同。

一旦我们知道所有众生都被拘禁在这个陷阱里，一种深深的慈悲心便会油然而生，促使我们决心利益一切时空中的众生。如果你只有一次生命，那就办不到了，如果你只有眼前的生命，你便无法发愿拯救众生，你能吗？此外，我们应该如何回答以下的问题："我们为什么在这里？我们为什么经历自己所经历的事情？”如果只有一次生命，任何发生在我们身上的事情都只是巧合或意外，如果有这种想法，生命就没有目标，也没有意义了。干脆歇下脚，让自己过得舒舒服服，不要伤害他人就好了。我们希望做个好人，希望自己过得舒服，对邻居友善，但是，真正去从事严格的修行锻炼，并为一切众生而修行成佛，听起来似乎有点精神不正常，它没有什么意义，何必这样费事呢？何必参加佛教团体？回家吧！躺在太阳下面，读读周日报纸就好。

修行之路不是容易的。唯有当我们看见更广大的景象，涵括无尽的轮回，才能真正受到激励而转化自己，如果以长远的架构来看事物，一切就都合理了。这种观点同时有助于我们了解眼前发生在自己身上的事，以及眼前这一刻是过去所造的因而得的结果。一旦了解到现在经历的所有事，都是过去的因所造成的果，就会知道，现在发生在我们身上的事并不太重要，重要的是我们对这些事情如何回应，因为这会塑造我们的未来。有这种了解，我们就能对自己的生命负责而不再是无助的受害者。这不是个好消息吗？这让我们不再将生活中所有的不顺遂怪罪别人，怪罪环境、父母或是政府。我们可以负责，因为我们了解到今生所受是前世的因结成的果，了解并悲悼命运是没有用的，关键在于：“应该如何应对它？”

有一部电影《今天暂时停止》（*Groundhog Day*），这真是部佛教电影！或许有些人没有看过。内容是叙述有一个人必须一再重新生活于同样的一天，直到他真正过好这一天。刚开始他抱着非常消极的态度，所以他在第一天制造了许多负面的因，人们和他的负面相应，所以他过得很不好。然后第二天，他又得从头经历同样的日子，接下来，相同的日子不停重复。他开始拼命找出路，企图自杀许多次，但是次日早晨，他又在同样的房间和床铺上醒来，日期没有变，收音机里播放的还是相同的歌曲。他的心态经过许许多多的改变，直到最后，他把大部分时间都拿来帮助别人，他抢先阻止即将发生的惨案，因为他已经度过相同的这一天许多次，他所有的心态逐渐转变成想方设法帮助人。当他的心态转化，日子渐渐愈过愈好。最后，他终于能够突破而进入新的一天。

重点在于我们对状况如何回应。如果以善巧的方式响应，就可以转化所有的事，这便是业力。如果我们以积极的态度来面对，终究会创造出正面的结果；如果我们以消极的态度响应，负面的事情终将到来。它和电影剧情不同，它并不都是立刻发生。所以我们可能是大好人，却有一堆的难题；相反的，我们可能是很糟的人，却能享受美好时光，从佛教的观点来看，我们何时接受果报只是时间问题。态度正面的人通常会碰到正面的状况，这倒是真的，即使情况看起来不乐观，也可以被积极的观念转化。而负面思考者，即使事情顺利也会抱怨，他们也在改变状况，只是将正面转变为负面而已！

我们的现在和未来都握在自己手里，时时刻刻，我们都在创造自己的未来，而不是一团被命运之风抛来抛去的灰尘，要对自己的生命负全责。我们愈有觉照力，就愈能做善巧的选择；愈多善巧的选择，生活就变得更加平顺容易。心的觉照和清明真是太重要了，因为迷惑的心会为我们自己制造许多问题。此外，对自己的生活负责，并不表示凡事都要责备自己，沉溺在罪恶感和自我鞭斥中是没有用的。人们常常告诉自己："这件事的发生，都是因为我的愚笨和无能。"这只是在浪费时间。我们要用愈来愈清明的心，为现在和未来做正面的选择，不要缅怀过去、陷在自责中。我们都具有天生的领悟力，只要发挥它，就可以逐渐从迷惑中解脱出来。

业力完全是一种选择。身为人，我们可以选择，所以，生而为人是如此的重要。你看，大体上其他动物没有太多选择，因为它们主要是凭本能的生物，很难培养出比较宽广的视野。人多多少少也受本能驱策，有些人特别靠本能过日子，不比动物来得觉醒；我的意思是，一个人生活的重点如果只在想着食物、舒适、性、享受好时光，那么，他和猫或狗也就没有什么差别了。人类的潜力来自先天的领悟力和后天发掘内在觉知的潜能，这让我们得以做出善巧的选择。如果有人打我们，我们不必回击，当然，如果想反击也可以，这是我们的本能。但是我们也可以从另一种角度来看事情，与其攻击这个人，也可以试着让他平静下来，试着了解他为什么攻击我们，可以有许多应对的方法。我们不是计算机，我们可以学习重新规划自己。

业力和命运不相同，它不是命运。虽然大部分发生在我们身上的事，是由过去的因所造成，但我们如何响应又将创造未来的业果。我们是自己命运的主宰，它让我们有一种责任感，不致掉以轻心，这是非常重要的。佛陀说，做任何事都要明辨，永远必须检察自己的动机。依照佛法，身、口、意三业最重要的是动机，必须不断检察自己的动机，看看我们的行为根据的是无知、厌恶、愤怒、贪婪、欲望，还是体谅、慷慨和慈爱？我们必须非常警醒、诚实地面对自己，因为真正的动机不一定是我们自己所认为的；虽然，我们总是有办法宣称自己所做的一切都是出于正确美好的动机，但是所有行为背后隐藏的真正动机，才能决定这个结果所属的性质。所以，我们必须非常谨慎和明辨。

如果我们照这种方式生活，对自己的身、口、意负责任，运用洞察力和觉照力，我们的生命将会有新的意义和方向。我想，你会同时发现自己的心变得更清明，生活也开始简单。

这是非常重要的，不只是今生，而且在来世，意识继续下去，和围绕我们的所有众生互动。我们不是单独的，我们是一个整体，每个人都和地球上所有事物连结，它赋予我们极大的责任感。有些人以为佛教是消极的宗教，相反的，我们会变得愈来愈清醒、觉知，并对自己和周遭众人的生命负更大的责任，尤其对那些和我们关系密切的人。

我可以继续说我为什么相信轮回，但是现在你们可能已经了解，可能还是不了解。但是，我想轮回的重点在于，它对今生以及生命的目的有完全不同的观点。那些对轮回有疑问的人，应该去做些研读，有许多学者写过有关轮回很好的书。轮回曾经被超心理学家研究过，有些人可能会被这些研究结果说服。我可以告诉你们无数的奇闻轶事，但是我不会这么做。我个人认为，最重要的是了解到在今生修习佛法的好处，它把我们的日常生活，从一连串无意义、随机的事件，转变成广阔、有意义的形式的一部分。

认识佛法，能让我们深入自己的无明和痛苦，也深入周遭众人的无明和痛苦。而这是令人难以忍受的，因为我们和这些众生分不开，他们的痛苦就是我们的痛苦，我们因此第一次了解到生命的意义，我们是为了发现真正的自我而来的，并以此来利益所有时空中的众生。这就是我们生命的真正意义。没有速成的救赎，唯有付诸努力。

我不知道你们还有什么疑问和困难，所以现在最好由你们来发问。

问答

问：当您谈到业力，我没有任何反对的意见。但是，我发现有些传统对业力的教导没什么帮助，它非常地沉闷。尤其是整个除障法门的观念，它指出我们拥有无尽的生命，所以会长时间累积庞大的恶业，如同须弥山一般高，而且其中每个小种子永远都不会消失，它不只在那里，还会愈变愈大。我对这种观念感到很疑惑。

答：是的，我了解你的意思，我对这有十分不同的说法。有一次，我读到寂天菩萨的《学处集要》，书中列出所有你在生命中可能做过的事，以及对应的地狱。我觉得沮丧极了，似乎无路可逃，于是去见我的上师，对他说："嗯！似乎不论我做什么事情，都有一个相对应的地狱在等着。”他只是笑着说：“噢！我们这么说只是为了吓人，好让他们做好人。事实上，转世到地狱是非常困难的，你必须特别邪恶，而且极度残酷。大部分众生不会下地狱。但这么说，听起来下地狱似乎很容易，这让做所有事都变得非常慎重。这样做的目的只是为了吓人。”

这种做法是十分中古时代的。我个人并非不相信地狱，我是相信的，我相信有些扭曲的心绝对能投射出地狱，当我们死亡时，我们便成了自我投射的受害者。所以，如果你的心态非常扭曲，你的确有可能让自己投生到一些非常不愉快的地方，不一定是热或冷的地狱，但绝对是可怕的投生状态。我们在前世中，曾经做过无数的坏事，也做过无数的好事。显然，我们必定做过一些对的事，现在才能在这里。

不必因为过去所做的坏事而感到有负担，我们可以做净化的修炼，还可以祈请“四种力量”。首先，我们应该对过去所做一切坏事感觉抱歉，不只是今生，还包括前世，更重要的是不要再犯。其次，我们做除障法并虔诚地皈依，以及庇护我们脱离轮回的暴风雨和苦难。佛、法、僧是我们的皈依处，如果我们发自内心地皈依，就能净化过去所做的坏事，即使一些恶果显现，也应付得来。我们需要的不是只有快乐、喜悦、平和的生活，而是有内在空间来应付可能发生的事，所以，不必担心。

好吧，你过去做过可怕的事情，我过去也做过可怕的事情，我们都做过可怕的事情，我们都被困在轮回之中。但是，不要担心，只要净化、忏悔，今生尽量再也不做可怕的事情就好。佛陀将佛法比喻为木筏，它带我们跨越生死轮回的海洋。我们已经在这条船上，所以我们不再像个在浪潮中被上下拍打的瓶子，时起时落。现在，我们拥有一样可以握紧的东西，带我们到达遥远的彼岸。

我的上师曾经说："你在经书里读到的东西不全是对的，你不必相信自己读到的一切。"人要有分辨的能力，佛法广大无边，西藏地区的人从这片广大的海洋里，这边取几滴，那边取几滴，然后把它们混合起来，这些信仰对西藏地区的人很有帮助，大部分内容对我们也很贴切，展现佛法的美好，但是，某些对他们有帮助、对我们帮助却不大的观点，我们便可以先将它放在一边。佛法的目的是帮助我们的心展开、成长、净化，它应该护持我们并创造一种内在的平和、喜悦和清明。如果它只是让我们更加偏执、无用、害怕、紧张、封闭，这就有点不对劲了。

此外，我们也要有所辨别，有些东西对某些人不是那么有用，因为教导有许多层次，比较高深的教导往往和较低层的互相矛盾。因为，当心智和证悟达到更微细的层次时，那些对低层次重要的，在高层次就不再是那么重要了。所以，当我们的心智比较微细时，一些基本的教导对我们就没有用了。

一旦证得空性，就会知道好坏的概念是无关紧要的，重点是不要执着"我"在做什么的感受。一位缅甸上师曾经说，我们的业力就像念珠的珠子，它们全部连结在一起，如果你拉扯其中一颗，其他珠子会一起跟着动。可是，如果你将念珠的线切断，所有珠子都会散落，即使你只拉扯一粒珠子，其他珠子也不会跟着动了，这条线代表一个在行动的“我”。一旦证得空性、证得行为者实无自性，虚空便粉碎了，这是最彻底的净化。但最重要的还是我们在今生对自己的行为要谨慎，了解自己做事的原因、做事的内容，时时刻刻对自己的身、口、意都要觉察。这就够了。如果你这一世的动机良好，就不必忧虑。

问：您能不能解释“正命”的意义？

答：是的，正命是个有趣的题目。佛陀显然认为它很重要，因为他把正命列为八正道之一。你们知道八正道吗？正见、正思维、正语、正业、正命、正精进、正念、正定。佛陀已经将正业纳入，但又把正命列为单独的一项，这不是很有趣吗？佛陀大可以放进其他东西，譬如“正情感”，但他显然在“正业”和“正命”之间做了区别，因为他认为正命非常重要。我们花这么多时间谋生，如何谋生会对生活质量有很大的影响。基本上，正当的谋生方法不会对任何众生造成伤害，但贩卖武器、毒品、酒精都是错误的谋生方法，而欺骗人的工作当然也是不好的。

佛陀并不反对商业行为，事实上，他的许多大护法都是成功的商人。譬如，给孤独长者是佛陀的在家弟子之一，他是一位商人、百万富翁。佛陀只规定赚钱要公平，不过大公司的压榨剥削，还有合并和裁员之类的事，给许多人带来苦恼，已经成为当前的一个课题。但我想，如果你不是制定决策的人，你在组织里的工作性质也不是特别有害，那或许是许可的。当然，前提是你不是为武器制造商或任何伤害众生类的公司工作。

问：我在一家医院上班，对医院对待病人的方式感到非常苦恼。如果留下来，我担心自己会原谅他们的做法，但是我也担心离开的后果，我应该怎么办？

答：我认为你留下来很重要，能把慈悲心带到这个环境。我的意思是，如果像你这样的人也抛弃这个地方，还有什么希望呢？你不必赞同他们的方式，你也不应该赞同。但是，请留下来尽量帮忙。在这种环境里，带来明智和关怀是非常重要的。

问：您对在家人学佛有什么看法？

答：佛陀说，在家生活的问题是充满了尘土。这是实情，即使动机是最纯净的，还是有工作地点、必须参与的环境，这其中有些事情会为其他众生带来困扰，这是娑婆世界的本质。为什么要做这些事？如果原始动机是为了帮忙和创造更美好的事物，那么众生受苦便是必然的，便是无能为力的。

以农夫的工作为例。农夫耕种食物，随着耕种他会杀死昆虫。他不只喷洒农药，还要犁地，将地底的昆虫翻出，置于表面；再将地面的昆虫搅入地底，这是非常悲哀的。但是，这不代表农耕是不好的职业。尽量谨慎小心，动机不是要为昆虫带来困扰，而是耕种食物喂养生命；所以，从一个角度看，更高的动机超越了动物被伤害的事实，而且，已经试着尽量减少伤害众生。如果你真的对此感觉难过，你可以为所有动物祈祷，希望他们往生善趣。在东方有“放生”法门，我不知道在美国要如何进行，但是在东方，人们购买将被吃掉的活鱼，或是笼里的鸟，然后将它们放生。但无论如何，你至少可以经常做一些祷告，或者，你可以请人为所有被杀害的动物做些祈祷。重点在于动机，我们做这事不是为了伤害众生，不因它们的死而高兴，而是感到遗憾，我们没有漠视它们的痛苦。

问：运用政治行动来引导社会的恶行好不好？

答：显然，在这个不完美的世界上有些事情需要改变，为了改变，需要有人有足够的关怀，并且希望事情有所改变，这是好的。但是当我们过度认真时，反而会产生问题。因为我们完全和这个角色认同，动机不全是为了利益他人，而是对那些反对者的愤怒。你在和平运动中可以非常清楚地看到这一点，人们非常愤怒地谈论和平，这是“我们”和“他们”的对抗，这其实是极度的恶意。动机究竟是什么？根本不是和平，只是人们为自己的侵略心找到借口。我们永远可以再找到一些侵略的对象，所有的义愤填膺都不过只是愤怒，真的！如果不是这件事，还可以找到另一件事，而且要怎么生气都是有道理的。环境里永远都会有这么些事情，所以，我们只是把它集中，然后把汽油倒进我们负面的火焰里，不论理由是多么的“正确”。

女性主义在处理这样的问题时也一样。显然，女性的日子不好过，虽然女性也像男性一样，会把问题火上加油。确实是有一些不平等和问题，如果能处理，那是很好的，但是，如果我们把男性当成敌人，这不是很荒谬吗？认同自己是女性，仿佛这个身份就是“我”，这也很荒谬。如我前面所说，这一世是女人，下一世是男人，谁知道？政治活动对于改变事物和改变态度是重要的，但是我们必须很谨慎地检查自己的原始动机，否则只会制造更多的困扰和侵略。我们不需要更多的“我们对抗他们”。

问：闪语（*Semitic*，译注：古代美索布达米亚、叙利亚、巴勒斯坦和阿拉伯这片广大地区民族的语言，包括阿拉伯语和古希伯来语）的宗教和佛教的世界观，基本差异是什么？

答：这是个大题目，这要从何说起？我想，主要的差别，或是差别之一，就是闪语族观念中的神是无所不知、无所不能的存在，他和自己的创造物分离，却又非常介入其中。他古老到无从记忆起，当他决定要创造，就创造了宇宙和其中的众生。虽然他和受造物密切相连，却又和他们分离。

佛教否认有这种创造者，佛教和印度教一样，认为宇宙持续地生、住、毁、灭。在不可思议的漫长时间里，所有物质都消散了，然后，由于众生的业力，它又聚合了。当前一个宇宙退化时，其间所有众生都转世到比较高层的天界，那是比较高的心灵层次，由于没有形体，无法转世到物质界。在这个漫长的阶段里，其中有一位累积了许多美德，很自然地转世到梵天，他独自居住了无限长久的时间，灿烂的荣光遍照四方，后来，他想着：“如果这里有其他众生不是很好吗？我为什么独自被陷在这里？”由于外界那些众生的业力，有一些众生后来也转世到相同的梵天，于是，这位名为大梵天的梵天，就对着这些众生说：“噢！我创造了你们。”由于是他希望他们来到，他们终于出现了，又因为他是第一位来的，比其他众生荣耀许多，其他众生便以为是他创造了他们。于是，他们视他为创造者。经过几千万年的时间，宇宙再度聚合了，又产生了可以让众生回到地球的条件，他们便以光身回来。起初，他们以光身住在地球表面，大梵天并没有这样做，但是有一些众生住下了，后来他们开始吃尘土，当时的土是甜的，渐渐地，依照宇宙的理论，他们的身体开始愈变愈粗壮，直到变成我们今日所知的众生。但是，这些众生中有许多仍记得和大梵天同住的天堂，大梵天声称是他们的创造者，所以，他们回来后开创了这些宗教，教义有创造者和他创造众生的观念。依据佛陀所说，人们禅坐后可以体验到这个天界，其间有这位神以及其他环绕着他的次要神祇，所以人们便以为这是万物的造物者。但是佛陀说：“他非常有力量，知道许多事，但是他不是无所不能的，而且他不曾创造。”

佛陀对于造物者持这种看法。以佛教的观点，宇宙是由居住其间的众生的共业所构成。所以，是我们自己把它聚合在一起，我们共同投射出具有某种统一性的宇宙，我们看到的宇宙大致上是一样的。但是，其他动物的感官不同，它们体会到很不一样的宇宙。我们知道，从物理的观点来看，我们所觉知的宇宙和科学家所描述的也一点都不像，科学家提出的是完全不同的景象。

佛陀和我们同样是人类，也是众生之一，他经历许多不同的生命，当过动物、人类等，由于他累积了广大的善业，最后获得绝对的、完全的、圆满的证悟。在他开悟的经验里，有一个部分是他在夜晚一更时，体验到所有的过去世，进入宇宙所有的生灭，他不断地回去，却看不到任何尽头，因为娑婆世界是循环的；我们凡夫对开始和结束的观念，是出于这个有限的、直线形的心。二更时，佛陀的心延伸得更远，他看见宇宙里所有众生的形成，然后前往其他地方诞生和转世，他看见所有众生都是互相连结的，所有事情的发生都是由于我们过去行为的结果。

佛陀是这样了解业力的，并非如一些人所说，由于业力是当时盛行的观点，所以他采用并加入到自己的教义中。业力是佛陀开悟经验的一部分，他的心无限延伸，达到最深的潜能，看见万事万物是如何配合运作的。所以，后来当阿难尊者说："业力有些难以了解，但是，我想我掌握到了。"佛陀说："不要说这种话，业力唯独属于佛心的范围。"凡夫不能了解它如何运作，因为他们的心太有限了。你必须有一个绝对和完全打开的佛心才能了解它。有一个故事，当佛陀在一个丛林里，他拾起一把树叶，然后问他的弟子："我手里的树叶和丛林里的树叶，哪个比较多？”他们当然回答：“这很明显，丛林里的树叶是无尽的，你手里只握了一些。”于是佛陀回答：“这就像是我所知道和我所告诉你们的一样，但是我所告诉你们的，是得到证悟所需要知道的一切，其他对你们并不重要。”

对我而言，佛陀是彻底实现人类潜能的人。所有人类可能想到或经验到的，就在每个人的潜能中，但我们的心太封闭了，不像佛陀的心是广大开阔的。虽然如此，佛陀仍然在生活环境中教导大家，运用那些对人们有帮助的观念。当人们问一些问题，这些答案超乎他们的理解力，佛陀就说知道答案对他们并不重要。他说：“这答案不会带你脱离轮回。我只教导一件事——苦和苦的止息。”

佛陀不是神，他是我们自己的潜能。究竟实相不是在我们身外的生命，它是开悟的境界，是我们的实相。我们都是未来佛，我们一切具足，问题在于潜力被遮蔽了，必须将它揭露。根据佛法，我们要对发生在身上的事和我们的响应方式负责任。我们把自己放在生命的中心，负起责任来。

我们所遭遇的事是自己行为的结果，响应的方式又将创造自己的未来，我们对自己有责任，所以，佛道是完全合理的。我们以凡夫身份实践它，因为它是由亲身实践和了解问题的人所教导的。任何有关坐禅的书，都能处理你所可能经验的各种问题，并提供各种不同的解决方法。佛教不是神造万物论，而是一条平衡的心灵道路。但佛教也不是无神论。

问：现在似乎有越来越多的众生转生为人，地球的人口在增加之中。对此您有什么看法？

答：我不知道。除了人道之外，六道之中还有许多其他道，就目前看起来，寻求转生为人的数目的确是在急速增加中。另一方面，因为人口数目已经失控，生活质量往往很低。但这或许也是个机会，让人类开始往上而不向下走。

这很难讲。因为我们只看见整体的一部分。我觉得它似乎是一幅巨大的织锦画，从它的后面看，看见的都是多余的线头和打结，似乎毫无秩序，但是，如果从前面看，将看见整个画面。目前，我们因为自己的无明，所有事情看起来都令人非常困惑，看不见每根线和整个图形是在哪里连结的。

问：其他道是不是以某种方式和地球有所连结？

答：是的，应该是这样。每个有生命居住的星球，都有它自己的结构和层次。传统上，形容地球是位于四大洲之间的须弥山，地狱在它的下面，天道在上面，从须弥山的顶端，天道向上伸延。所以在传统观念上，它们和地球很显然是密切连结的；即使在精神意识界，也和这个地球有连结，彼此相通，我的意思是，它们并非真的在上面，而是在许多不同频率的层次里和我们有连结。

问：我听过老师们谈论黑暗时代，我们是不是仍处于黑暗时代中？这种情况是不是有可能改变？

答：佛教的宇宙观是无止境的，但是，基本观念是它会愈变愈坏，不只是心灵层面，同时也包括社会福利和自然灾害等，而且，佛法也会开始式微，直到最后完全消失。这个阶段会一直下去，直到弥勒佛降生并恢复佛法，事物又开始改善，然后又开始重复这个循环。

在东方，有些人将心灵的怠惰归咎于所谓的“黑暗时代”，什么是黑暗时代？就是我们所在之处。既然佛法仍和我们同在，我们还具备聪明才智和寿命，就让我们继续努力吧。甚至佛陀在世的时候，人们也埋怨那是黑暗时代，认为人类已经不再有任何心灵潜能。所以自古以来，人们永远都在埋怨。

问：您能不能谈喇嘛就是佛这件事？

答：你和喇嘛的关系是什么？他是一个权威的形象？你指的是不是内心的喇嘛？要知道，这是个庞大的问题，我只能以十分简化的方式来回答。这里面有两件事，这个关键词“喇嘛”，它是从梵文的上师（guru）翻译为藏文，在藏文里称上师为泽拉奇喇嘛（Tse-rab-kyi lama），意指“生生世世的上师”，他是你心连心的上师，让你看见心性，你对上师的内在承诺是从现在持续到开悟，不管有多少辈子。现在，如果——这是个很大的假设，你遇见一位喇嘛，并对他产生心与心的连结和承诺，透过这种密切的连结和你的开放，他能够让你看见你的心性。

此外，心性就是你的内在上师。因为心性就是法身，这种广大开阔的觉知和喇嘛的心是一样的，而喇嘛的心和你的心又是同样的。当我们和喇嘛在胜义谛上相连，我们连接的不是他的个人，而是他的觉悟心；喇嘛的觉悟心，让我们看见自己内在的觉悟心，即使只有一秒钟，这就是内在喇嘛。

然而大部分我们接触到的喇嘛都没有达到这种层次，不是我们多生多世联系的喇嘛。他们是我们的老师，指出道路，示范行为，提出忠告，给予帮助；但是到达那种层次就不同了。

所以，从某方面看起来，我们是和一个修行成就比我们高深、拥有更多的经验和知识、我们可以信任的人连结。然而，他和我们一样是在修道的过程中，有时，他说的话不一定是我们需要听的，我们可以发出疑问，不要只因为他以权威身份高坐在宝座上。不论他的名声多么大，智慧多么广，不必将他所说的一切当成佛言佛语。对他所说的话应保持开放的态度，绝对要倾听和接纳，但不表示我们必须丢掉所有的洞察力和分辨力。我们应该保持自己的警觉。

第十章
施受法

施受法（Tonglen）是一个非常有趣的修法！大部分的灵修传统，包括新时代（New Age），都有一种将光明、爱和喜乐吸入的静坐法，我们观想这些特质进入内心后对身体的转化；然后，我们呼出所有负面的东西，这似乎是一个非常合理的修法。

但是，施受法要将我们的心念和想法颠倒过来，因为它做的是完全相反的事，我们吸入所有负面和黑暗的东西，呼出所有的爱、纯净和光。当一些人刚接触这个观念，或许会担忧，这些负面的东西以黑光进入我们，被吸入成为一颗小黑珠位于胸腔中心。这颗黑珠是我们自怜自爱的概念，它说："我非常重要，其他人或许也很重要，但他们没有我重要。基本上我是中心点，宇宙的其他部分环绕着我转动。"

当我们修这个法时，就是在削弱这颗小黑珠，每个打击都使它颤抖，因为它极度不愿意接受别人的痛苦、悲惨和疾病。但是修这个法让小黑珠接纳所有负面的东西，最后消失进入法界空性；接下来，我们呼出世代以来聚集的所有喜悦、慈爱和光，我们给出一切，取代所有众生忍受的痛苦。它反转了我们平常对事情的看法，一般人们都会说："我已经够痛苦了，我不要其他人的痛苦。"

简单说，一般的施受法是观想他人的疾病或痛苦，以黑光形式随着吸气被带入体内，这道黑光反击到我们胸腔中心那颗自怜自爱的黑珠种子，这颗黑珠立刻发出光芒，随着呼气，放射出我们所有美好特质和德性的光辉，然后，这份光辉进入苦难者之中来帮助他们。

有时候，我们以观想一个水晶金刚杵来取代黑球，金刚杵代表我们本有的法身心念。黑光被吸入金刚杵后立刻转化发光，因为在纯净的心性中，黑暗是不存在的。

我有一个真实的故事。我大约九岁时曾被火烧到，当时我穿着尼龙裙，走近一个电炉，我的裙子扫到炉火，因为它是尼龙材质，所以立刻就烧起来。我很幸运，母亲因为肾脏的问题病得很厉害而没有去店里上班，我尖叫着跑上楼，越过楼梯平台冲到她的房里。后来她告诉我，她在床上听见尖叫声，下一分钟门就打开了，被火吞没的我冲了进来，她立刻用毯子把我包裹起来，把火灭后替我擦盘尼西林，然后用干净的被单把我包起来。我的背部已经变成一个大水泡，整个背部皮肤连带一部分脸孔都被烧到了，我记得当时自己痛极了。你可以想象得出来。

接着，我产生灵魂出窍的经验。我升到上空看着下面的身体，身边环绕着一大群发光的灵体，他们对我说："跟我们走，跟我们走。"你们知道这对我是很平常的事情，我心里想着："噢！好啊，这下子我要死了。这一定很有趣。"我其实不想回到这个身体，我看着下面这个烧灼的身体，不想再和它有任何关系，这就像是从望远镜错误的一头望出去一样，整个世界的外貌开始模糊，当我愈游愈远朝光明而去时，感觉太棒了！但是，邻居们突然到来，因为他们先前听见我的尖叫声，我又立刻回到这个身体里面了。

我记得他们把我送到医院，我躺在一个手推车上。医生对我说："你是个非常勇敢的小女孩，你一定痛极了。"但我说："不，不痛。"

当我回到这个身体时，一点也不觉得痛苦。虽然我的背整个被灼伤了，但我没问题！我在医院住了大约两个月，过得好极了。我没有任何疼痛，虽然我必须躺在床上，但并没有生病，而且因为我的年纪太小，不知道可能会留下疤痕，所以我也不担心；结果，我一点疤也没有。几年后，我和母亲谈到这件事，她说，当我躺在那里，已经失去意识，她以为我要死了。她是个通灵的人，于是她向灵界指导祈祷："请不要让她死去，并且不要让她受苦，她太小了，没有办法忍受这种苦。请把她所有的痛苦都给我，让我承受她的痛苦。"当时她还饱受肾脏病的折磨，但是如果她也能承担我的痛苦，她会非常高兴地接受。我十分确定是因为她的祈祷，所以当我再回到身体时，就一点也不觉得痛了。还有什么其他的解释呢？

很幸运的，她也没有得到我的疼痛。重点是，她不但从心底祈祷除去我的痛苦，而且如果我的痛苦真的能转移到她身上而使我幸免于难，她将会非常欢喜。这就是我们所讨论的施受法的爱，这种深刻的爱不自觉地把重点放在希望别人痊愈，而不求自己的安康上。这对我母亲是相当容易的，但严格说来，它其实并不容易，除非是母亲，因为母亲的本性就是以这种方式来爱她的孩子。佛法要我们以平等心珍惜所有众生，如同佛陀所说，就像母亲爱她的独子一样，我们也要将爱扩及到所有众生中。

身为母亲的好处之一，就是你可以从真实人生中体会这件事的意义。你可以用这份经验为基础，将这种爱扩展到所有众生，这就是我们修行施受法所要实践的。有些人说："噢！施受法非常容易。"我对他们的菩萨层次只能倒抽口气！我觉得坐着吸入他人的痛苦绝非易事，观察心和心的各种自我欺骗的诡计非常有趣，因为我们自我欺骗的能力非常高明。必须尽力对自己诚实，唯有凭着无畏的诚实，才能认出并剥除层层阻力而打开心房。

许多修行可以用机械化的方法完成。如果我们只是机械化地修施受法，坐着观想众生是外面模糊的一大片，然后送给他们光和爱，再吸入所有的黑暗，这是很容易的，修完甚至会觉得自己广大得如同菩萨一样。但是当我们真正面对人群，面对有人真正生病或沮丧，我们是不是准备好接受他们的痛苦，并以自己的安乐回报？这是转变心的练习，所以，如果想知道自己是不是有进步，唯一的方法就是观察自己如何应对每天的情况。当我们在日常生活里遇见受苦的人们，我们和他们如何连结？我们的心是不是真的向他们打开？我们仁慈吗？我们是不是愈变愈仁慈？

让我们想一想这个修法的运作方式。所有负面的东西进入我们，打击自怜自爱的观念，它真正的意义是什么？只沉溺在观想的技巧上，而忘记它究竟的意义，是比较容易的。要知道，我们心中有这个黑暗的小东西，由于黑光的打击，它完全转化成亮光，如果能够深入，这是个非常好的观想法。当我们修行时，还必须记住它究竟的意义，不妨自问，如果情况真的发生了，自我的忍受度到底有多大？如果此刻有人走过来说："如果你取走那个人所有的疾病和不幸，我保证他便脱离这一切，而他是以得到你全部的健康作为交换。怎么样？”你是不是能出自真心地说：“好的，我愿意。”如果这是你所爱的人，丈夫、孩子、父母或挚爱的老师，或许可以。但是，如果他只是一个路人呢？

修这个法门并不容易，它不是为有勇无谋或怯弱的人设计的，它的对象是菩萨。我们绝对不能对这些修法掉以轻心，应该知道自己在做什么，以及这个修法的所有内容，至少，这是我的看法。每当我读到施受法，对它实际上要我们做的，都感到很惊讶。其他人似乎没有如此震惊，我也不明白为什么。我觉得它是对我执最究竟的当头一棒，你们觉得是不是这样？当我们练习时，要试着让事情显得生动逼真，并将特殊的状况带入内心，这是非常有趣的。这些情况可能是真实的，也可能是虚构的，看看心是怎样反应的？

最后，我们当然要将万事万物消融至本初的虚空，这是非常重要的。不要让负面的东西停留在心里，我们先将负面情绪消融到这个我执、自怜自爱的实体——它认为“我非常重要，其他人当然没有我重要”，这种心态我们都有，然后再把自我和一切消融至虚空中。不只在观想的时候，同时在每天生活中，要确实感觉到在把光明和喜悦散发给所有众生。当我们遇见受苦的众生，应该尽力给他们一点东西，即使只是仁慈和友善地对待。

如果我们持续停留在与他人隔绝的状态，仍然被自己的享乐、快乐和舒适所占据，仍然认为他人和我们是分离的，对别人的悲喜都无动于衷，那么即使修了十二年的施受法，还是一点用处都没有。修行时间的长短不是重点，主要是打破这种自他分离，我们都处于这种分离感，它是我们主要的妄想。这是个非常彻底的修法，如果我们发自内心去做，它将会转化我们，所以，应该现在就来练习。我对这个题目没有其他话要说了。

问答

问：这个修法非常强而有力，但这对我来说是个问题，我很难想象把所有东西都接收进来，然后转化。可不可以花长一点的时间就只是接收、接收？

答：我想是可以的。我知道你的意思，这是实话。事实上，尤其是刚开始还没有真正掌握这个修法时，宁可不要过度担心呼吸，只要吸气时让呼吸不断地进入，然后让它消融这个沉重紧缩的“自我”意识，如同蜘蛛网中央的蜘蛛。当感觉自我开始融入广大的虚空，便能发出无量光芒并散播给众生。

是的，你可以这么做。

问：聚集这么多东西，会发生什么事？它会消融掉吗？

答：它打击到心中这种自怜自爱的意识，将其融入广大的虚空中，进入空性。这种自我，这个“我”的意识，就是相信自己比所有人都重要，即使世界上只有一个“我”而其他人是这么的多。当这些聚集来的东西打击到它，它便会消融掉，我们得以进入开放、广阔、无我的心。

问：您怎么知道别人接收到它？

答：嗯！你可以想象他们收到了。如果你的专注力和愿心都够强，或许他们会收到。为什么收不到呢？这是非常有力量的。

问：我有一个类似的情况。我的母亲本来应该动手术，她长了一个葡萄柚似的肿瘤，我便祈愿没有这个瘤，我想象自己具有强大的力量让它消失。当医生动手术时，肿瘤真的不见了，里面什么都没有。当时我没有想到这和我有什么关系。

答：心念是非常有力量的，它是世界上最有力量的东西。我们只是不认识自己的潜能。

问：如果别人的痛苦使我感到恐惧，我可以修施受法，让它消灭我的恐惧。我不断练习，直到发现自己能够在想到他们的痛苦时，是带着慈悲而不是恐惧。我将它视为解药。

答：这种修法可以运用在许多方面、许多层次。因为它这样有力量，能突破我们许多障碍，所以它的价值这么高，这也是它一开始被视为相当秘密的原因。它非常彻底，但就某个角度来说，它对许多人似乎是相当危险和具威胁性的。如我前面所说，大部分灵修传统是吸入光明，而不是黑暗。有人说，施受法像是一部人类空气清净机，你吸入所有的坏空气，然后把清澈、新鲜的空气传播出去。这是很美好的！

第十一章

心性

根据传统，佛教徒的修道分为三个阶段：见、修、行。首先，我们培养正确的知见，并依此修持，然后在生活中付诸行动。依据佛教传统，所谓的见，在梵文是椎斯提（drishti），藏文是塔哇（ta wa），它意指我们观看事物的方式，这是非常重要的。佛陀教导的四圣谛是“道”的真理，我所指的“道”是八正道，八正道始于正见。我们不妨想一下，为什么“见”被放在第一位？因为，我们对生命的基本看法影响所有的思想和行为，即使人们说他对生命不抱任何哲学，这也是一种哲学，这种理解将影响他们生活中的思想和所有的行为，成为万事万物的核心。我们的知见决定自己对事情的看法——我们认为重要和不重要的、我们的成见和偏见。它也会决定我们是不是重视精神事物，并为精神旅程打下基础。

我们今天为什么在这里？因为我们天生对为生命寻找心灵空间有兴趣。你认为拥有心灵空间是很重要的，这就是你的知见；如果你不认为调整自己的心灵是件重要的事，你不会在这里，我们的根本观点是基础。藏传佛教的修心法门，譬如大手印和大圆满，将我们的基本知见（内心的开展出自这种基本的知见）和我们如何将它融入日常生活，做了一个区别。只有广阔的知见是不够的，如果这些知见和我们的行为不一致，我们就有危险了。

莲花生大士曾经对赤松·德赞国王说：“你的知见必须广大如天空，但是，你的行为必须细如麦粉。”有些人培养了广阔的知见，看任何事物都是空性，都是广大的虚空，发生的所有事都是空乐相互依存的变化，这听起来真是太好了。于是当他们傲慢、无礼、缺德、不诚实时，便宣称没有关系，因为反正一切都是空性。他们相信密乘允许自己为所欲为，他们说："没关系，因为这全是我们本性的呈现。"他们所指的本性是什么意思就不得而知了。所以，我们应该小心照顾自己的知见，使其非常清明和广阔，同时保持行为的谨慎确实，避免落入藏传佛教的人所说的"黑色恶魔的道路"，以为究竟实相既然是广阔的空性，做什么都没有差别。

我们用"见"来表示"对心性的了解"。从佛教的观点来看，万事万物都是我们心的呈现。西方社会的问题之一就是，我们把重点集中在头脑，它对我们修行方式影响很大。当我们开始修大手印或大圆满时，西藏地区的喇嘛经常提出的问题之一就是"心在哪里？"，然后他们问："它在心脏吗？它在胃吗？它在你的脚吗？它在全身吗？它在你的体内吗？它在你的体外吗？"他们很少会问是不是在你的脑袋里。然而，大部分西方人会回答："嗯，很明显的，心是在脑袋里。"很有趣。

心在哪里？在你回答"它显然是在头脑里"之前，假设某人控诉你偷了他的钱，而你回答："你指的是我？"那么，你用手指的是胸部中心，而不是你的脑袋。我们大部分的感官都在头部不是吗？包括鼻子、眼睛、耳朵，但是当我们说自己感受到某种非常深刻的东西时，指的是自己的心脏。不妨想一想，问你自己这是怎么一回事。

就佛教的观点而言，头脑只是计算机。但是，驱动计算机的能量是什么？失去这种能量，计算机就完了。但是驱动计算机的能量不在计算机当中。最近，我读到一系列由最优秀的脑外科医生所写的文章。其中一位说，虽然我们目前对头脑的了解很多，但还是没有找到心。西藏有些地区的人知道头脑是什么，如果有人非常传统，没有办法接受新观念，墨守成规，西藏地区的人就称他们为“头脑绿了”，意指这个脑袋发霉了。他们了解头脑和思想有关，但是思想不是心。

佛教谈到心时，指的不只是知性功能，而是更深奥的东西。事实上，英文的“mind”和“heart”这两个字是可以互用的，它们通常是相同的字眼。它的字源，在梵文里是基塔（chitta），在藏文里是参姆（sem），同时意指“mind”和“heart”。这里，该注意的是“heart”，它提供能量，有如运作计算机的电流，没有电流，计算机就完了。所以，当我们禅坐时，必须学习将这份能量带给心。

让我们回到“见”的议题。依据传统的说法，我们本初的智慧心是觉知和空性的结合。如果我们可以达到绝对的心性，也就是我们根本潜在的自性，不二的觉知就出现了，这时候我们就是意识，意识就是我们；我们了了分明，如果不是了了分明，那一定是睡着了、陷入昏迷或死亡。我们了了分明地觉知，但是这份觉知并不具体，无法紧抓着它说：“这是我的觉知。”或“这是我。”它是透明、开阔、广大的。依据藏传佛教的说法，它是空的，空在这里指“如同天空”。

他们说，心如天空，为什么这么说呢？因为，当你想到一片深远、广大、蔚蓝的天空，它是包容万象的；它高高在上，同时又在地上。

天空从什么地方开始？它不是“这是我的天空，这片是你的，那片是我的”，它属于所有人，它支撑我们。失去了空间，我们便无法存在。藏传佛教用天空或空间比喻我们的本初心，因为它无尽又广大，然而它无法掌握，而且它和空间也不相同，因为它是有意识的，一旦我们接触到心的层次，就像是第一次清醒过来一样。

这种觉知是不二的，没有主体或客体，没有“我”在做什么事，只有完全的觉知，它是广大无尽的，超越时空，我们所有的念头和情绪都在其中生起；了解这种觉性，即使只有一分钟，就是所谓的“见”。

了解我们本具佛性，这点很重要；不必加进额外的东西，甚至不必开发什么，我们早已拥有一切，只需要把它揭露，它一直都在那里，原本就是完美无缺的，但是，我们不认识它。这好像我们站在太阳下面，却进入屋内拉下百叶窗，然后说它是黑暗的一样，其实太阳一直都在照耀着。这种天生的智慧心是永远存在的，问题在于我们不认识它。

上一个世纪有一位伟大而又很古怪的喇嘛，名叫巴楚仁波切（Patrul Rinpoche），他有个弟子是哲学教授，跟随他许多年，这位弟子非常有学问又虔诚。经过许多年，他做了很多研究和修行，但还是没有见性，他感到非常沮丧。毕竟，如果你没有证悟心性，这一切所为何来？只是言语和观念的层层堆积罢了。有一晚，他在巴楚仁波切的寺院参加闭关，巴楚仁波切说：“我们到外面去，躺在地上看星星。”教授回答：“好，这个主意听来不错。”于是，他们出去躺着看星星，之后在不远的地方有只狗在叫，巴楚仁波切说："你听见这声音吗？"这位教授学生回答："听见了，这是狗叫。"接着，巴楚仁波切说："正是。"然后他站了起来。

你明白吗？我们意识到这是狗叫的事实，这就是了。但是，我们不认识它，我们以为它必定是另一样更刺激的东西，于是一直找寻更高深更令人兴奋的东西。有一次，我请我寺院里的一位瑜伽士，把沙布卡仁波切（Shabkar Rinpoche）非常著名的大圆满法本口传给我，这部法本已译成英文，书名是《金翅鸟的飞翔》（*Flight of the Garuda*）。他口传到一半，停下来说："你知道，这些法本的问题在于，人们把它变成一样非常遥不可及、广大得难以想象的东西。事实上，它非常简单，平凡得使我们错过了它。"所以，我们必须经过几十万个大礼拜、曼陀罗供养、百万遍咒语，以及所有这些无与伦比的复杂的观想，只是为了回到我们一向所在的地方，并且第一次知道自己原来就在家里。

我们已有此知见：觉知的本质是清明和空性，从最初我们就是这样，直到现在。根据这个知见，我们开始修行。知见是非常重要的，它是修和行的基础。知道我们早已拥有所需的一切是很重要的；西藏地区有个例子，有个人拥有一个宝库，满是钻石、黄金、所有种类的财富，他把它埋藏在炉床下，却忘记了，而活得像乞丐一样，每天都要出门乞讨几文钱。

这就是我们的状况。我们拥有所需的一切，拥有佛性，但却觉得自己很贫穷、没有价值，认为自己是个失败的人，觉得非常疏离、没有用，我们想着：“别人可以做这么多好事，但是我什么也不能。我真笨，我把所有的事都弄得一团糟。我的童年很可怕，以至于现在我完全不正常，没有任何补救的办法，或许只有精神科医生能帮我面对这些悲惨的日子。”然而，我们一直都是佛！我们的内心一直拥有无尽的智慧和慈悲，只是被障碍住了，所以我们找不到。

要知道，自己不是没有用的虫，我们拥有圆满的成佛潜能，只是现在被遮蔽了。如果我们现在出去寻找蓝天，天上有许多云，所以看不见天空，但是天空是存在的，不论云层多么厚，天空永远在那里。就像搭乘飞机时，云在那里，但是云层后面是无尽深远的蓝天，每个人都能接近它。我们不是无知的罪人，在我们生命的非常根本处，有无尽的智慧和慈悲被忽略了，但是我们在千分之一秒内就能回到那里。正如一个黑暗了几世纪的房间，一旦打开灯，房间就被照亮了；房间虽然黑暗了几百年，并不代表需要一段很长的时间才能照亮，当你打开灯的一刹那，光就在那里。因此，不论我们的无明多么深，没有用的感觉多么深，被负面情绪淹没得多么深，感受到多么深的疏离和孤独，一旦我们接触到心性，所有这些都会消失。问题当然还会回来，开悟通常并非如一些人所想的那样，只是一次的经验。但是，那个刹那的“见”会改变一切。这时我们会知道，自己一向所认同的其实是错误的东西，这根本不是我们！所以，所有佛教宗派对初次的突破都非常重视。我的上师曾经说，一旦你证悟心性，就可以开始禅坐了，在这之前，你只是在玩耍，试图把它弄对，忽然间你弄对了，灵光一现，现在你了解自己在做什么；接下来，你得学习怎样重复这些灵光闪现，再把它们延长；然后，学习如何把这份了悟和平日的意识融合起来。

缺少老师的问题之一就是，有些人经验到深层的突破时，误以为自己开悟了。然后，他们自命为开悟的人，因为他们没有一位老师说："是的，好，很好，继续打坐。"冈波巴大师有个故事，他是 11 世纪伟大瑜伽士密勒日巴的大弟子，是一位非常伟大的禅修者，也是一名教授。他有好几位弟子，最主要的两位是杜松谦巴（Dusum Khyenpa）和帕莫竹巴（Pagmo Drupa）。杜松谦巴是第一世噶玛巴（大宝法王），而从帕莫竹巴，就开始了所有其他的噶举派。据说有一段时间，帕莫竹巴禅坐了很久，什么事也没有发生，他的梦想破灭。有一次他禅坐整晚，得到一个突破，感到十分兴奋，冲去告诉冈波巴，当时是清晨，冈波巴正在吃糌粑，就是将大麦磨成粉，和酥油茶混合揉成一团，经过烘烤，叫做帕咯（pag）。冈波巴正坐着吃帕咯，帕莫竹巴冲进来说："噢！我得到这个经验了，我终于得到了！"他形容自己的经验，兴奋极了。冈波巴只是坐在那里说："我想，我喜欢我的帕咯胜过你的经验。"于是，这个弟子又回去打坐。这就是老师的功用！

当然，第一次的突破是非常重要的。我的老师解释说："就像你沿着曲折的山路前往一个小镇，不确定这条路是否真的会到达小镇，甚至不确定这个小镇是否存在，但是听说它在那里，所以你有信心，如果继续前进，这条路终将带你到达那里。然后有一天，你转过街角，看见在不远处就是这个小镇。这是你旅途上的一大突破，现在你知道这个小镇是存在的，而这条路通向那边。或许因为这条路是弯曲的，有时你看不见这个小镇，但是当你每次看见它，它就变得更清楚一点。不过你还没有进入小镇，你只是看了几眼而已，但是只要继续前进，终有一天你会到达小镇，你可以住在那里，你就成佛了。”

还有一个例子，出自一位多年前住在伦敦的禅师。他形容心好像一面大镜子，被尘土覆盖着。你拿一根小针戳刺这些尘土，透过它，你看见镜子的光，但是大部分镜面仍覆盖着尘土，而那闪现的光芒才是镜子的真正本质。虽然镜子还没有完全露出来，不过这已是一大进步了。现在，你知道尘土下闪烁着光芒，你这时候的任务就是让这丝光芒扩大，或戳出许多光点，直到它们全部连结起来，最后清楚看见整面镜子。

所以他们说，初次证悟心性是第一个突破，这是所有佛教宗派非常重要的观点。这时你不再是一个凡夫，根据佛教的说法，你成为一位阿利亚（arya），意指高贵的人。但这不代表你的功课已经完成了，不代表你是一位高层次的菩萨。我们还会从这里退转；不过，这的确是个很大的突破，至此我们终于了解什么是真实，什么是不真实，我们再也不是单凭信心来接受一切。这是直接、不二的经验，它非常容易，并不困难，也不是非得经过多年修行才能获得的经验。

我们的主要障碍是，不知道怎么样放开心来接受这个经验。我们心底不停想着这非常困难和高深，所以不认得自己面前的东西。因此，老师是非常有帮助的，开悟的老师能够传递他的经验，只要弟子的心是完全打开的；问题在于，如果我们有太多的希望和恐惧，便会产生障碍，心变得很难打开。你不能光说不练。

我认识一位七十几岁的英国女尼，她的女儿大约五十几岁，也是一位女尼。她告诉我，她曾经在我上师居住的扎西宗市观赏喇嘛舞蹈，当时前世的坎初仁波切还活着。她不是前世坎初仁波切的弟子，她的老师属于格鲁派，她只是坐在那里观看舞蹈，是我的上师在跳舞。他是位非常好的舞者，而她看着他，在舞蹈过程中，他转过身直视着她，在那个刹那，她的心整个瓦解了，她证悟了心性。她其实不是他的弟子，但是那一刻她的心是完全打开的，而他也知道。

它和我们这样的接近，只是我们看不见它，所以，有一位具格上师是非常有帮助的。有些藏传佛教的信众说，缺少一位老师，根本不可能证悟心性。我倒不这么认为，因为的确有些人没有老师也依然证悟了心性。但是，一位好老师确实是有帮助的。

现在，让我们静坐十五分钟。我将告诉你们该做什么，每个人只要依照自己的进度。首先，把自己带到眼前这一刻，把心清楚地带入房间，然后，将心安静地带入身体。换句话说，对自己的坐姿保持觉察。觉察你的姿势，觉察身体受到的任何压力，只要知道，只要注意并知道，这就是它的状态。然后，非常安静地将注意力带到气息的出和入，不要顾虑呼吸，不要从一段距离外看它，仿佛你是从头顶向下观看呼吸的进入；你只要试着经验它，跟随呼吸的入，跟随呼吸的出。

这么做时，你会打妄想。我们都有妄念，妄念只是心自然的游戏，它好像海面的浪，不会有问题。心的本性就是打妄想，但是不要跟随它，不必给它能量。所以，把所有对过去的回忆都丢掉，停止对未来的期望，也不要给现在的妄念任何能量，只要和呼吸的出入同在。当我们听见噪音，它只是浪头冲击着耳朵的感官，噪音是自然的，听见它是自然的，它不重要，也不要给它任何能量。如果你听见噪音然后开始想："噢！多么可怕的声音。"或"我希望这噪音能够停止。"要觉察这是你的念头，然后继续练习。不论发生什么都很好，没有问题。不论出现任何事情，我们觉察、接受，然后放下。非常简单，和呼吸同在，若心跟丢了，就把心轻轻地再带回来。不论发生什么事，觉察、接受，然后放下。

问答

问：这样做好像把心分为两部分，其一变成目击者或知道者，而视另一部分的心为客体。我们如何连结心的这两个部分，并且取得平衡？

答：这是个好问题。心的平常状态是完全沉没在自己的念头和感觉中，没有任何空间。当我们思考时，会认为那些念头就是我们；当我们感觉时，就认为这些感觉是自己。我们完全认同自己的念头和感觉，完全相信，完全被吞没了，这是我们这么苦的原因之一。当然，如果念头和感觉都是快乐、喜悦、平和的，这是好事，但却经常恰恰相反。它们是消沉、愤怒、沮丧的，而我们完全陷入黑暗的感觉中，所以我们受苦。

当我们开始禅坐，表面的心开始平静下来；接着，似乎有一部分的心退后一步，而在心中创造出空间或距离；有一部分的心变成平静而不被扰动的观察者，它只是知道，念头和情绪就是被这些观察者所意识的。这种内在的开展是非常有帮助的，它不是究竟实相，但是它有很多好处。好处之一就是，我们不再把重心放在动乱的念头和情绪上，而退后一步处于内心的空间中，在这种冷静的内心空间中休息。

这种内心空间可以把事物看得非常清楚，它只观察，不评判。我们现在能够观察自己的念头和情绪，就只是念头和情绪，不像从前那样相信它，它不再是坚固的，我们不要认同它，视它如泡沫般生起、出现、变大、爆破，接着新的泡沫又生起了。这种现象不断发生，那是心的自然活动，这很好，但是我们不再沉溺在这些念头和情绪中，而能如实观照，它们会愈变愈薄弱，愈来愈透明。当这种内在的空间开展扩大，我们就会比较了解这种虚空广大的特质，开始明了这一切就像是一道彩虹，念头其实是透明的，不是真实的，你无法捕捉一个念头并紧抓住它。

培养这种心境对修行极有帮助。这不困难，其实相当简单，我们总认为这些事非常困难，认为其他人能够做到但我们不能。事实上，这就像一弹指那么简单，你完全会。主要问题是如何保持下去，我们很容易退步。可是一旦你会了，即使只有一秒钟，就会了解它其实并不是什么特别的事，只是活在当下，不沉溺其中。

现在，我们的主体是观察者，这些念头是被观察的对象，问题是如何把两者连结起来？好在我们并不需要。在某个点上，当心念完全觉知、专注，又完全放松时，一切都会瓦解，我们会发现自己自然而然处于没有分别的觉知境界，即使只有一秒钟，至少在那个刹那，我们得到了。我们不能做任何事使它发生，只能创造这些条件让它自然发生。

问：大约三年前我参加一个瑜伽课程，所有事开始愈来愈扩大，这让我很害怕。我们该怎样应付恐惧？

答：事实上，心具有无限的容量和潜能，以及许许多多的状态。我们的自我希望控制这一切，当一切似乎失控时，自我便感到被威胁，因为它看见不同的心理状态出现，但它并不了解是怎么回事，于是便生起恐惧，惊慌起来。如果你注意到这种事发生，有个好办法就是只要放松，专注眼前的一刻，带着一种好奇心，观看将要发生什么事、将导向何方。心会产生各种境界，玩各种游戏，我们不要执着任何一种。但是，心有时也非常希望扩展自己，希望超越自己概念式的平凡思维，我们要给它空间达成；所以，或许练习这种瑜伽松弛法，在某方面启动了心的其他希望被认知的层次。放松应该是个好主意，然后只要包容所发生的一切就行。

如果你有特定的信仰，你可以皈依它，它将保护你。藏传佛教的信众开始禅坐前（或许所有佛教徒都是这样），他们皈依佛、法、僧，并且修上师相应法，在这个修法中，你观想本初佛，以及自己传承的所有上师，他们按年代顺序排列，最后一位是你的老师，然后，你祈求他们的加持。想象他们全部进入你的根本上师，而根本上师融入你自己，你的心和他的心合而为一。做这种观想主要是为了祈求传承的加持，也是一种保护，因此，禅坐中不论发生任何事都不会有问题。然后，你只要放松，接受可能会发生的任何事情，而没有恐惧。如果任何扰乱的事情发生，你再度祈求自己信仰里的某位上师，任何难缠的事，都会被驱除。

问：我知道老师的好处，我也了解，老师会找到我们，我们不必刻意找寻他，我想知道您对这种说法的看法，尤其对修行者或渴望进步的学生该怎么做？

答：当学生准备好时，老师就会出现。但是，这可能是种极端的想法。我知道有些人花一生的时间，等待理想中的老师来临说出法语，然后他们突然就开悟了，但是他们什么也不做，只在等待，这实在是一种极端。这些人相信获得心灵知识的唯一方法，就是找到完美的老师，为自己做任何事，幻想着完美的老师将来临并找到他们。你们或许应该问自己，做老师的何必这么费事！

另一方面，这的确是真的，除非有缘，否则你可能环游世界遇见所有可能的上师，最后却毫无收获，我想这和业力有很大的关系。如果你有这种因缘遇见合适的老师，你会遇见他；如果你没有，就是没有。而且在亲近老师和接受教导之前，还是要学习和修行。很可能，除非我们已经达到某种层次，否则即使遇见佛陀本人，他也没有办法帮助我们。所以我们要做万全的准备，以便在真正遇见完美的老师时，他才能帮助我们。必须现在就开始做准备，学习修行，开始守戒，净化动机；有许多净化、专注和调伏心的修法，让心更加微细。如果幸运遇见完美的老师，便已准备好接受纯正的教导，他就真的可以帮助我们。我们不必浪费他的时间从字母教起，这是我们可以自修的。

问：如何转生善道？

答：良好的动机和德行可以转生善道。为什么我们在这里？我们在这里是为了开发和拓展心的每一个层次，打开自己的心。不论以何种方式做到，都是一件好事，不枉生而为人。我们不妨自问，和动物、天神、地狱、饿鬼等不同的人，到底是什么？生而为人为什么这样珍贵？

原因之一是，人可以选择。我们对自己的行为负责，我们可以选择如何应付情况，或是像动物般非常本能的反应，或是以人类专属的聪明才智来应付；发生在我们身上的所有事情，都是一个机会，我可以做出负责任的选择，所以，生而为人是美好的。如果有人侮辱我们，我们有选择，可以同样地侮辱对方、殴打他，或羞耻地离开、固被人侮辱而自责，或者以同理心和耐心观看这种情况，并巧妙应对，而不责怪任何人。我们是有选择的。

禅修的收获之一就是，我们的心会变得更清晰，当我们面对状况时，不是只做机械式的反应。如果做出智慧的选择，将给自己一点空间来看清状况并做适当的反应。如果我们的反应是适当、善巧的，将有恰如其分的转生。

我们必须过有戒律的生活，佛教戒律的根本是不伤害。当然，我们难免会制造伤害，但是它有程度深浅的差别，如果我们开始想：“每次我吃一根胡萝卜，就有许多昆虫被杀死，这根胡萝卜也有生命。”最后就会形成非常极端的想法，变得动弹不得，只是坐在那里把自己饿死，而于事无补。佛教的戒律是，不杀生、不夺取生命，因为生命是所有众生最宝贵的财产，其中也包括昆虫，昆虫最宝贵的东西是它的生命，尊重所有生命活下去的权利是很重要的。我们在地球上制造这么多的灾害，因为我们为所欲为，往往认定某事或某人不好，就把他消灭；然后，我们会发现其他事情开始失控，因为我们把控制它的东西消灭了。地球是非常平衡的，但是出于我们的顽固愚笨，以及“这是好的，那是坏的”的想法，并假设我们能够驱除所有不美好的东西，结果酿成了大祸害。我们必须尊重万事万物，甚至包括我们不喜欢的东西，这些东西都有其功用。

我们也不该偷窃，因为我们不喜欢别人偷自己的东西。有人认为自己有权侵占他人的财产，这是非常不聪明的想法，它会造成伤害。

我们还必须学会对自己的性行为负责。现代人是非常不负责任的，从堕胎的数目就可以证明。不思考自己行为的后果，不顾虑他人、自己或社会将受到什么影响，也不顾念未诞生的孩子，他们也是人类，但我们就是不关心。

我们为什么这样不幸？我们还以为如果有完美的性生活，就会快乐，偏偏每个人都这么神经质、悲惨、混乱，因为我们对自己的行为和后果不负责任。我们伤害他人，也伤害自己；欺骗，不坦白也不诚实。还有酗酒和毒品的问题，它伤害他人、自己和社会。

这些戒律，并非只适用于二千五百年前中印度摩揭陀国的生活。这些戒律在今天如果不是更适合，至少也和当年一样贴切。戒律和文化无关，也和佛陀在印度无关，它适用于全世界。戒律不是我们吃不吃什么，甚至不是我们和谁上床，而是我们和对方上床的理由以及可能带来的后果。戒律关心的是会不会对任何人有不好的影响，关心的是伤害、不伤害。

所有的事都和惜福及培福有关。如果在生活中抱着宇宙责任感，我们是不可能走错路的，因为我们实践了人类的任务。禅修帮助我们在实践中获得清明，而持戒也帮助我们禅修。佛陀总是说，如果行为不合乎戒律，便无法禅修，因为心太散乱了。一旦行为合乎戒律，内心就变得更平和安宁；当心能够更快安定下来，对禅修就有帮助。心愈安定，它就愈清明，理解和智慧自然会生起。它们是一体的，你不可能有此却没有彼，它们都是整体的一部分。

当人们听到智慧和禅修都非常快乐，但听到戒律都很嫌恶。然而，戒律是万事万物建立的基础。它不是“你不应该做这个，你不应该做那个”，它不是训诫。即使是五戒也不说“你不可以杀，你不可以偷”，而说“我遵守不杀生的修行法则”，它是修行的法则。我们的动机必须是不伤害其他的生命，仅仅做到这一点，就可以想象我们将活在何等纯净的土地上！

问：如果在生命中曾经做过不道德的事，该如何补救？

答：有一些非常特定的方法。假如有人做了非常可怕的事并充满歉意，佛教传统有所谓的“四力忏悔”。第一是拔除力。如果丝毫不感到遗憾，如果我们的态度是“这很聪明，不是每个人都能办到”，对做这件事感到十分愉快，那是无法得到净化的。我们必须明白它就像喝毒药——这是传统的譬喻，你把毒药喝下后想到：“噢！我的天啊，我到底做了什么？”

第二是依止力，意指运用自己所依靠的对象，来帮助自己净化行为。藏传佛教有一些特别为了净化而做的修法，对藏传佛教了解的人立刻会想到修金刚萨埵，还有修千手观音断食法，还有三十五佛礼忏法等，这些不同的净化修炼，能够启发依止的力量。

第三是对治力，意指做一些和自己的行为相反的事，好像毒药的解毒剂一样。譬如，我有位朋友参加和平团，她计划设立养鸡场，她的动机是利用养鸡来帮助村民获得金钱和蛋白质。但是，当她成为佛教徒，觉察到自己绞扭了数千只鸡的脖颈，造成数千只鸡的死亡，于是对自己的行为感到非常害怕。她的动机并不坏，她并不厌恶这些鸡，但是她的行为是迷失的，因为她不了解这些鸡有它们的生命，不了解剥夺任何众生最珍贵的东西是不对的。她对此感到非常难过，那是大约三十五年前，从那时开始，每当有机会，她就拯救生命，买鱼放回大海，或买鸟让它得自由，或买将被屠杀的羊送给人畜养。她以这个方法为解药，对治过去夺取生命的行为。对于过去曾经造成伤害的行为，我们也可以试着做和它相反的事情。

第四是防护力，是誓愿永不再犯的力量。如果我们做某件自知是错误的事，还继续做下去，这表示我们并没有真心忏悔。如果我们真正知道自己喝的是毒药，就不会再被引诱去喝它。所以，第四力是发愿再也不犯，如果真的是出自内心，才能确实达到净化目的。

问：我曾动念将鸟儿放生，但我并没有这么做，因为我不确定它们在鸟笼外会不会更好？

答：放生附带着许多模糊的地带。它在亚洲是很普遍的方法，但是造成的结果是，许多人以捕鸟维生，然后把鸟养在非常残酷的环境里，让虔诚的佛教徒来购买它们放生到野外，可是这些鸟的情况很糟，因为它们立刻又被捕捉了。有些人喜欢把乌龟放在寺院的池塘里，池塘里堆满了乌龟，就像是地狱。所以，愚蠢的虔诚是没有好处的，必须运用智慧。还不如从中国餐厅的大鱼缸里购买鱼，然后把它们放回大海，给它们活下去的机会，在举行放生的同时，为它们做许多祈祷和念诵。在亚洲，也有人购买将被屠宰的绵羊和山羊，然后送给人畜养，它们身上绑着一条特别的丝带，所有人都知道它们被拯救了，它们是不能被屠杀的。

问：我住在澳洲，当地有一种在植物中钻孔的虫，每年都侵袭树木。如果我不把它们弄出来，树木会死掉。您对这种情况有什么建议？

答：好，我的话将引起争议。首先，这是娑婆世界，它是生死界，本质就是不圆满的。佛陀说，在家生活是充满尘土的，换句话说，在家庭生活中要想持戒清净是非常困难的，你永远需要做决定和妥协。在这种状况下，你必须决定哪一样更重要，是树木还是昆虫？这全看你了。如果你决定树木比昆虫对你更有意义，那么这是你的决定。我个人的建议是，在你喷洒树木以前，你对昆虫说话。这听来可能很好笑，但是告诉昆虫你将做的事，清楚告诉它们有什么选择，告诉它们："听着，我非常抱歉，我知道这是你赖以维生的办法，这是你的本性，不是你的错。但是，我对这些树木非常执着，我不希望它们被毁灭。所以，我很抱歉，如果你们不搬家，我必须杀死你们。这全看你们了，你们有四十八小时的时间做决定。"

你透过自己的思想和语言，非常清楚地告诉它们，告诉它们好几次，然后给它们一个机会。如果你真能和这些昆虫沟通，它们或许会决定搬家。或许你没有办法和它们联系，但是至少应该试试，给它们一个逃生的机会。即使它们不搬家而你必须杀生，也要带着遗憾和责任做这件事，不要对此生欢喜心。然后，要祝福它们往生善趣，这些都是众生，也有佛性，在来世中都具有潜力，正如我们一样，它们也有活着的权利。所以，不应该漫不经心地夺取它们的生命，要带着一点责任感和遗憾。

问：或许有一些园艺喷洒药剂可以阻止昆虫而不必杀害它的。

答：是的，很有道理，要是我，会先研究看看有没有这个可能。要做出这些决定并不容易，至少应该做出负责任的决定，不要粗心大意。

问：小乘佛教和金刚乘佛教对肉食的态度差别何在？在金刚乘佛教中肉食似乎比较普遍。

答：佛陀很明显是吃肉的。在戒律中，没有规定我们不能吃肉。我是素食者，所以我不是为自己的行为辩护。佛陀的坏表弟提婆达多企图分裂僧团，他建议让僧团的规定变得比以前更严格。他希望所有僧人非穿破袍子不可，然而佛陀说，如果他们希望穿破袍子是可以的，但是他们不需要这样，如果有人供养新袍子给他们，他们可以穿它。提婆达多又说，所有僧人应该乞讨维生，然而佛陀说，他们是应该乞讨维生，但是如果有人邀请他们吃饭，这也是可以的。提婆达多又说，所有僧人都应该住在树下，然而佛陀说，他们可以住在树下，但是如果有人供养他们一间茅屋，他们可以接受。提婆达多又希望所有僧人都完全吃素，佛陀说，如果他们有这份意愿，可以当素食者，但是因为他们乞食，应该接受任何施予的食物。这些僧人一大早挨家挨户的巡行，收集煮熟的食物，他们应该完全没有分别心，接受任何施舍的食物。所以在南传佛教国家里，一个地方如果没有素食者，僧人就不是素食者。这是非常复杂的情况。

大乘佛教有些经典，譬如《楞伽经》，有一整章是关于佛陀激烈反对吃肉的，主要原因是肉不干净，很少是为了对动物的慈悲，这是很有趣的。就某个角度而言，这十分符合印度风格。但是不论怎么样，大乘佛教有一种强烈反对吃肉的倾向，所以，在大乘佛教国家，譬如中国和韩国，出家众绝对是吃素的。他们同时是严格的素食者，不吃任何畜产品如黄油、牛奶等。中国人通常就不吃乳制品，他们吃许多豆腐作为蛋白质来源。所以，如果你前往大乘佛教的寺庙，他们总是给你素食。

金刚乘是在印度大寺院所属的大学之中或附近发展起来的。我猜想这些大学里许多僧人是婆罗门和刹帝利，换句话说，是属于高阶层身份的人。他们是大乘佛教，意指他们不吃肉，他们是纯净的、独身的、从不喝酒的，他们是素食者。在他们心中，素食主义和修行是合在一起的。还有一些经常在晚间举行几乎像是女巫的聚会，经常是在寺院外的墓地里集合。为什么选择墓地？首先，因为这是非常吓人的地方；其次，因为没有人晚上会来这里，他们秘密出现在这种地方，做一些完全打破自己模式的事。他们喝酒、身边有女孩子、吃肉、跳舞、唱歌，突破所有修行应该遵守的沉重禁令，所以，这对他们是一种洗涤。这些事在墓地这种令人无法想象的氛围里举行，当年的墓地，不像现代整洁的小墓园里面有花、灯光和石雕天使，而是把尸体丢在那里，然后狐狼和兀鹰来吃它，是非常吓人的地方，会发生各种古怪的事情。在这种可怕、具有挑战性的地方，你可以打破所有的禁忌。至于西藏地区传统隔月举行的荟供，以一种相当温和的方式来代替它。荟供在寺院或佛教中心非常清洁的环境里举行，一定要喝一点酒，撕一点肉，然后，唱一首美丽令人鼓舞的金刚歌曲，以此略微反映出其源头及其发源地。

金刚乘针对纯洁和不纯洁的观念，提出一种内在的心灵革命。印度人对纯洁很着迷，密乘尝试把这个观念打破，有些印度瑜伽士现在还做这些原始的修行。印度密乘瑜伽士是非常有趣的人物，他们真的住在墓地，坐在尸体上面，以尸体为食物。他们至今仍然这样做，藉此突破所有心理上“能够”和“不能够”的禁忌，而超越希望和恐惧、厌恶和诱惑。他们做所有传统认为极令人厌恶的事情。它就是这么一回事。

有一本非常有趣的书《阿格拉》(*Agora*)，内容叙述一位现代密乘修行人，他有一半时间在孟买做生意，另一半时间裸体住在墓地，这是非常令人震惊的事。但是当你读这个故事，会想到第 8 世纪大成就者的生活。佛教传到西藏地区后被净化，许多密乘修法变成仅具象征性。原先有五种神酒，我不加以描述，但是酒的味道十分不好，如今他们放草药丸在酒精里。但是在古代，这可不是开玩笑，他们用原始的成份，因为他们想要超越所有可接受和不可接受的观念。密乘就是这么一回事。现在它变成主流，许多东西失传了。当然，西藏地区的人仍不时产生伟大的开悟上师，所以，有些还是有效的，但是有一些密乘的形态已经失传了。

让我们回到吃肉这件事。好，你饮酒，你吃肉，吃肉的整体观念在较高层次的密乘中是令人震惊的。当佛教初传到西藏地区，当地是刚征服中亚大部分地区的野蛮人，非常好战，他们一直都是这样的，所以也是极佳的修行者。他们具有战士的精神，或变成强盗，或变成伟大的修行人，他们具有许多勇猛的能量。所以，当密乘在第 8 世纪由莲花生大士传到西藏地区，西藏地区的人便爱上了它。嗯！不是立刻爱上，他们起初非常怀疑。他们经验过大乘佛教，当密乘佛教被介绍到西藏地区时，其实有许多的争论。但是经过一段时间，他们接受了它的功效，使其成为合法的修行道路。当他们放松并了解它没有问题，不是邪恶的，便非常热心地跟随它。它和西藏地区的人的个性不可思议的相配，仿佛是为西藏地区的人特制的。

每个宗教都有它虚伪的部分。金刚乘其实没有任何地方提到你必须吃肉，现在，愈来愈多的喇嘛变成素食者，尤其是年轻的一代，一部分原因是为了健康，还有一部分是他们觉察一面谈宇宙慈悲，一面坐下大吃牛排或鸡肉是一种虚伪。但是，我不相信它和开悟有关。我认为藏传佛教的美事之一，就是他们做大部分宗教认为绝对“不可以”的事。他们吃的东西全部不对，他们吃肉、洋葱和大蒜。他们喝酒，做所有本来不该做的事，然而，他们还是开悟了！我们听了这些对自己其实是好的，因为它提醒我们不要对这些事情执着。不吃肉是好的，保持干净是好的，但是这些事和开悟是不相干的。

问：这是我第一次听见有关葱、蒜的事，反对它们的理由何在？

答：在印度的组织里，譬如婆罗门这种较高阶级是不吃肉或葱的。依据古代《阿由吠陀经》（*Ayurveda*）的科学，万物有三种特性：纯净、刺激、浓重，食物也分成这三种。纯净的食物净化身心，它包括牛奶、谷物、蔬菜、奶酪等。刺激的食物意指燥热刺激的东西，它刺激你并给你能量，葱、蒜、鱼、鸡、茶、咖啡都是这类，它被视为有刺激性，所以对于想过纯洁独身生活的人，会产生反效果。最后是浓重的食物，它是浓重得使头脑迟钝的食物，包括牛肉、熏肉、酒精、油炸食物。根据佛教传统的戒律，出家人不可以吃葱、蒜，所以，中国佛教传统的素食也不放葱、蒜。

第十二章

心灵导师的角色

下面我将讨论的重点是金刚乘上师的角色。在佛陀时代，老师当然是佛陀本人，他是最高的权威。根据记载，当佛陀即将圆寂时，阿难尊者问佛陀谁是新任的老师，佛陀回答："让法成为你的老师。"根据大乘传统，老师的角色是"善知识"，亦即为"好朋友"或"心灵之友"，这个人必定比学生在这条道路上走得更长远。上师必定已开发出深度的智慧和慈悲，所以学生最恰当的回报，则是深深感激老师，并信任他（或她）指导的能力。

在金刚乘，上师扮演极为核心的角色。我想主要的原因有两个。首先，一位真正的上师，能为我们揭露本初心的空性、觉知和清明，以及我们本具的智慧和慈悲。心这种绝对的本质是永远和我们同在的，它是我们生命最基本的一面。然而，我们很难在没有人帮助的状况下接触到它，我们需要一位老师，他能够创造出心理环境，让我们一睹自性。一位真正的上师能够为我们示现心性，所以他在我们的生命中是极为重要的人物。

传统上是以太阳和放大镜的例子来比喻老师的角色。太阳巨大而且极有力量，它照亮并温暖整个地球。假设有人在太阳底下放一片纸，即使是正午的太阳，纸片最多只会变得比较干，或许有点起皱，但不会烧起来。可是，如果我们在阳光和纸片之间摆一个放大镜，阳光将被集中而强度增加，在很短的时间内，纸片就会变得焦黄，然后开始冒烟，不久燃烧成一团火焰。同样的，虽然佛陀、菩萨有无尽的加持并极有力量，但由于我们的染污和障碍，如果缺少一位上师在其间，他们很难直接转化我们。一位具格上师以人的形象展现诸佛的加持、力量、慈悲和智慧，他（或她）好像放大镜，能够聚集和传递这些加持力，以点燃弟子的觉悟。这是因为他具有人的形象，能够进行心对心的传达。要知道，上师没有给我们任何东西，他（或她）只是让内心扩展。我们稍后再继续谈这点。

上师能够给我们的第二件东西是指导。如果我们在陌生的地区（还有什么地方比我们内心的地形更陌生）独自行走，即使有地图的帮助，还是有可能迷路。有时我们沿路走着，忽然道路分叉了，该左转还是右转？参考地图，不见得都很清楚。地图只告诉我们大致的轮廓，这些小岔路不包括在内。我们可能选择正确的道路，但也可能选错路，最后掉进流沙或沼泽里去！

我曾经跟随一位老瑜伽士修行，当时我每天都去见他，他只给我大概的指点。我告诉他自己的进度，他说："噢！嗯哼！是的，好的。"有一次，有件事真的发生了，我非常地高兴，因为自己终于有个体验了！于是，我前去告诉他，而他说："嗯！"一副完全没有兴趣的表情。然后他说："还有什么其他的事发生吗？"于是，我绞尽脑汁，努力回忆。我记得其他一些小事，于是我说了，希望能派上用场，没想到他立刻坐直说："再说一遍。"于是我重复刚才说的话，并解说发生了这样和那样的事情，然后他说："就是这事，这就是我们在等的事。从今以后，你就做这样和那样。"就这样，他把我带到完全不同的方向。如果我独修，将永远不会了解这件事，不会知道这是我们在等待的东西，因为它对我似乎一点也不重要。这就是我们需要老师的原因，如果有一位向导，就能够充满信心地前进，因为知道自己跟随的人认识路途。如果是独行，就只能慢慢地走，还经常犹豫不决。有了人带领，我们便能够迈步上路。

每个人都梦想遇见完美的上师，他会把我们放在羽翼下面，从此以后，再也不会有问题了。哈！在电影故事里，人们历尽千辛万苦寻找他的老师，当他终于找到正确的洞穴，有一位老瑜伽士坐在那里，他看着他说："噢！我一直在等你，你怎么来得这么晚？"努力寻找到一位完美的上师，他为你准备好一切，这是个很普遍的幻想——你只需要跟随指示，保证获得开悟。我甚至认识有些人拒绝做任何努力，因为他们等着完美的上师来临，说出完美的话，然后，他们就会立刻了解并且永远开悟，连最微小的努力都不需要。他们相信自己会遇见上师，他所说或所做的事，会永远解决他们所有的问题。

你或许要问，这情节有什么不对，它听起来很棒！首先，即使真的遇见完美的上师，如果我们的心还是完全混乱的话，他能帮助我们吗？或许老师对我们唯一的建议只是："去打坐。"如果还没有准备好接受教导，可能需要事前多做些修行。即使最伟大的上师，也只能帮助已经准备好的弟子。现在，我们应该要把自己先准备好，如此一来或许会发现，我们遇见的每个人其实都是上师。这种上师和弟子的关系是非常微妙的。

一位真正具格的上师需要什么条件？如果你想研究物理，必须先确定教学的人真的懂物理；不论你学习任何事情，都会希望教导者在这个题目上是真正的大师。发现心性如此重要的事，更是这样。显然，这条道路除非他早已走过，否则无法将它透露给我们，也无法示现让我们知道。

接下来的问题是："我们怎么知道某人真的开悟，并且是合格的？"答案是：我们不知道，它永远是一个赌注，但是有一些迹象可循。我个人观察老师时提出的问题是："这一切是来自空性还是自我？"开悟和个人魅力无关。我们时常被魅力、自我推销的能力，或是理智的满足所吸引，但是这一切从何而来？真的来自空性的智慧和真正的慈悲吗？或者，它只是另一个庞大的自我膨胀？我们必须够敏锐。

我对所有声称自己已经开悟的人都非常怀疑。我见过的所有西藏地区的喇嘛，他们连做梦都不敢做这种声明，大部分喇嘛会说："噢！我和你一样，我也在修行，也在训练自己。在那边的某某喇嘛，他非常棒，他是不同凡响的，他能做这做那，但是我呢，只是一个平凡的人。"但这并不表示当他们坐在宝座上，就不能展现出内在的信心，信心应该来自他们的教导，而不是自我的扩张。我认为还有一件事必须注意，那就是当他们从宝座下来后，和一般人相处的情况。他们在一般环境里的举止怎么样？他们如何对待没有利益关系的人们？

我们应该检验老师，我知道这很困难，尤其西方人经常过度信任和轻易相信老师，亚洲人的态度则严厉多了。他们有衡量的标准，因为他们经年累月处于修行的场合中。西藏地区的修行者并不天真，有些人以为西藏地区的人头脑简单又迷信，但是西方人容易受骗的个性才让人目瞪口呆。西藏的经本说，人们应该考验老师十二年，才决定是不是要接受他。我们甚至应该侦察上师！当他们不在众人注目下时，行为如何？是不是和蔼又慈悲，或者根本是随波逐流、享受好时光、喜欢收弟子？当我询问我的上师，他说："嗯！在那种情况下是很难评断的，但是在这二十年内，观察一下他们的弟子。"这是看出老师程度到底如何、是否非常好的指标，他的资深弟子情况怎么样？我们是不是希望像他们一样？这位上师身边的状况如何？这种心态是不是健康？这些弟子是不是被操纵？他们如果不随时奔向上师，是不是就没有能力为自己做决定？他们是不是在心理上依赖自己的老师？

藏文的"喇嘛"，其实意指"位高的母亲"，"嘛"（ma）字当然是女性，所以，喇嘛是女性的字眼，但西藏地区的人平常不提这点。上师如同母亲，当儿女都还年幼时，母亲照顾、养育、爱护、规范、训练他们，这是她的角色；小孩依赖母亲，因为他们什么都还不懂。但是，如果孩子已经长大，母亲仍然希望当"妈咪"，希望孩子倚赖她，和她的围裙连在一起，那么她就不再是个好母亲了。一位好母亲把孩子带大，让他们愈来愈独立，成年时能够离开家。一位好母亲能养育孩子成为自主的生命，并在未来也成为他人的父母。同样的，一位真正的上师能够训练弟子找到内心的智慧和内在的上师，训练弟子替自己做决定。任何一位"上师"如果只是创造出一群崇拜他的侍者，等待他每一句如甘露般的话语，愈来愈倚赖他，并专注在满足他所有的愿望上，那么这位上师只是爱上了“当上师”的想法。失去了弟子，这个人再也不是上师，弟子只是他权力的来源。这是一种权力的游戏，使得人们即使不想做某种事，当交代他们去做，他们就毫不怀疑地去做了。它会变成麻醉药。

你可以在一些老师身边看到这类事情的发生，年复一年，他们创造出这种共生的关系，弟子在这种环境里更加倚赖上师。如果他们不先去觐见上师听取他的说法，就什么决定都不能做；如果真是如此，那便是错得离谱。开始的时候，一位好老师当然会告诉弟子应该做什么，因为他是指导者；但是一天天过去，老师开始会说：“好吧！你想要做什么？你觉得自己现在应该做什么？”上师渐渐将球丢回给弟子，让弟子成长。当时机来临时，上师可能干脆把弟子送走。

11世纪西藏地区的伟大瑜伽士密勒日巴，把弟子留在身边，或在同一个洞穴，或在邻近洞穴，直到他们的修行稳定了。然后，他就把弟子送走，却不时去探访他们，看他们的进度如何。上师应该帮助我们发现内在的智慧，让我们不需要无止境地倚赖他的建议。可是，我们必须先做好自己的功课，净化和简化自己的心，让心愈来愈广阔。然后，当我们遇见上师，透过完全的专注，就能真正地接受传法。

但是，我们该怎么办？我们在西方，身边的老师不多。我所到之处，经常被问到的两个问题，一是如何对治愤怒，另一个便是如何寻找老师，这两个问题都非常复杂。老师有许多种，有一种是以心相连的老师，他誓愿带领弟子在今生或来世得到开悟。这是老师和弟子两者都发的愿，彻底的承诺，弟子需要完全的奉献。所以，必须非常小心。如果找到真正的上师，这是你今生修道中最大的福气；如果你找到一位假的上师，那么，套用西藏地区的人的说法，老师和学生手牵手一起跳进深坑。依照他们的看法，这样会下地狱。除了以心相连的上师，还有其他许多的老师。不过这并不代表我们每次遇见一位自己喜欢并觉得有关联的老师，就要五体投地地说："好，接受我，从今天起直到开悟，我都属于你。"

现在，我们在这里，我们想回家，从无比的混乱回到自己最单纯的真正本性。有许多人能帮我们上路，许多人能指示路标，那不必都是最根本的上师。任何能给我们正确帮助和指导的人，就是老师。他们可能以指导老师的身份出现，或者仅是一种短暂的相遇，甚至可能以亲戚或朋友的形态出现，我们又怎么会知道呢？任何促进我们学习的人都是老师，都是心灵的朋友，所以我认为，我们应该把注意力从寻找心连心的上师，转移到寻找心灵的朋友。如果我们视老师为心灵的朋友，范围就扩大了，因为我们可以有许多心灵朋友。佛陀曾说以法为师，而法就在这里——方法就在这里，修行就在这里，这里有修行多年而将生命奉献给修行的人，许多懂得的人就在身边，我们随时可以得到帮助。这个人不一定以位高的心灵大师形态出现，散发出光芒，或事前发送小册子，告诉所有人他们是开悟者。老师可能以非常简单的形态出现，但是，如果他们有修行，有合格的老师，属于纯正的传承并修行有成，他们就是合格的老师。

我们都有许多功课要做，必须多净化，多学习如何平静心、如何清净心、如何简化并了解心。不必一定要佛陀站在面前，我们只要依照指导，靠自己就能够做到。光只是等待完美上师的出现是没有用的，如我前面所说的，即使完美上师出现了，我们准备好了没有？所以，现在就要做准备，有许多事情可做。然后，或许只是一件非常小的事，就能引发重大的突破。

许多禅宗的故事，描述一些隐士住在某地，有些僧人云游经过，隐士吐出一些谜语似的句子，这个僧人就“得道”了！但是他们不说得到什么，因为在亚洲人心中，这是理所当然的事，这位僧人遇见这位传达谜语的某人之前，已经静坐了三十年。它不只是一句话而已，但是当我们读到这句话时想着：“这又怎么样？”它无法使我们大彻大悟。关键在于准备，所有那些无止境的、多少小时、多少年月的静坐，在所有动作中保持觉照，真正学习如何把心准备好、训练好而活在当下。你懂吗？它不全来自上师，大部分必须来自弟子。

许多故事叙述大成就者的生平事迹，他们是第 8、9 世纪印度的伟大瑜伽士，通常是在家人，理发匠、店主、珠宝商——各种不同行业的人们，他们发现自己处于某种精神困境中，找不到出路。然后有一位大师出现，给他们些微的教导——只是一些小方法，之后大师就离开了，再也没有见面。但是，这些人练习这个方法，接受它，并将它转化融入每日的生活中，直到他们获得大成就。换句话说，他们并没有和上师同住，或许只见过上师一次，但是他们努力修法，日复一日持续地修，直到得到成果。

所以，有时候寻找完美上师的理想，只是另一种形式的怠惰，“嗯！我没有成就，因为我还没有找到老师。”但是，我们眼前已经有一切可做的事情。就像我前面说的，我们真正在做的，其实是重新和自己早已拥有的东西连结，并找到内在的上师，让我们和自己原始的本性（智慧心）重新连结，它永远都在那里。最后，修行就是我们的皈依。

这或许不是身为藏传佛教徒的我应该说的话，但说老实话，如果只是围着上师团团转，花费所有时间竞争地位，确定喇嘛是否注意到我们，这和法并不相干。它只是世俗情感的老套：得和失、乐和悲、誉和毁、好名和恶名。你可以在一些喇嘛身边清楚看见这些事情，那里有激烈的嫉妒和竞争。还不如回家坐在蒲团上，善待自己的家人，以他们作为自己的修行；还不如学习如何爱人、慈悲、和蔼，耐心对待所有遇见的人。通常，当人们卷入对上师的热烈追随中，最后只为这个组织服务，视野会变得非常狭窄。他们眼中只有这位上师以及上师的僧团、组织和教导，其他都不存在了。如果你对自己加入的某个团体有所怀疑，不妨好好观察一下那里的人们，他们看起来是不是比你每天在街上遇到的人更觉醒？

我相信能遇见真正有智慧的老师是最好的，因为他们具备非常特殊的气度。当你和一位纯正的大师在一起，你可以感受某种广大、无我的特质，他不是一个只喜欢推销自我的人。这位老师完全单纯，但是当你和他在一起时，却能够体验到某种特别的东西。当你遇见这样的老师时，你应该从他那里获得一些教导，然后离开，好好下番功夫。如果目前你还没有遇见这样的人，就从身边任何的知识来源、智能和纯正的修行里学习。我们都有许多功课要做，可以从现在开始做。四处游荡和等待是一无所获的！

“独一无二的上师”的观念是有害的，它让人观念完全混淆颠倒。我有一位完美的上师，我不是酸葡萄心理，但是我出自真心，不认为这是你们真正需要的，我们需要更多的修行，不是寻找香格里拉式的幻想。佛陀说，佛只指出道路，每个人必须自己上路。这似乎又有点矛盾，因为如果我们遇见一位真正完美的大师，他确实能够加速我们的进步，这是毋庸置疑的。所以我的意思是，如果你正巧遇见一位这样完美的大师，太好了！但眼前之计，你只要好好修行，不要晃荡等待，不要把你的整个生命建构在围绕上师的场面上，这是非常浪费时间的事。根据我的观察，这些场面把我们非常根本的人性引发出来，却没有把它调和安定。有些上师变得毫无节制，我个人认为他们会走上极端。慈悲在哪里？善巧的方法在哪里？人们变得非常困惑，只好告诉自己：“这必定是一种教导的方法。”它有点像：“更用力点打我！啊哟！好痛！这一定对我有好处。”或许这对你一点好处也没有！或许它只是把你弄得瘀青！当然，情况不都是这样，有些上师确实带来很好的景象，但是，人们还是经常把能量放在热烈围绕上师上，没有做内观和自我觉察。我们最好专心保持生活的朴实，和自己的修行融合，不要被其他事情缠住了。

一位善巧的上师好比良好的外科医生，他知道如何把手术刀放在正确的地方，身体虽然痛了一下，但却得到治疗，确实痊愈了。相反的，一位不善巧的外科医生盲目地乱戳，碰触不到要害，这种医生会让病人被切割、流血、留疤。开刀的目的不是制造痛苦，外科医生必须找得到要害，让病人得到医疗和转化。

分析到最后，我们都是自己的上师，终须接触自己内在的智慧。这可能有点危险，因为我们的心可能说的是自己想听的东西。但如果它教我们做的，正是自己不想做的事，那它就真的是内在向导！

我们都具备内在的智慧，我们更应该常和它接触；然后，就会开始经验到一种内心的平静和自主的感觉。毕竟我们在努力追求成长，不要永远做小孩。佛陀称呼没有开悟的人为“这些孩子”，有时被翻译为“愚人”，但那不是真的代表愚笨的人，是指还不成熟的人。所以，我们这些已经修行一段时间的人，应该回顾一下发生在自己身上的事，我们感觉内心真的有些转变吗？我们是不是真的开始长大了？我们是不是获得更深的了悟？我们的内心生活是不是变得更清明单纯和开阔广大？我们的负面情绪，贪婪和欲望、愤怒和厌恶、幻觉和困惑，它们是消失、增加，还是依然如故？

11 世纪住在西藏地区的孟加拉国伟大圣人阿底峡曾说，测试修行有没有成就的方法就是，观看我们的负面情绪是不是消减了。如果不是，那就是没有用的；如果是，就知道自己没有走错路。我们都可以自己做测验，不需要其他人告诉我们。道路在这里，已经有非常多的文字描述，很多人走过这条路，他们和我们同在，我们不必放弃一切跑到印度，修行的地方就在此时此地，与我们的家人、工作、社会责任同在。如果没有办法在这里修行，那要到什么地方去修？我们带着自己的心四处走，在利斯莫尔（Lismore）的心和在喜玛拉雅山的心是一样的，同样的自我、同样的问题，何必去喜玛拉雅山？为什么不在此时此地解决它？没有一位大师能代替我们做，没有一位大师能消除我们的贪婪、愤怒和嫉妒，没有一位大师能除掉我们的自我——每个人必须自己做到。

问答

问：靠经本和佛学法教来引导的程度应该是多少？而不是靠自己的经验和老师提供的知识。

答：经本和书籍当然很好，它们的帮助极大。我想，不论有没有老师，重要的是了解佛法所有的基础。所以，如果信奉佛教，就应该阅读佛教书籍，这会把路看得更清楚。不论我们走哪一条道路，应该阅读相关的文章，并学着了解这些教导。因为，我们是要看清并消除自己的无明，学习和阅读当然是获得更深的理解和智慧的方法。在佛教体系中，是从“闻”开始，因为佛在世时没有留下文字的佛法，而之后它其实还包含了研究、阅读、听闻、审查；然后静坐思维，如果产生任何疑问，去请教比较有学问的人。我们必须深入思维自己阅读的东西，提出问题并加以修持，直到我们和它合而为一。如果事前你不知道它的内容，你不可能和它合一，所以必须研读，当遇到见解比你深的人，接受他的教导，这会是非常好的事。

问：但是我有朋友认为藏传佛教实在太好了，他们自认已经找到很好的喇嘛做上师，可是我对这位喇嘛的真实性却感到怀疑，遇到这种情况我都不知道该怎么办。

答：这的确很困难。有时人们遇到一位喇嘛，就像谈恋爱一样，你对他们说：“你爱上的喇嘛是个大无赖。”这是没有用的。因为他们没有兴趣听你的话，可是我们也要小心，因为这个人其实可能是位菩萨。当我遇到自己不尊敬的喇嘛时，我不会把他贬低，但是我也确定自己不会过度热心。我可能说：“噢！是的，这很好。”如果人们稍后问我是不是认识这位喇嘛，我还是不批评，我顶多说：“嗯！这位老师有点争议性。”我不认为我们有权贬低任何人，除非有人说：“嗨！我遇见某人，我十分感兴趣，但是我不确定，你的看法怎么样？”如果有人这样问我，我会尽量婉转地回答，甚至建议他们最好避开那人。但如果有人已经陷入恋爱，完全着迷，你只能等待他们冷静下来。如果你对他们说：“噢！你一定疯了，每个人都知道那个家伙是废物。”这种态度是不善巧也不仁慈的，或许这位老师对他们有帮助，或许他正是他们当时所需要的老师。很显然，即使是最值得怀疑的老师，必定也能给人一点东西，否则人们为什么跟随他？另一位我们认为很清净的老师，对这些人可能帮助很小，因为这位老师和这些学生，当时可能没有必然的因果关系。

这些情况很难说，没有一个绝对的指标告诉你，这人是不是你真正的上师。尤其如果他很有个人魅力，人们很难不爱上他，而那些长期跟随的弟子，已经投注如许心力给他们的上师，经常不允许自己产生怀疑，因为这会让他们看起来像个笨蛋。他们会赶快想办法避免看见自己可能做错了的选择，还十分热心地企图拉人加入教派，因为教派里的人数愈多，似乎更让人认可他们所选择的老师。

问：我读过克里希那穆提（*Krishnamurti*）的书，他说并没有外在的上师，每个人都要自己找到这条道路。您是不是这个意思？

答：克里希那穆提的意思大致是："我们准备烘烤面包，面包很好吃，它的外壳很好，里面美味又营养。它需要面粉和水，还得有烤箱、温度，你还要有发酵粉。好，开始做。但是如果我把做面包的细节都告诉你，你烤出来的面包就不新鲜了。"我的看法是，你当然需要有人按部就班地给你指导，譬如："你需要这么多面粉，这么多水，还要撒点盐，把它混合，放进酵母粉，然后你这样地揉捏它，接着让它发酵；一旦它发起来了，你再揉捏它，同时把烤箱打开，温度设定好，因为热度必须非常高；然后把生面团放进烤盘里，不要忘记先把奶油抹在烤盘上，否则面团会黏底——接着把它放进烤箱。”

从来没有人烤出不新鲜的面包。这是不可能的。克里希那穆提认为，如果有人教导你怎么样修炼，你的开悟就不新鲜了，这是不对的。没有人的开悟是不新鲜的，如果你获得真正的开悟，它永远就像第一次发生的开悟一样新鲜，所以我说的完全不是克里希那穆提的意思。他也说：“攀登圣母峰，没有向导，没有绳索，没有氧气，路大概在上面，去找它。”克里希那穆提曾经有老师，有人教他禅坐，他得到的指导很多，才能成为伟大的上师。他还说：“不要读任何心灵书籍，不要读任何东西。”但是他开了一家出版社出版他的书。我喜欢克里希那穆提，但是你知道的，他也很淘气。

问：我是不是能向您请教和灌顶有关的事？尤其在西方，有许多上师来，赐予开胃菜似的灌顶。如果没有上师或可以请教的向导，该怎么样选择？如何决定是不是参加某项灌顶？

答：我个人的看法是，我相信有些喇嘛（尤其老一辈的）被佛教界的人尊崇，和他们结法缘是非常好的，但是这种大师并不多。在你接受灌顶之前，首先应该检查是不是牵涉到承诺誓言，如果有，而你以后不会修这个法，换句话说，如果你不能信守承诺，它将会为你制造障碍。我会自问：“我需要这项灌顶吗？它对我的修行有帮助吗？”到处不断接受灌顶是没有道理的。然而，如果有一位伟大的老师来做灌顶，也不需要你做特别的承诺，这就太好了，不必犹豫，接受它。此外，我们不应该屈服于其他人的压力，不要只因为所有人都参加就随顺它。

几年前我在一个佛教中心，这个中心的根本上师也在场。他将做密乘无上瑜伽的胜乐金刚灌顶，他规定要遵守的诺言真是吓人，他说只有能够信守诺言的人才可以参加。当时有一张登记想接受灌顶者的名单，第一天大约六个人，一些出家人登记了名字，他们可能早已接受过灌顶，把它当成修行的一部分，第二天大约有二十个名字，再次日有五十个名字。最后当他做灌顶时，我是唯一没有接受灌顶的人。当场有几百位在家人，他们并不打算信守诺言，只因为受到同伴的压力，“噢！仁波切从来不曾给这个灌顶，这真是大好的机会，你不应该错过它……”，你必须有辨别力，因为当你做了承诺，不信守它是相当严重的事。

问：如果有人和某位喇嘛特别有缘，另外一些喇嘛来做灌顶，且必须做承诺，他参加灌顶前，是不是应该得到自己喇嘛的同意？

答：我认为是的。我以前都会请问自己的上师。我通常对他说：“某人要给这个灌顶，我应该去吗？”有时候他说：“他是位非常好的喇嘛，这是很大的加持。不过，这不是你自己的本尊，你永远不会信守诺言，它也不是你的传承。所以，有什么意义呢？”

问：如果没有信守承诺的誓言，会发生什么事？

答：不信守诺言被视为修道的障碍。我认为清除这种障碍的最好方法，就是了解所有本尊其实都是一位本尊的精华，并且真正修这一位本尊。从此以后，不要再许下更多的诺言了。或者，为了实现这个诺言，你可以参加闭关，念诵圆满诺言所需要的最少的咒语。但是，当你一个诺言也不信守时，却不断地累积它，这是不好的，这是没道理的事。

问：我想的问题是，如果接受一个指导，修了十二年，之后如果决定不再修它，会有什么后果？

答：我想，修一点金刚萨埵除障是好的，然后把它和你每天持续做的修法合在一起。有时人们累积了许多诺言，最后每天必须做三小时的功课，成为沉重的负担。于是他们匆忙地尽快修法完毕，然后把功课丢到一边，这真的完全没有好处。或许试着去维持这么多诺言，是非常有勇气的，但是佛法的目的不是让生活更困难、负担更重，是为了让我们变得更轻松！

问：如何在承诺的修法和禅坐之间取得平衡？是不是应该和静坐的时间一样长？

答：嗯，我想这是将承诺保持简单的最好理由之一，因为它让我们有时间静坐。在进行仪轨之前静坐一段时间是很好的，让心平静下来，产生一些利于修法的空间，然后才开始正式进行仪轨，当你最后观想时，将心尽量保持在这种深入的禅坐状态中愈久愈好。这样，我们便将两者合一了。

问：您早先提到有关"内在向导"之类的东西，能不能再解释一下？

答：心性就是我们的佛性，是我们本有的智慧和慈悲，它永远都在那里，但仿佛被冷冻了，埋藏在我们广大如山的迷惑中，但它的确是在的，我们必须学习如何发现它。如果你把它当成一种丰沛的地下水，它的表面虽然看起来像是沙漠——如同我们缺乏智慧和慈悲般的干枯，但如果开始向下挖掘，隔了一会儿，地面就会开始有点潮湿，可以感觉到湿度，会发现自己开始接触到更深的层次；我们愈挖愈深，直到最后，接触到天生智慧的泉源，那就是我们本有的慈悲和觉性。但是，即使还没有完全接触到它，还是可以和它亲近，这个内在上师才是我们真正的上师。所有真正的外在上师，只是在试着带领我们走向这个真正的内在上师。

内在向导一直都在我们心中，它是我们的真面目，我们的真正本性，广大又无所不知，只是我们迷惑的云层把它遮住了，它是不假外求的。不过，可以想成有外在的加持力进入来开启我们，事实上是我们自己无明的云层消散了。深邃的蓝天永远存在，不必去取得什么东西，或是靠别人给什么东西，我们只要揭示自己原本的富足。

当心平静、集中，迷惑稍微减少时，有一种空间和寂静生起，让我们的内在智慧显露出来，这时候我们觉悟了。这是非常深奥的层次，甚至不是言语所能形容的，由于这种不朽的了悟，我们随时都会知道什么是适当的，什么是该做的。它和理解力无关，和分析无关，它只是当下的一种了知，来自我们内在非常深奥的源头；它永远都在那里，只是平时和我们断绝了，它是我们的真面目。所以，我们所谈的是这种真正的修行，带领我们回到自己的根本智慧。

问："外在上师"是不是一个和"内在向导"不同的个体？

答：一位真正的外在向导，能够带领我们回到自己的原始本性。所以我在前面说过，一位真正的上师，能够点燃开悟的火花。另一种说法是，他们好像突然使内心打开，一刹那间，我们瞥见不可思议的广大意识——也就是无分别心，这才是真正的向导。因为这种智慧、洞见，完全自发却又完全恰如其分，它是清明和洞见的本质、智慧的本质、了知事物真相的本质。在日常生活中，我们会忽然体验且意识到非常清明的感觉，虽然我们并不知道它从何而来，因而称之为直觉。

问：这是不是所谓"刹那的观慧"？

答：完全正确，灵光一现。

问：一种来自巨大光源的闪光。

答：完全正确。

问：但它不稳定。

答：是的，它不稳定。

问：我们寻求的是不是一种稳定性？

答：完全正确！就是和我们自己的智慧心完全合一。它始于获得些许灵光闪现，然后，闪光逐渐延长、重复。这是一种解释的方法。

问：您强调自己修行和老师带领的重要性，但佛教仪式对我们的成长有多重要？或者用另一种说法，如果我们发现这些仪式对自己并没有真正的帮助，这对我们的成长有多大障碍？

答：我想，每个人都不同，有些人在宗教仪式上得到帮助，这些仪式如果有效果，它绝对不是空洞的，所以我们必须了解自己在做什么。藏传佛教的仪式中，一直有一种把心完全吞没的观想，还有念诵和结手印，依照这些方法，我们的身、语、意合一；如果了解这些方法，而且非常专注地修行，就能够带来极大的帮助。但其他人可能觉得这是一种分心，或没有特别的帮助，所以不做这些仪式当然也是合理的，还可以做其他形式的修行。我认识完全不做任何仪式的喇嘛，他们只做大圆满禅修等；我也认识一些伟大的大圆满上师，他们做许多的仪式。

第十三章

金刚乘

根据小乘佛教，我们被牢陷在无尽的生、死、再生、再死的世界里，因为我们追求事物并紧抓不放，即使轮回一再带来这样多的痛苦，我们仍执着于轮回。小乘佛教的重点，是要把甚至最微细的欲望根源都去除。而根据大乘佛教，我们牢陷轮回的原因是出自无明。我们视不真实的东西为真实，把唯一真实的东西视为不真实，我们所有的想法都投射出错误的影像。所以，我们的任务是培养“超越的智慧”，以消除无明的根源。

根据金刚乘佛教，我们因为心不清净而牢陷在无尽的生死界中。我们相信凡所见都是坚固、世俗、染污的，自己则是不清净的众生，对治它的方法就是培养清净的心。如果理解这一点，金刚乘的道路就有意义了。超越轮回的方法，就是觉悟万法常在涅槃寂静之中。我们的根本无明造成心不清净，所以万事都显得世俗、有苦，具有染污。我们必须“把眼镜擦干净”，才能看清非常世俗的事物其实是极度超凡的净界，这是金刚乘的基本要点，唯有开悟的心才能了解。

在一本大乘经典里，描写佛的侍者阿难尊者问佛：“为什么所有其他的佛，譬如阿弥陀佛、不动佛、宝生佛，他们都拥有美丽纯净的国土，其间满是开悟的众生，而你的曼陀罗、你的净土里，却充满了染污的众生和污秽的地方？为什么你身为佛，而你的净土却这样不清净？”佛陀回答：“我的净土没有什么不好，当我环顾四周，我看见它是一尘不染的。问题在于你的心不清净，所以看它是染污的。”

第十六世大宝法王是噶举传承的领导人，有一段时间他在印度德里病得很重。当时我去见也在那里的萨迦·崔津法王。萨迦·崔津法王是萨迦派传承的领导人，萨迦派是藏传佛教四大传承之一。我对他说："大宝法王病得这么严重，真是糟糕。"他回答："大宝法王没有生病，他超越了生死，这只是你的心不清净，认为大宝法王生病了。"于是我说："嗯！是的，但是泰锡度仁波切，他是层次非常高的菩萨，他的心应该是清净的，可是他也因为大宝法王病了而焦虑和挂念。"萨迦·崔津法王回答："锡度仁波切并不是焦虑和挂念，这是你的心不清净，认为锡度仁波切焦虑和挂念。"你们明白了吧！我们必须净化自己的心，然后我们才会看见万法常在涅槃寂静之中，只因为我们扭曲的知见而认为这里有问题。

金刚乘保有大乘佛教的哲学，但金刚乘不是一种哲学，它是一种修行的方法、一种知见，它的哲学立场来自大乘佛教。西藏地区的修行者说它的哲学采自中观的应成派，事实上，它似乎是中观派和瑜伽行派观点的结合。大乘佛教的修行之道是：我们生而为人，具有成佛的潜能——也就是我们的佛性，它好像是一粒种子，修行是培育、灌溉种子的方法，好让它不断成长，终于成为圆满的佛性。

我们这些凡夫俗子、染污的众生，都具有开悟的潜能，都有佛性的胚芽，我们历经三大阿僧祇劫来培养它。成佛在大乘佛教看来需要漫长的时间，必须无尽期地培育这粒种子，直到它成长、生出枝叶，最后显现为一棵完全成长的开悟树。这可能被看作是美好的愿景，但是也可能被看作是非常泄气的事。你可能想着："如果它需要历经一劫又一劫，这又有什么意义？”对于这种顾虑，金刚乘采取非常激进的步骤——把整件事倒转过来。

大乘佛教的经乘被归纳为“因乘”，因为是从因地佛性胚芽做起，然后培育它直到结果。金刚乘被称为“果乘”，因为它强调从无始以来，我们早已成佛，我们的问题是不认识自己，所以，何不运用天生的佛性为道路？从果地开始，以它作为道路。换句话说，我们从反方向开始。所以，金刚乘极为强调观想我们自己是佛，或是观想某些象征圆满佛性的特殊密乘本尊。

大部分佛教坐禅是专注在呼吸、心本身，或是某些非常简单的几何图形。金刚乘坐禅靠的是“创意想象”或观想的功能，这是它和其他佛教修行方式不同的地方。虽然没有人知道金刚乘是什么时候进入佛教的，公元前几世纪它绝对已经存在了，甚至可能在一开始就存在了，西藏地区的修行者相信它一直存在，并且佛陀曾亲自传授它。无论如何，当公元第4或5世纪时，它已经非常兴盛了——虽然当时还是一种非常秘密的修行形式。

当时，印度有些大型的寺庙大学，包括那烂陀、超戒寺和泰锡拉大学，容纳数千名出家学者，研习所有的佛教哲学。在这种复杂的环境中，有许多大师也修金刚乘的密法，但是他们默默地修；据说，虽然这些大师看起来像是僧人，但是他们的内心却是瑜伽士，他们不谈论这些修法。直到它变成西藏地区占主导地位的宗教之前，这些修法并没有被广泛传播或公开，也没有举行公开的灌顶等，我不认为金刚乘意图成为统治性宗教，它是默默、秘密的修行法门，只存在于上师和几位弟子之间。在修金刚乘以前，必须接受灌顶，如果你观察印度早期的记录，一个弟子通常要经过上师许多年的考验才能接受灌顶。然后是一对一、心对心的传法。

如同我前面所说的，修金刚乘非常需要运用创意想象，我将为从来没有做过这种修法的人举个例子。让我们举莲花生大士为例，西藏地区的修行者尊称他为根本上师。莲花生大士非常适合这个议题，因为他是位来自印度的大师，第8世纪在西藏地区建立了密乘佛教，而他也成为普遍信仰的对象。假设我们要修莲花生大士法，不论我们做任何事，最重要的是要有正确的动机——就是祈愿达到没有分别的实相，接近本有的智慧，以此慈悲来利益他人，除此之外的其他动机都是不正确的。首先我们皈依佛、法、僧；其次，我们生起愿为利益众生而获得开悟的菩提心，然后开始观修。

如果我们观修莲花生大士，先观想自己坐着，然后身体消融入虚空，在虚空的中心点，有一个字母出现，在这个观想里，这个字母是嗙（PAM），它代表帕玛（Padma，译注：莲花生大士名字的前五个字母），称为种子字。然后，嗙向四方放射光芒，净化整个宇宙。接着，整个宇宙和其中万物都变成绝对纯净无染的境界，其间所有众生都被净化而变成男女天神。然后，光芒返回进入嗙，一刹那间，显现成为莲花生大士。接着，视自己为莲花生大士，是诸佛智慧和慈悲的化现。

当我们做这个观想时，重点是必须相信它，这一切都不是编造出来的，而是正确清晰的。西方人面临的问题之一就是，不习惯这种细节的观想。我们许多人觉得非常困难，至少开始时觉得困难。然而那些视觉灵敏的人，可能觉得比较容易。但是，相信它是真的，比这种极为仔细的观想更为重要，如果你不相信，它不会有效。通常，当人们做这种观想时，会想着："我帕特（Pat）在这里，观想成莲花生大士。事实上，我是帕特，但我观想自己应该是莲花生大士。"但事实上我们就是莲花生大士，他代表我们本有的智慧和慈悲，我们是莲花生大士假扮为帕特。这些形式虽然看起来相当陌生，但其实是我们智慧心的显现，是我们本有佛性的显现，就像历代以来它向开悟的大师们所显现的一样，它只在已经探触到智慧本质的心中生起。所以，它是回到我们心灵深处极为善巧的管道，无法用逻辑、线性的思考方式接触到它。

我们的心理构造有一些非常微细的层次，只能透过开悟的意象来探触它。如果我们真的和这些观想合一，将会非常迅速地打开心的深奥层次，具有相当超凡的效果，比起所能获得的庞大好处，我们花下的心力，可说是微乎其微。人们往往因此感到惊讶，因为心里有一部分并不是真的相信它，觉得自己只是在玩游戏。但如果我们为了获得这些好处，就必须真正投入修行，停止这种"我"在修行的二元观念，而成为修行本身；一旦消除这种主体和客体的二分法，成为观想本身，很快就会产生效果。这是藏传佛教一直很受欢迎的原因，虽然刚开始许多西方人觉得很陌生。

现在，我们视自己为莲花生大士，确信自己就是他。这时，如果我们的智慧本性能够具体显现，它将现出莲花生大士的形象，这是佛性的光芒，它像一道彩虹。这个观想不是实体的，莲花生大士没有肝、肠胃和心脏，他是由虹光形成，每种特征都有它的意义，例如两只手臂是智慧和慈悲。他汇集佛道的要义，凝聚为单一的形象。这是我们的真面目，我们必须了解它的重要性，它才是真正的我，不是我们平常想到的那个瞬间即逝的“我”。然后，我们静坐并视自己为根本上师（莲花生大士），尽量清楚观想所有的细节，一部分接着一部分的观想，捕捉住瞬间显现的整体。莲花生大士坐在这里，发出光芒，他的心中有一朵莲花，莲花上有月轮。月轮上是啰字，围绕啰字是直立的咒语文字。从莲花生大士的咒语放射出光芒来，净化了整个宇宙，所有的众生将自然而然得到净化，因为我们现在已经是佛。

这就是我刚才说的“以果为道”，现在我们是佛，佛具有净化众生的能力。我们的心做佛所做的事，光芒普照上下四方，净化万物以及所有的众生。“众生”指的不只是人类，还包括动物、昆虫、鱼、神鬼，以及那些在多重天堂、多重地狱地方的所有众生。广大不可思议的宇宙中，一切众生都得到解脱，他们也意识到自己的智慧和慈悲本性，也转变成莲花生大士，整个世界变成没有染污的净土。

然后光芒收回，之后又再度放射出去，供养宇宙中所有的佛和菩萨，以及所有成佛的众生，整个宇宙现在是充满佛而没有染污的净土；当我们做这个观想时，同时念咒语。最后，广大的宇宙此时此刻充满了佛和菩萨，接着融入光中。这道光融入自己，自己融入中央，莲花和月轮融入咒语，咒语融入种子字啰，种子字向上融入名为纳达（nada）的微小圆圈，小圆圈最后也融化了。自己非常清晰地观看它融化，一个阶段接着一个阶段，直到什么都没有了。然后，心停留在这自然、无染污的境界中，停留在这种超越思想和观念的境界中，愈久愈好。当意念产生，立刻再度显现为莲花生大士，并将修法的功德回向。

其次，当白天忙着处理事情时，我们把自己当成莲花生大士，把所遇见的所有众生都当成是莲花生大士的显现，当我们遇见某个人，立刻认出他们本具的佛性。我们听见的所有声音都是咒语，不论是美妙的声音、刺耳的声音，都是咒语。所有的意念，不论是好的、坏的、聪明的、愚笨的，都只是莲花生大士智慧心的游戏。

每天尽力保持觉知，所有遇见的众生虽然貌似凡俗，但他们其实是莲花生大士的化身。我们听见的所有声音，都是莲花生大士咒语的美妙回音"嗡啊吽班杂咕噜叭嘛悉地吽"（OM AH HUM VAJRA GURU PADMA SIDDHI HUM）。我们所有的意念，都只是智慧的空性游戏的本质。不必担心任何事情，如果整天都能保持这种状态，就会知道什么是培养清净的心。

这是金刚乘的修法。我讲解得非常简略，但这是基本的修法。有些人虽然亲近金刚乘，但把这种看似无穷尽的复杂步骤视为畏途。这么多的本尊，这么多的层次，这么多不同的法门和门径，该从何下手？

可能因此感到吃惊而退缩。这项法门的要点其实非常简单，问题是，它和其他所有修法一样，必须去实践。一天只修十分钟是不够的，必须把自己的修行融入日常生活，转化自己的心。这不是玩味美好的观念，而是转化我们生命最核心的地带。除非我们真的修它、吃它、消化它，用它滋养自己，而不是偶尔轻咬一口而已，否则是不会有效果的。有些人每天修一点点，然后就忘记了，他们不明白为什么什么事也没发生。经本说得非常清楚，这不只是你静坐时才修的东西，你必须将观想带入日常生活。早期的大师们都这样，他们将自己的观想转化为净念，因为他们随时随地都在修。

另一个建立在这个基础之上的金刚乘观点，和控制内在的能量有关，这是在当我们的观想逐渐稳定并且完成必要的咒语数目时，就可以办到的。咒语被视为本尊本质的精华，每尊佛和菩萨都有独特的咒语，这是和这位本尊连结以及体验他的方法。当我们以全然的专注及观想来持咒时，便实现了本尊所代表的特质——它被锁在咒语里面，就像密码一样。我们透过禅坐、观想和持咒，解读密码并探触这个能量。如果我们非常专心地持诵，确实专注在这个观想上，和这项修法完全合一，效果会来得非常迅速。如果我们心中抱着疑问，即使修了千万年，什么事也不会发生。经本非常确切地指出这一点。

还有许多可以说的，但是我恐怕已经说得太多，因为你们之中有许多人可能永远都不接受金刚乘灌顶。不过，我可以说说那些经常令人疑惑的事。不是金刚乘的人来到金刚乘寺院，经常感到困惑，他们发现自己被墙上不同的本尊画像环绕，他们经常会问："这和佛教有什么关系？"许多形象是裸体的，许多看来愤怒似魔鬼，有些甚至是在交媾的状态。但是，这些画像并不如你看到的那么古怪、复杂，这些本尊形象，分别代表三种基本心境。

第一种心境是寂静，譬如观音菩萨代表慈悲，还有文殊师利菩萨代表智慧，度母代表拯救者。他们显现安静、和平、温和的微笑。人们通常对这些形象不会产生问题，虽然他们有时候不解度母为什么是绿色的，或其他某位是蓝色的，但是基本上是没有问题的，因为他们看起来美好又友善，好像和我们站在一边。

然后你到达第二个层次，藏文名为"施玛周"(shi ma tro)，意指"半寂静半愤怒"，他们是威武的本尊，以胜乐金刚或空行母的形象出现，代表得到开悟的强烈能量，特性是激情。在佛教早期的形象中，欲望被视为得到解脱的主要障碍，但是在大乘佛教，尤其金刚乘佛教中，激情和愤怒这类情绪，一旦追溯到它的源头，反而是含藏了广大的能量，这种能量在某些阶段变得反常而形成负面的力量。但是无论如何，这种能量本身其实是非常清明和智慧的；换句话说，看似负面的能量，反过来就是本有的智慧，这是一种对负面情绪非常彻底的转变。我们不必根除譬如愤怒、骄傲、嫉妒、激情这些情绪，而是可以运用它作为获得开悟的能源。这些情绪不再是必须征服的敌人，反而变成我们修道过程中主要的帮助者。这是金刚乘普遍的基本主旨，当我们对这点有所了解，就会了解金刚乘的唐卡画。

西藏地区的经本告诉我们，负面情绪愈强，智慧愈深。我们可以推论，缺少负面的情绪就没有智慧。而这是否意味着我们被鼓励胡做非为，假修行之名任意放纵自己的贪婪、激情、仇恨、欲望？有些人真的以为这样，但这是错误的想法。如果我们任这些负面的东西停留在失控和没有减轻的状态下，它确实就是轮回的肇因；但是，如果我们控制并转化它，就能够用它作为推动自己超越轮回的能源。我总是想到火箭的例子。你需要大量的能源发射火箭，使它超越地心引力，但是，一旦火箭进入太空，你便不再需要太多力量，它其实变成自我推动。修行之路也是这样。我们凡夫的性质，这种世俗、无明、我执的地心引力是极为强烈的，第一次冲进无分别境是极度的困难，因为我们的分别心是这样有力，甚至我们平常修止和观，也很难有所突破，所以需要尽可能聚集一切条件，来达到初次的突破。

金刚乘接受我们所有的东西，甚至是垃圾，并利用所有东西为燃料以促成突破，来达到无分别的心性。这就是它看起来这样具威胁性的原因，也是它可能非常危险的原因，所以我们需要老师的带领。密续法本里不断强调完美老师的必要，否则，它可能是一条非常危险的道路。我们驾驶牛车不会产生太多麻烦，但是当我们开跑车就要小心了，开车之前确实需要一位好教练，因为金刚乘运用能量，尤其是性的能量。性在早期佛教中被升华或转化成比较温和的方式，但是金刚乘却把这种能量转化为开启所有内在智慧中枢的方法。

如果你想象金刚乘对性是毫无限制的，可以尽量发怒、喝醉，或以任何方式放纵感官，这绝对是错误的观念。相反地，它是最有规律和最被控制的修法，许多金刚乘的发愿词都是对治心的，绝对不是一条放纵的道路，不过它是一条接受我们所有一切的道路，因此需要很大的奉献和非常清晰的引领。

第三个层次的本尊跟随在威武本尊的后面，它的藏文是“周哇”(tro wa)，意指凶猛。你从环绕他们的火焰可以分辨出威武和凶猛本尊的差别。寂静尊被光圈环绕，威猛尊周遭的火焰非常整齐，愤怒尊被野火环绕。威猛尊根据的是淫欲，愤怒尊根据的是愤怒，他们对治我们内心的这些情绪，包括稍微被激怒到全然的暴怒。虽然他们看起来非常愤怒，内心却是全然的爱、智慧和慈悲，他们其实一点也不愤怒，这只是他们示现的形象，这种转化的愤怒具有非常巨大的能量。我不认识任何一位愤怒的喇嘛，但是有许多位在坐禅中显现出非常愤怒的本尊。

还有一些本尊和佛母结合在一起，这代表好几件事情。其一，我们处于各种对立之中，但是这些对立在更高的连结中永远是合一的；其次，它们代表智慧和慈悲、喜乐和空性的连结，这个概念是指我们把两种心的特质结合为一，以一种非常生动的形式，透过男性和女性的结合显现出来，但这并不意味他们在密乘寺庙里狂欢放荡。

藏传佛教非常强调上师，上师是个非常难谈的主题，因为如我前面所说的，在早年的印度和西藏地区，上师和弟子之间的关系是非常私人化的。老师只有一小群亲近的弟子，他非常了解自己的弟子，弟子也知道老师，他们彼此信任，修行是非常个人化的。当我在印度跟随自己的上师时，他的弟子除了那些在寺庙里的修行人和西藏地区在家人之外，还有少数几位西方弟子。通常西方人来见他，他把他们送到其他喇嘛那里，但是偶尔会拣选几位，准许他们留下来。虽然开始时我们修的法是相同的，但是很快的，我们所做的修行就会有非常大的差别，我从不曾和任何人一起接受指导。当时还有一位美国女尼、一位荷兰女尼、一位瑞士女尼，她们在我出家为尼之后来的，我们是师姊妹。有时其中一人要求灌顶，我的上师会说："等你们之中有三个或四个人都想灌顶，我再为你们做灌顶。"所以我们一起接受灌顶和口传，但是我们不曾一起接受指导。

譬如，我的上师叫我做一个特殊的修法，我想："太好了，这正是我想修的法。"然后我告诉师姊妹们，她们说："噢！我希望他不要叫我们做这个。"而我想着："如果这是你们的反应，他不会叫你们做的。"他果然没有这样做。我知道我的上师对我的了解比我对自己的了解更多，他会叫我做一些我从没想过的事，但是这些事却非常正确。这种信心是非常重要的，当你知道自己有一个完全了解你的老师，你就有信心了。

现在出现了一个问题，由于金刚乘在西方和东方都变得非常受欢迎，许多喇嘛经常搭乘飞机环游世界，假设他们来到这里，停留几天，或许给个灌顶和做些指导，然后就离开了，接下来的五年内也许他们都不再回来，那么，首先，你如何和老师联系？其次，如果你和他联系，你和他怎么再见面？他能记得你是谁吗？这是个大问题。密续法本中说，在你接受一位老师以前，你必须检验老师（或是有可能当你的老师的人）达十二年之久。

一位真正的上师不是只为今生，而是为了我们每一次的生命。我们必须信任他能够带领我们直到开悟，因为他自己具有那种层次的觉悟，并能够赐予我们。同时，一位真正的上师让你看见自心本有的智慧、觉知和清明，这是无分别的境界，超越意念和观念。一位上师示现这种心，让你在刹那间看见它，他就是真正的上师，这种连结是很难得的，但不是不可能。无论如何，我们目前在没有这种密切关系的情况下，还是可以应付得很好。我们可以偶尔接受来访喇嘛的教学和指导，他们具备资格又能启发信心，他们不一定是我们终身的喇嘛，只要我们对他们有奉献心就够了。我们对喇嘛要有奉献心，因为做金刚乘的观想，都会有一位喇嘛在中央。我们不能假装有奉献心，要么就是有奉献心，要么就是没有。

我个人并不认为每个人都适合修金刚乘，而且我认为如果你修金刚乘，除非你准备放弃一切去做密集闭关，否则重点就是保持修法的简单化。有好几位喇嘛曾经告诉我他们的难处，身为传承持有者，他们必须研习许多不同的法门，但是从来没有时间彻底修习和消化任何单一的法门。他们一致同意，想要真正获得成就，就要专注在一个对自己有意义的简单法门上。

藏传佛教的好处之一就是，它好像一个大型的心灵超级市场。如果我们去学禅，他们告诉你："这是我们坐禅的方法。"如果你不随顺，就必须到别处去。如果前往毗婆舍那中心，他们告诉你："这是我们修毗婆舍那的方法。"如果你不喜欢它，是你的运气不好。但是，金刚乘有非常多的修法，它有毗婆舍那、类似禅的静坐，还可以做研究，还有整套彩色金刚乘观想，其中有各种色彩组合的佛和菩萨。每个人都能获得一点东西，寂静、愤怒、半寂静、半愤怒、男性、女性、绿色、红色、蓝色、白色、许多手臂许多腿、两只手臂两条腿、一个头、站着、坐着、躺着，你想要什么形式都可以。它有许多种类，每个人都能找到某种法来修。当你找到某种自己喜欢而且真正认同的法，你就持续地去修。

来访的喇嘛会告诉你，他的特殊教导是你所听过最特别、秘密、绝对、至高、不曾揭露的珍宝。然后你想着："哇！我一定要得到它。"下个礼拜，另一位喇嘛来，又教了另一套，最后你变得完全困惑、非常沮丧，最糟的是，一点也没开悟！所以，不要野心太大，我们必须回到基础，首要的是动机，我们为什么做这些事，这一切所为何来？我们的目的是培养慈悲心、菩提心，期盼获得开悟以饶益众生，真正过一种有戒律的生活，不伤害、不欺骗、不从事错误的性行为。我们必须务实，如果真心希望走上修行之路，必须从最根本处把日子过好，对自己的行动负责，了解什么是美德，什么是缺失德性。

首先，我们必须有良好的佛法生活基础；然后，我们应该修一个简单、容易接触并能融入日常生活的法门，这才能发生功效，而且觉得非常充实；接下来，就可以真正感觉到事情的转变。但是我们必须避免落入过度野心的陷阱，我知道有些人环游世界，接受非常高深的灌顶，最后承担一大堆的誓言。当你接受高深的灌顶时，通常必须承诺誓言，意指你必须每天修这种法，它可能要花一两个小时。如果你有许多必修的诺言，最后你大概要做三到四小时的功课，除此之外，你还有工作、家庭、社交生活，以及如果不尊重修法诺言要下地狱的恐惧。修行原先是为了转化你的生活，让它变得有意义和喜悦，最后却成为沉重的负担。

我认识一位喇嘛，他告诉我，他一天必须做三小时承诺的功课。如果他起得够早，先把功课做完，这是一大解脱。如果没有，那么这一整天他都感觉有个沉重的负担，因为他知道，到了晚上当他已经精疲力尽时，他还得做完三小时的功课。这不是很有帮助的事，尤其对在家人更是这样。我的上师总是对我说："不要承担太大的诺言，保持非常简单少量的修法，但是要实践。"这是非常好的建议。我参加灌顶前总是先把话跟喇嘛讲清楚："对不起，我没有办法信守承诺。"然后让他们决定我是不是可以接受灌顶。他们通常都说可以。

我们很容易落入承担太多誓言的情况，这是另一种对法的贪心，因为你不想错过任何东西。但重点是，修金刚乘你必须认识自己的老师和道路。应该尽量将修法简化，但是要去实践。它应该具有足够的挑战性，但是不要庞大到把我们吞噬。必须能够坚持，并将它融入自己的生活、人际关系、工作中，直到修法的时间和日常生活不再有区别。

问答

问：这些修法和承诺是不是把人放进另一种牢笼中？

答：是的，当然是。因为如果很认真地修，它是非常有力的，能带来强烈的心灵和心理反应，所以必须非常地小心。应该要提醒大家这一点，否则有些人可能掉以轻心，误以为它没有什么关系。但事实上，历经时日证明它确实有影响。这不是把我们放入牢笼，只是要我们务实点。如果你服药的剂量错误，或是忘了服药，或服用其他东西，就会造成伤害。我们在这里对治的是心，是内在的能量，以及身体各种能量的中枢。所以，要小心，要知道自己在做什么，要有承诺，而且需要一位真正了解的老师。你必须了解自己的容量，不应该接受不适合自己的东西。这些是警告，因为人们有时候太轻易接受一些事情，他们可能把自己搞得一团糟，然后责怪法门或老师或自己。

问：如何观想这些种子字？

答：首先，你必须有空间容纳这个种子字。但是在这之前，你把所有东西都消融掉，你和整个环境变成一个大空间。在这个空间里，你开始创造这种转换的实相。但是必须先把所有东西都清除掉，这十分简单，你只要观想所有事情都融入空间，然后又开始全部重建。

问：这和空性是不是相同？还是不同？

答：这是一种不同的空性。在观空性的法门中，当我们说“万法皆空”，并不意味它消失了，只是表示它缺乏任何固有的、坚实的主体。但是在金刚乘的禅坐中，当我们说万事变成空性的本质，简单说，是指万事都消融于虚空般的空性。

我们多半非常执着于事情的坚实性，这就是我们谈论的心不清净，视一切是真实的，连物理学都告诉我们，物质的内涵大部分是空间，它的坚实性很微小，或许并不真正坚实。但是，我们总以为事情的真相就是我们所看到的样子。

认知有许多不同的层次，每个人都相信自己的认知是唯一的，但并非如此。金刚乘和转化、净化及开启我们的知见有关。顶果·钦哲仁波切曾经说，他八岁开始禅坐，看见墙和所有家具开始震动并且变得透明，他可是一位仁波切！这种“见”，就是看见事物仿佛由智慧光所形成的，比我们平常视事物为坚实的还要更接近实相。所以当我们看见事物是透明的时候，我们就能够穿墙而过。只因为我们的非正见，认为“事情是这样，它不可能是其他的模样”，所以我们不能做其他的事，这是我们无明的心。

金刚乘尝试让我们和事物的真相连结，它并没有发明任何假的东西，它试着让我们和更深层的实相连结。你能了解吗？当我们在身边创造出这种神圣的殿堂和净土，我们想着：“现在我要假装这些事情是如此这般，它当然不是这样，但我要假装。”但事实上，这种观想比我们平常的观念更接近事物的本性，所以它影响我们非常深，因为在更深的层次里，我们认得它，知道这是真实的。

第十四章
观想本尊

观想的技巧在修藏传佛教时是很重要的。观想本尊是金刚乘佛教的独特之处，所以我们必须了解观想背后的意义。虽然我们能做各种错综复杂的观想，但除非了解自己在做什么，否则可能完全没抓到重点。许多人把这些观想和白日梦、绮思混为一谈，还以为“想象自己是佛和菩萨”是另一种取悦心的方法，甚至是在浪费时间。所以，让我们看看在这个表面之下，究竟是怎么一回事。

首先，我们必须感激富有创意的想象力，它是非常有力量的工具，因为心有许多层次，而语言逻辑只能接触到表面的层次，更深和更本初的层次却只对形象而不对语言起反应。深层的心不是言语道断的，只能以形象了悟，这些形象可以渗透并转化更深层的心，这不是表面观念所能做到的。我们以慈悲的想法为例，譬如接受他人的痛苦或祈愿所有众生都能得到快乐，这种练习很好，能激发我们心的某个层次，但是不能渗透心的所有层面。极原始的心对这些一点兴趣都没有，这种意念只停留在头脑，留在知识的层次。如果要完全转化心，需要一种能够达到更深层次的方法，比如运用形象，这是荣格派心理学大量运用形象的原因。然而，藏传佛教不是随意地运用形象，有时人们说：“我们对这些佛菩萨很陌生，他们不属于我们文化的一部分，他们没有成为西方意识，我们应该观想对我们有意义的形象。”

在某种层次上，他们有点道理。但是，这些形象不是随意产生的，并非只是某个人坐下来想象出来的。它们是从开悟心的觉醒中生起的，所以能开启我们极度深层的意识，要不然，我们可以坐下来观想某样自己感觉舒服的东西，譬如米老鼠，对不对？它可是我们文化的一部分。它可能比观想观世音菩萨容易许多，因为米老鼠只有两只手臂。但是，我们接下来必须自问：“米老鼠的形象是从什么心境生起的？它是不是由一个开悟的心孕育出来的？沃德·迪士尼（Walt Disney）和他的艺术家是不是开悟了？米老鼠具备什么特质？”我们观想一个形象，将接收它所代表的东西，所以必须注意自己选择的形象。

如果我们希望成就开悟的特质，就一定要观想一个由开悟心孕育出来的形象。所以，在西方尚未有完全开悟者示现适当的开悟形象前，我们应该感激可以运用这些西藏地区的佛法形象。这些神圣的形象，如众所周知，是从非常深的境界产生的，不论属于什么文化，只要运用它，同样能够进入这甚深的境界。

我曾经拿这个问题请教我的上师：“现在我在观想度母，我对她非常虔诚，但是我确信她是金发的，所以我一直观想她是金发，如果我真的看见度母，她的头发会是什么颜色？”他说：“黑色。”换句话说，他的意思是，佛菩萨的外貌并不是依我们先入为主的观念和心境来决定的，而是我们内心觉性相应的更高层实相，和我们先入为主的观念和心境不相干。佛菩萨有许多层次，东方人的问题是把佛菩萨基本上视为外在的，像是男女天神，如果你对他们有信心并且对他们祈祷，他们就会降福。西方人的问题则走上另一种极端，视佛菩萨为纯粹的心理观念。观世音菩萨代表慈悲，文殊菩萨代表智慧，基本上完全是心制造出来的，只是让我们和悲智的观念相连的方法。所以，我们可以用完全不同的方式来看他们，因为他们在我们的心之外，没有任何实体。从某个角度来说，这当然也对，在我们心外没有任何东西是真实存在的。我们认为这张桌子是坚固真实的，它在某个层次上也只是我们的心制造出来的；然而桌子的真实本性，根本不是我们感官所能认知的，也不是我们内心对它的诠释。可是我们却认为桌子是真实的，而观世音菩萨却不是真实的。

我们应该自问："真相会不会完全相反？"或许观世音菩萨是真的，而这一切都只是我们的心制造出来的。因为观世音菩萨是报身，也是法身的本性，能显现无尽的形象，正如圣母玛利亚以各种形象出现，每个对她有信心的人就会以类似的方式看见她。同样的，对那些观想慈悲的人，观世音菩萨就以某种方式示现。这不是一个简单的问题，因为不是真有观世音菩萨这一个人，我的意思是说，并没有一个人在某个报身净土中名叫观世音菩萨。虽然观世音菩萨不是一个人，但人就真的是人吗？我们认为自己是美好、独特、本自具足的人，但是我们应该知道，这不过是个幻觉。我认为观世音菩萨或许还比这些更真实，因为他是法身的真实示现。

我们必须学习在心中同时保持这两种实相：观世音菩萨是慈悲心性的显现，同时，在我们身外又有这种力量或示现。外在和内在是没有分别的，只有当我们的心处于染污状态才会觉得有问题，这种明显的分裂，完全出于我们的无明。由于观世音菩萨同时存于外在和内在，因此比起我们平常对人群、椅子、桌子、自我的观念，他是更加真实的一种示现。

当我们观想自己是本尊时，最重要的是不要想着："这是我坐在这里假装观世音菩萨，我是真实的，观世音菩萨是我假装的。"实际上是，我们是观世音菩萨，假扮成这里的这个人。我们都有佛性，天生是纯净和完美的，我们的问题在于和自己的真相失去了联系。我们的自性是观世音菩萨，这不是我的观世音、她的观世音、他的观世音、许多的观世音，而只是法身的观世音，这是把我们分开同时又把我们连结在一起的东西。心性，也就是佛性，不是我的或她的佛性，它只是佛性。好像天空，是无尽和包容一切的，我们的自性便是如此，而我们从未分离。

所以，当我们观想时，最重要的是深信"我是观世音"，这甚至比清楚、确实地观想形象更加重要，并且培养内心的信念——"现在的我是真正的我"，而不是那个晃来晃去短暂出现的我。如果我们带着这种了悟和信念来观想，将可以非常迅速地转化自己；如果我们只是把观想当成心的游戏，是可以一直做这些观想并培养出专注力，但是得不到转化。同样地，当我们观想观世音菩萨在自己身外，尽量把细节看清楚，对心会是很好的训练；更重要的是相信他真的在这里，现在就在这里，如果我们相信自己是在他的面前做这些修法，虽然我们现在由于业障，而无法看见观世音菩萨，但这一切都是有意义的，所有那些培养正面特质的法门都会生效；但如果我们把它当成心的游戏，就不会生效。

不论修什么，重要的是完全出自虔诚。如果观想得不好，没有关系；如果分心而必须不断把心带回来，也没有太大的关系。重点是要对自己所作所为保持绝对的虔诚，否则修行不会生效。我们必须坚信这个法门，为了要相信这个法门，必须相信自己。我们不是西藏地区的修行人，不说西藏地区的话，我们用英文或其他语言来修，这些都不要紧，重点是知道我们本自具备修这项法门所需的一切特性，而这项修法将带领我们回到自性。我们不需要修复杂的法门和深奥的瑜伽术等，只要出自虔诚心，带着真正的理解修行最简单的法门，就会生效。

观想是一种非常深奥的技巧，甚至对身体来说也是这样。譬如，有一个名为破瓦（phowa）的修法，它的作用是把死者的心识转移到佛的国土，让心识不至下堕。为了修法，我们要视自己为某位本尊，有一条脉从我们身体中央通到上面，心中有一粒珍珠似的种子。我们念某个字音，观想这粒种子从这条管道跳至头顶，进入坐在我们头顶上以佛的形象显现的上师身上。我们在那里发出有趣的声音，观想这粒种子在中脉上下跳动。换句话说，这是个看似徒劳无功的练习，我们坐在这里想象自己是某位本尊，有一条脉通向头顶，还有这粒小珍珠上、下、上、下地跳动。这看起来并不是什么高深的瑜伽修法，甚至我的母亲都会做，包括这辈子从不曾禅坐、非常平凡的人都可以修这个法。但是在经过一天好几个时段，每次二十一遍的练习，头顶会开始感觉疼痛，或痒或热或冷；然后在三天之内，头顶打开了，血和淋巴流出来，当它打开到一定程度，你可以把一根粗茎的吉祥草插进去。你可以看见这些平凡的修法者四处晃荡着，头顶冒出小草茎！如我所说，这些人不是高深的瑜伽士，他们是和你我一样平凡的人。然而，他们纯粹是透过自己观想的力量把头顶打开了。这说明了什么？心是我们所能想象最强大的力量，我们向来都不知道心多么有力量，当心得到善巧的带领，就能够成就所有事情，甚至能够成佛。要知道，这些修法是经过善巧设计的，可以带我们达到深层的意识，所以不应该低估这些修法，也不应该低估自己成就的力量。任何人有规律、虔诚地修这些法，就会获得结果。

修法必须规律，必须完全专注，并完全投入正在做的事中。如果能这么修，结果将会超出我们的付出，因为这些修法是经过善巧的设计，也带着传承的加持——意指从它们初次被开悟的心创造以来，一代代经由一个开悟心传递给另一个，到现在还是这样，依旧温暖——而不是上师都灭绝了，我们必须透过书本，试着恢复他们的修法；上师从来没有灭绝，这个修法一路从上师传到弟子，直到给你。这些修法过去是有效的，如果没有效，他们也不会如此费心传递下来，所以我们应该尊重这些修法是经由珍贵的传承而传递下来的，带着世代以来修法者的思想、加持和力量。它们并不空洞的，而是非常宝贵的，当我们修法时，应该意识到自己已经获得殊胜的恩典。

我们也要了解自己所做的事。西藏地区的传统称观想为“重拾清净”，意指这些佛菩萨像，譬如观世音菩萨像，并不是随意而成的。观想的每个部分都充满了意义，例如，观世音菩萨坐在莲花上，象征他虽然身处娑婆世界，却不被染污，他坐在娑婆世界，如同莲花出于污泥；莲花需要泥土才能生根，需要池塘里的泥土和腐烂的绿叶来成长，最后出污泥而不染。同样的，一位菩萨需要娑婆世界，这是每日生存的泥土，它愈泥泞愈肮脏，花朵愈繁盛。同样的，如果我们的生活永远是和平、纯净、无染污的，我们的花朵就会很脆弱。我们需要娑婆世界的问题、冲突和困难，来净化自己和培养德行。我们需要困难和冲突，需要烦扰和冒犯我们的人，因为他们是我们修行的对象。这是我们学习的方法，发现自己真相的方法。

闭关时一切都会很顺利，我们会觉得很平和，很容易充满爱、宽大、美好的念头和慈悲，困扰我们的唯一问题，可能是外面几只狼的嚎叫，这没有什么关系。但是当我们进入“真正”的世界（它不是真的更加真实，只是一个不同的世界），必须应付反对、困难和各种问题，这就是我们真正认识自己的时候了。应付和解决这些压力的方法，将显示我们心中是不是真的有佛法，还是佛法只存在我们的脑袋里。所以，修观音法门，如果只是静坐时修，其他时间却把观世音菩萨忘得一干二净，这是没有用的。如果我们真的希望转化自己的生活，最重要的就是把修行带入日常生活中。

有两种做法。我们可以把自己当作是两臂或千臂的观世音菩萨，了解这是我们的自性，同时也把其他所有众生都当作是观世音；有些人喜欢把所有女性当作度母，把所有男性当作观世音。如果真的这样做，试想我们的观念将有多大的改变！试想我们的态度将获得何种转化！这不代表你必须跪下顶礼所有遇见的人，因为你也是观世音，这是观世音和观世音的相见。当我们把自己和其他所有人都当作是本尊，能让我们立刻活在当下，所做的一切也都有了深刻的意义。我们吃的所有东西都是对本尊的供养，说的所有话语都是咒语的声音，念头都是法身智慧的游戏。修法的过程，自始至终都要这么观想。当我们将一切收回融入本初的空性后，我们再度显现为本尊。所有声音都是咒语，所有意念都是本有智慧的游戏，要将这份了悟带入日常生活，因为我们以为“正常”的认知其实都是错觉，不是实相，都是不清净的。密乘的整个要点就在于净化我们的知见，看见事物的真相。

第二种修法，是把观世音菩萨带入心里。如果我们带领观世音或是上师（最理想的是把上师当成观世音）进入我们的心里，我们的心必须准备好接受他。毕竟，如果我们邀请高僧或佛来到家中，我们会把屋子彻底清洁，并用美丽的布和花朵装饰，不希望有任何不愉快或干扰的东西破坏这种气氛。同样的，当我们请佛住入心中，必须小心保持心的纯净，以值得作为他们的家。所以，我们白天必须对自己的念头保持觉察，当无益的念头和情绪生起时，要能认出然后放下，不要压抑。我们看见、认识、接受，但是不要紧抓不放，要放下。当心中生起善巧、有益、正面的念头时，我们也要认知、接受并鼓励它。

学习如何活在当下并净化知见，是另一种善巧的方法。不只我们有观世音在心中，每个人也都有。根据我们观看事物的习惯方式，我们的知见是被云雾遮蔽的，虽然现在看不见被云雾所遮蔽的天空，但是天空还是在那里。不论能不能看透它，天空永远在那里；不论云层如何黑暗，天空永远是蓝色的；不论云层怎么样雪白，天空也永远是蓝色的。同样的，不论我们的感觉多么黑暗和负面，心性永远是纯净无染无瑕的；不论我们的念头多么高超，心性永远是一样的。当我们有好念头时，它不会变得更好；当我们有坏念头时，它也不会变得更坏。在日常生活中，观想上师或观世音菩萨在自己心中，对我们是很大的保护。

大约十八岁时，我在英国刚“发现”藏传佛教。我听过“嗡嘛呢叭咪吽”的咒语，就认为应该不停持诵它。当时我在图书馆工作，便开始持续念诵“嗡嘛呢叭咪吽”。我当然不能大声念，因为四周都有人，所以我开始在心里念诵。在很短的时间内，我的心念一分为二，一个是安静、镇定、广阔的心，其中回响着“嗡嘛呢叭咪吽”；还有一个是外围的心，充满妄想和情绪。这两种心彼此是分离的，我之所以能够比以前更有效率地过日子，是因为我一直活在眼前的一刻，也因为不执着，内心就多了空间，任何发生在周围的事情，确实是外在的。这方法使我的心非常平静，并且更能选择自己的念头和情绪，因为我不再沉溺其中。这对我是一个很大的突破。

同样的，这种观想佛在心中的修法，使我们有机会扩展内在的空间。这种内在空间，让我们能从一段距离外观看自己的念头和情绪——当它们生起时，不会立刻认同它。我们通常强烈认同自己的念头和情绪，因此它们显得不透明、坚实、沉重、真实。金刚乘提供许多善巧的方法避免和自己的念头、情绪认同，其一就是学习和观世音菩萨的心认同，而不认同迷惑的众生心。同时，我们观修咒语、本尊，或两者同在心中，会创造出空间和不执着，帮助我们辨认自己的真相和自性。这使我们的生活愉快许多，因为我们得以在安静、稳定的心中得到庇护。这个修法十分简单，而且每个人都能做到，如果我们用心修，就会产生惊人的转化效果。这个方法本身并不困难，唯一的问题是我们懒惰不肯做；我自己曾经有许多机会，可是我为什么还没成佛呢？只因为我很懒惰，没有其他的理由。

有人曾经请非常可爱的一位高僧为他们的修法做些建议，他说："就是修。"这些修法并不是很复杂，我们都能做，一切只看自己。没有人能逼迫我们，没有人能阻止我们。如果全心全意经常练习，就会得到惊人的好处。如果只用一半的心，拖拖拉拉，并不确定自己在做什么，不是真的相信它会有效，就很难有任何功效，到头来就责怪方法或是自己。我们应该感激佛陀的慈悲，带给我们这些法门。有些法门，在任何地方都能用，甚至没有人知道我们在修行。

如果不把日常生活当成修行，任何事情都不会改变，只是前往佛教中心或只做每天的功课是不够的；修行甚至无关乎我们吸收了多少知识，或是对一些观念和想法十分精通了解，重点是内在是不是真的有什么改变，我们的心是不是真的因修这些法而发光？我们的心真的打开了吗？是不是变得更仁慈？是不是更懂得体谅？是不是从心底感觉真正的慈悲？如果这些问题的答案是"不"，那么，我们只是沉溺在智力的游戏中。

1994年我在尼泊尔时，接到一位澳洲人的信，他出家已经十五或二十年了，这封信长大约十一页。他读过我写的一篇文章，描述许多西方人修习佛法多年，但是生活中什么改变都没有；数年后我和他们相遇，老问题依然存在，我询问他们为什么这样。这位澳洲人同意我的观察，他在信里告诉我，他曾经闭关修观音法门，但是他发现自己只是机械化地修，自己的心一点也没有转化，观想只停留在他的脑袋里。于是，他去见一位高僧，请教是不是可以去为特蕾莎修女工作一段时间，这位高僧回答："可以，没问题。你不必穿僧服，你去那里工作吧。"

这封信主要是关于他在加尔各答的时光，他为特蕾莎修女工作以及如何生起慈悲心。这是一封美丽的信，真希望当时我把它保留下来。如他所说，慈悲心表现在清洗、照顾某个污秽又全身满是粪便和病疮的人，而对方根本不在乎你的清洗和照顾。有些病人充满挑衅，他们不希望被照顾，当然也不会感激，他们蔑视你的慈悲心。在这种情况下，你的慈悲心是什么？它在哪里？

他说，根据特蕾莎修女的方法，当修女照顾生病将死的人时，是把病人当作基督。换句话说，她们不只是发怜悯心："噢！你这个可怜人，我在这里，我是伟大的菩萨，我将要照顾你。"修女怀着深刻的尊敬、爱、清净心做这件事。她们感激有机会服侍基督，带着极大的喜悦和感恩照顾病人，而不是一种垂怜，这种心态支持着她们。除此之外，她们有超过半天的时间都在祈祷和冥想，她们并不是永远在加尔各答街上四处奔走。我认为这是所有佛教徒都要思维的重点，正式修法对我们是绝对必要的，我们从其中获得理解和经验。但是，这还不够，这份理解必须转化到我们日常的行为以及与他人的沟通上。如果不是这样，有些事情一定会错得离谱。光在蒲团上思维慈悲心，并且说服自己是个美好又关怀他人的人，是非常容易的。

现在，让我们观想观世音菩萨在我们心的中央，大约一个拇指大小。他是两臂或是四臂，坐在月轮的莲花上面。他是一切佛的智慧和慈悲的本体，他是我们的自性，是我们心的精华。他的心中有个月轮，环绕月轮周边是“嗡嘛呢叭咪吽”的咒语。月轮中央是白色字音“哩”(HRIH)，从哩字射出光芒，充满我们的身体，净化所有的无明和负面情绪。然后，光芒遍射宇宙，所到之处，不仅映照人和动物，并普及灵界、天界、地狱，遍布整个宇宙中的所有世界。当光芒照到众生，他们也立刻转化成为观世音。

现在，把光芒带回到你心轮中的观世音。从今以后，你所有的念头和感觉，都是观世音菩萨智慧的示现。

名词解释

阿閦佛（梵：Akshobhya；藏：mi bskyod pa）东方佛。代表（五蕴中）“识”的圆满境界与如镜般的智慧。参考“五方佛”。

阿弥陀佛（梵：Amitabha；藏：'od dpag med）西方佛。代表（五蕴中）“想”的圆满境界与分别智。参考“五方佛”。

无我（梵：anatman）佛教的基本信仰，没有常住的自我中心或是永恒不变的灵魂。

阿罗汉（梵：arhat；藏：dgra bcom pa）字面意义是“伏魔者”。一位已消除业力与烦恼的人。阿罗汉果是小乘佛教的目标。

女阿罗汉（梵：arhati）参考“阿罗汉”。

圣者（梵：arya；藏：'phags pa）一个已直接证悟实相的人，同时也代表崇高、超越或神圣。

精舍（梵：ashram）印度的宗教闭关地或隐士住处。

阿修罗（梵：ashuras；藏文：lha ma yin）欲界的神，他们充满嫉妒，特别是对居住在更高境界的天道。

自我（梵：atman）一个永远轮回的我。佛教徒不接受一个永久的、不变易的我的观念。某些学派坚持意识流的轮回，这个意识流会变化与扩展。

千手千眼观世音菩萨（梵：Avalokiteshvara）参考“观世音菩萨”。

菩提树（英：Bodhi tree）释迦牟尼佛坐在印度菩提树下获得开悟。

菩提心（梵：bodhichitta；藏：byang chub kyi sems）从相对的层次，是为解救众生而发愿获得开悟；从绝对的层次，菩提心是直接悟入现象界的空性。

菩萨（梵：bodhisattva；藏：byang chub sems dpa'）一个走上完全开悟道路的人，他发愿将众生从无尽的生死轮回中解脱出来。

婆罗门（梵：Brahmin；藏：bram ze）僧侣阶级，为印度社会四种主要阶级之一。

佛陀（梵：Buddha；藏：sangs rgyas）一位已获得圆满开悟的众生。“佛陀”通常意指释迦牟尼佛，他于两千五百年前在菩提树下证悟。

佛法（梵：Buddhadharma；藏：sangs rgyas kyi chos）释迦牟尼佛的教导。

止（英：calm abiding）参考“奢摩他”。

轮（梵：chakra；藏：’khor lo）字面意义是轮子，或是圆圈。它意指身体里特殊的能量中心，在各种密法修炼里运用它。

胜乐金刚（梵：Chakrasamvara；藏：’khor lo sdom pa）藏传佛教常见的观想本尊，又名为赫鲁伽（Heruka）。

漳（藏：chang）一种西藏地区的啤酒。

观世音菩萨（梵：Avalokiteshvara；藏：Chenrezig）一位包含一切佛的慈悲的观想本尊。

气（英：chi 或 ki；藏：srog ’dzin）源于中国。参考“prana”。

心（梵：chitta；藏：sems）也有思想的过程、认知等意思。这个名词运用的范围比西方观念里的心来得广泛。依照世俗层次，它包含了感觉与直觉。

圆满次第（英：completion stage；梵：sampannakra-ma；藏：rdzogs rim）金刚乘的修炼，圆满次第跟随生起次地，此时已圆满对本尊的观想。圆满次第包括掌控心的能量与体内的液体，将能量导向中脉。

空行母（梵：dakini；藏：mkha’ ’gro ma）一位已成就高层次证悟的女瑜伽士。空行母或许是具有一些特质的人类，或许是一个开悟心念的显现。她们是发愿帮助修行人的女性，帮助消除他们的障碍与创造吉祥的环境。

欲界（英：Desire Realm；梵：kamadhatu；藏：’dod khams）依照佛教的宇宙观，在轮回中计有三界：欲界、色界、无色界。色界与无色界是愈趋微细的天界；欲界包括六道：地狱、饿鬼、畜生、人、阿修罗、天。

神（梵：deva；藏文：lha）或译为天人。此间有二十六种愈趋微细的层次，最底层的神长时期过着极度奢华的生活，最后到达具有无量识的无色界生命。所有这些层次都还在轮回之中，最终都要结束。

法（梵：Dharma；藏：chos）在此意指佛陀的教导，或是佛法、宇宙的真理。有时意指普遍的现相，在这种情况是用小写 dharmas。

法界（梵：Dharmadhatu；藏：chos dbyings）现象的空性。所有现象虽然在相对层次是存在的，但是缺少自性，只依因缘而有。

法身（梵：Dharmakaya；藏：chos sku）圆满开悟心的终极本质。

竹巴噶举派（英：Drukpa Kagyu；藏：'Brug pa bKa'brgyud）噶举派的一支，这是藏传佛教四个主要传承之一，它由 12 世纪的卓贡 · 藏巴 · 嘉雷（Drogon Tsangpa Gyare）所创立。

苦（梵：duhkha；藏：sdug bsgnal）苦是佛陀教导的四圣谛的第一项，有些作者将它译为“生存的不圆满本质”，它包含所有不满足与不自在的经验。参考“四圣谛”。

甘露（梵：amrit；藏：bdud rtsi）这个名词有时候是指大师所预备的特殊药丸，为使用者带来利益。

大圆满（藏：Dzogchen 或 rdzogs chen）在这种境界里，次第的生起与圆满自然显现，这是宁玛派的特殊观修法门。参考“生起次第”与“圆满次第”。

空性（英：emptiness）参考“空性”（shunyata）。

五方佛（英：Five Enlightened Families）五方佛的坛城代表我们的五大元素与五蕴，以及六根、六识的圆满境界。每个佛家族是由一位男性佛带领，他代表清净的五蕴之一，还有一位佛母，她代表五个清净元素之一。五蕴是色、受、想、行、识。五方佛是白色毗卢遮那佛（佛家族）、黄色宝生佛（珍宝家族）、红色阿弥陀佛（莲花家族）、绿色不空成就佛（行动家族）、蓝色阿閦佛（金刚家族）。

四圣谛（英：Four Noble Truth；梵：catvari aryasaty-ani；藏：'phags pa'i bden pa bzhi）四圣谛属于佛陀初转法轮时的教导，这是佛教的根本，包括苦的真相、苦因的真相、灭苦的真相、灭苦之道的真相，即“苦、集、灭、道”。参考“苦”。

格鲁派（藏：Geluk）藏传佛教的四个主要传承之一，其他分别为宁玛、萨迦、噶举。

生起次第（英：generation stage；梵：utpattikrama；藏：bskyed rim）金刚乘的修炼，这个阶段包括观想形状、声音、外相是本尊的身、语、意。这个阶段是为圆满次第做准备的。参考“圆满次第”。

上师（梵：guru）参考“喇嘛”。

莲花生大士（英：Guru Rinpoche；梵：Padmasambh-ava）来自印度奥迪雅那（Oddiyana）的大师，他在公元8世纪将佛教正式介绍进入西藏地区。

胜乐金刚（梵：Heruka；藏：khrag 'thung dpa'bo）字面意义是“饮

血者”，形容一个愤怒的本尊。

小乘（梵：Hinayana）强调个人从轮回中解脱，它相对于大乘。

饿鬼（英：hungry ghosts；梵：preta；藏：yi dwags）被极度的饿与渴所折磨的灵魂。

缘起（英：interdependent origination；藏：rten'brel）这个原则主张万物的存在都是由于因与果的聚集，没有一样东西是自身独立存在的。这是佛教的基本教义之一，它与业力的法则十分接近。描述十二支缘起，它使生命被困在轮回之中。

噶举派（藏：Kagyu）藏传佛教的四大主要派别之一。

时轮金刚（梵：Kalachakra；藏：dus kyi 'khor lo）这位本尊与香巴拉这个神秘国度有关连。

善知识（梵：Kalyanamitra）灵性的朋友、老师或其他人等，能帮助我们修行上有所进步。

业力（梵：Karma；藏：las）因果的法则，它指出一切有意的身、语、意的行动将带来相对应的结果。

大宝法王（英：Karmapa）藏传佛教传承之一噶举派转世传承大喇嘛的尊称。

坎姆巴（藏：Khampa）指坎母当地人，坎姆位于西藏地区的东南方。

哈达（藏：Khata）奉献给喇嘛与资深上师的丝巾，通常是白色，也有奶油色或金色。哈达也是喇嘛之间致意的丝巾。

喇嘛（英：lama；梵：guru；藏：bla ma）一位让人看见心念本质的上师，所有传递佛法教导的老师。

风（英：lung；梵：vayu；藏：rlung）身体的呼吸与微细能量。在此处，风的问题是指冥思者微细气的不平衡，通常在闭关中过度用心所造成。传统的西藏地区医学认为，“风”是良好健康必须平衡的三种透明体液之一。在金刚乘的修炼中，“风”是业力的微细能量，它携带着识，当它变得精纯时，可能被吸收进入心灵体的中脉。

中观（梵：Madhyamaka；藏：dbu ma）这是佛教哲学的“中道”思想，介于虚无主义与永恒主义之间。虚无主义认为自我与现象都是完全不存在的。永恒主义认为自我与现象都是独立存在的。这是印度佛教四个主要学派之一。

大黑天（梵：Mahakala；藏：nag po chen）护法者，这是观音菩萨的愤怒相，象征慈悲的菩萨。

大手印（梵：mahamudra；藏：phyag rgya chen po）在这个佛境界中，三种身都得到成就。这是噶举派传承的特殊修炼法。参考“三身”。

大般涅槃（梵：mahaparinirvana）指佛的肉身的消逝。

大成就者（梵：mahasiddhas；藏：grub thob chen po）这个名词通常专指八十四位大成就者，他们是中古印度精通佛教密法修炼的伟大修行人。

大乘（梵：Mahayana；藏：theg pa chen po）佛教的两个主要派别之一，另一个是小乘。大乘的基础建立于彻底开悟的伟大动机，是要将众生从轮回中解脱出来。

坛城（梵：mandala；藏：dkyil'khor）字面意义是圆圈、轮子或是圆周。在藏传佛教中，通常意指一个代表法界的图画，本尊与其眷属居住其间。它同时譬喻一个圆心被四周环绕。供养坛城的修炼，是一种累积福德的正式佛教修炼。

文殊菩萨（梵：Manjushri；藏：'jam dpal dbyangs）观想的本尊，象征智慧的菩萨。

咒语（梵：mantra；藏：sngags）心念的保护。一连串特别重要的音节，当持续念诵时，代表本尊的开悟言语。

心（英：mind；梵：chitta；藏：sems）此处意指对外在事物的觉知，而不是包含意念的“心理因素”。

摩摩（藏：momos）西藏地区的肉水饺。

手印（梵：mudra；藏：phyag rgya）此处意指伴随唱诵所做的仪式手印。

脉（梵：nadi；藏：rtsa）身体里的气脉，微细的生命能量“风”从中流过。这些气脉同时制造习惯性的心念，这些心念或许能透过某些密法修炼得到转化。

涅槃（梵：nirvana；藏：myang 'das）从轮回的痛苦中得到解脱，彻底消除一切痛苦与烦恼。

宁玛派（藏：Nyingma）藏传佛教四个主要传承中，年代最久远的一支。

班智达（梵：pandita）学者，传统中是指精通五种印度科学的人，包括声明（言语文字）、工巧明（工艺技术）、医方明（医术）、因明（论理学）、内明（明自家之宗旨）。

波罗密多（梵：paramitas；藏：phar phyin）六度，显教的修行大部分根据六波罗密或十波罗密，成佛需具备这些德性。六度包括：布施、持戒、忍辱、精进、禅定、智慧。

破瓦法（藏：phowa）密宗的修炼，临死时转化意识以获得美好的转世。

直指心性手法（英：pointing out instructions）上师传授给根器成熟弟子特殊的未经书写的教导，指出心念的本质。

般若波罗密多（梵：Prajnaparamita；藏：shes rab kyi phar phyin）圆满的智慧，这是六度之一。这个名词有各种不同的定义。般若波罗密多也是一系列大乘经典的名称。般若波罗密多被比拟为一位女性的观修本尊。

气（梵：prana；藏：srog 'dzin）这是身体内储存生命的能量，在某些密法修炼中它的意义很重大。这种“能量的力量”在某些印度瑜伽与中国道家修炼中也很重要。

中观应成派（梵：Prasangika Madhyamaka；藏：thal 'gyur ba）中观的两个支派之一。两个学派的产生，始于清辨法师与月称法师对龙树菩萨的哲学理论有不同的解释观点。应成派不承认有任何本有的外在现象或主观意识。

供养（梵：puja）被印度教与藏传佛教的信徒广泛运用，描述某些宗教仪轨的形式。

观音（英：Quan Yin）中国的男性或女性神祇，是慈悲的菩萨，也被称为千手千眼观世音菩萨或观音菩萨。

宝生佛（梵：Ratnasambhava；藏：rin chen 'byung gnas）南方佛，代表“受”的圆满境界与平等的智慧。参考“五方佛”。

仁波切（藏：Rinpoche）字面意义是“珍贵的”或“如同珠宝”，同时是转世喇嘛与其他享有盛名的老师的头衔、称呼。

仙人（梵：rishi）已达到极高定力的印度修行者。

成就法（梵：sadhana；藏：sgrub thabs）在藏传佛教，这些是修炼的仪轨，通常是由个人而非团体举行，目的是帮助得到灌顶的修行人加速获得开悟。

圣者（梵：sadhu）印度圣人或出离世间者。

萨迦派（藏：Sakya）藏传佛教的四个主要传承之一。

萨迦·崔津法王（英：Sakya Trizin）藏传佛教萨迦派的领袖。

三摩地（梵：samadhi；藏：ting nge 'dzin）成就专注一心的冥思。

报身（梵：Sambhogakaya；藏：longs sku）字面意义是“享乐身”，这是佛的光明体，唯有获得高度证悟的众生才看得见。参考“三身”。

轮回（梵：samsara；藏：'khor ba）循环的生存状态，生命的境遇被自身过去的行为与惯性心态所决定。

僧伽（梵：Sangha；藏：dge 'dun）根据传统，这个名词是指僧众与比丘尼的团体。如今，尤其在西方佛教中心，这个名词的使用比较不严格，也包括了当地的成员。在三皈依中，它指的特别是圣僧众，那些直接证悟空性的人。

种子字（英：seed syllable；梵：bija；藏：yig 'bru）在密法修炼中，每个本尊从他特殊的种子字空性中显现。

奢摩他（梵：shamatha；藏：zhi gnas）修“止”的方法，修行者将注意力集中在单一的对象上，不论它是内在的或是外在的。

舍利弗（梵：Shariputra）释迦牟尼佛的十大弟子之一，以智慧闻名。

空性（梵：Shunyata；藏：stong pa nyid）终极的实相，无论是主观的自我或是客观的现象，都是无自性的。

六度（英：Six Perfections）见“波罗密多”。

经（梵：sutra；藏：mdo）释迦牟尼佛的原始教导，他公开教导了四十五年。

经乘（梵：Sutrayana）大乘佛教的两个支派之一。它是跟随经教，根据“因乘”的派系。它强调逐渐地净化与修炼。参考“金刚乘”。

密乘（梵：tantra；藏：rgyud）从无明到开悟的过程。这个名词同时用来形容存在于印度教与佛教的某些流派，它之所以发展是为了加速获得开悟。密乘是大乘的一部分，保有大乘的精神。它与经乘（非密乘的大乘佛教）不同之处在于它运用特殊、善巧的方法。这个名词同时又指密乘的经文。参考“金刚乘”。

修炼密法的人（梵：tantrika）参考“密乘”。

唐卡（梵：thangka）西藏地区的宗教卷轴式绘图。

南传佛教（巴利文：Theravada；藏：gnas brtan pa sde）这是“长老的传承”，与南亚、东南亚的佛教传统有关。

三十五佛名礼忏（英：Thirty-five Buddhas of Confession；藏：ltung bshags kyi lha so lnga）依据大乘的传统，有一种特殊的修炼，修行人依序向三十五位佛礼拜，目的是净化负面的行为。

三身（英：three kayas）古典文献形容三种佛身的面貌（有时多达五种）。化身是肉眼能够看见的，释迦牟尼佛就是化身。报身是佛身的纯粹光明形式，唯有达到极高程度的证悟者才看得见报身。此二者是所谓的形相身。第三种是法身，这是完全开悟心念的终极本质。

多登（英：togden；藏：rtogs ldan）居住在西藏地区洞穴中的噶举派高深瑜伽士，这个传承目前在印度仍继续流传。

多登玛（英：togdenma；藏：rtogs ldan ma）女性的多登。西藏地区洞穴中居住了许多位多登玛。

施受法（英：tonglen；藏：gtong len）给予与接受。这是一种将自己整体的健康、财富、正面的业力完全给予众生的观想，同时将众生的痛苦、受苦与不幸全都接受下来。这项修炼为的是培养菩提心。

糌粑（藏：tsampa）烘烤过的大麦面粉，西藏地区一种主要饮食。

荟供（藏：tshogs）藏传佛教徒修炼的一种宗教供养仪式。

化身（梵：nirmanakaya；藏：tulku）佛的化身。这个名词同时用来形容一位化为肉身的喇嘛、菩萨。

拙火（梵：chandali ；藏：tummo）字面意义是“威猛者”。一般被用来描述开启内热的修炼，它燃烧掉所有的障碍物，得以认识喜乐与空性。

金刚（梵：vajra；藏：rdo rje）不可摧毁的钻石。经常被用来形容佛的特性，也是仪式用的杵。

金刚地狱（英：Vajra Hell）极度痛苦的地狱界，据称是为违犯誓愿的密乘修炼者所预备的地方。

金刚歌（英：vajra song）一种特殊的歌曲，有时在密宗的荟供中表演。

金刚萨埵（梵：Vajrasattva；藏：rdo dje sems dpa'）观想金刚萨埵与念诵百字明咒，是一种净化的修炼，尤其是净化过去的负面业力，以及违逆密宗的誓言。

金刚乘（梵：Vajrayana；藏：rdo rje theg pa）同时名为密乘或是咒乘，是大乘的一支。它运用特殊善巧的方法，使修行人加速获得开悟。金刚乘即“果乘”，由于它运用观想、咒语与其他的方便，帮助修行人运用真实的佛境界（果）为修行的方法。参考“经乘”。

金刚瑜伽母（梵：Vajrayogini；藏：rdo rje rnal 'byor ma）女性的观想本尊，是胜乐金刚的伴侣与空行母之后。

见（英：view；藏：lta wa）培养正见被视为学佛者第一个必要的步骤。

精舍（梵：vihara）字面意义是“隐蔽的地方”。这是印度目前尚存的释迦牟尼佛时代的闭关中心，释迦牟尼佛在此举办雨季闭关。这也是南传佛教国家的佛教寺庙。

律藏（梵：Vinaya；藏：'dul ba）戒律的书籍，包含佛所制定的道德戒律，藉此带领出家人与在家人。

毗婆舍那（梵：Vipashyana；巴利文：vipassana；藏：lhag mthong）特殊的内观冥想。这是一种解析式的冥想，它洞察所选定对象的本质。

阎王（梵：Yama；藏：gshin rje）死神。

唯识派（梵：Yogachara）古印度的学派，它根据弥勒菩萨与无着菩萨的传统。

瑜伽士（英：yogi；梵：yogin；藏：rnal 'byor pa）一个修炼密集观修（譬如：瑜伽术）的人，包括身体或心理的修持。

女瑜伽士（梵：yogini）。

道久迦萨林比丘尼寺计划

道久迦萨林比丘尼寺创建于 1999 年，这是应尊贵的坎初仁波切的要求而成立，他是坎帕格寺的住持。

这所寺庙创办的目的，是为来自西藏地区与喜玛拉雅边境区域的年轻女性提供一个可以共同学习与修行的环境，它依据的是藏传佛教的竹巴噶举派传承。

在此，这些年轻女性得到机会，透过一种读书、静坐与服务均衡的训练，开发知识与心灵的潜能。目前，她们的课程包括学理的研习、仪式、西藏地区的语言与写作、英语与手工艺。比丘尼并且每日一同进行法会与静坐。

道久迦萨林比丘尼寺的特殊目的，是重新建立一个珍贵的瑜伽士修炼传承，它特别强调的是竹巴噶举派。虽然目前在坎帕格寺还有几位僧人隶属这个瑜伽传承，但是这个传承的女修行人似乎在中国内地绝迹了。由于它是口耳传承，从上师传达给弟子，更重要的是，这个稀有珍贵的修炼，必须在还有上师在世时流传下去。坎帕格寺的瑜伽士已经同意，一旦那些具备特质与潜力的比丘尼完成了学习与基本的静坐修炼，就开始训练她们。

责任编辑：王昕　陈曦
装帧设计：大诚艺术设计机构

图书在版编目（CIP）数据

心湖上的倒影 /（英）葩默著；叶文可译．—深圳：深圳报业集团出版社，2012.6

ISBN 978-7-80709-458-6

Ⅰ．①心…　Ⅱ．①葩…　②叶…　Ⅲ．①喇嘛宗－布教　Ⅳ．① B946.6

中国版本图书馆 CIP 数据核字（2012）第 117700 号

REFLECTIONS ON A MOUNTAIN LAKE: Teachings on Practical Buddhism
By Ani Tenzin Palmo

心湖上的倒影

（英）丹津·葩默　著
叶文可　译

深圳报业集团出版社出版发行
（518009　深圳市深南大道 6008 号）
三河市华晨印务有限公司印制　新华书店经销
2012 年 6 月第 1 版　2012 年 6 月第 1 次印刷
开本：787mm × 1092mm　1/16
印张：22.25　字数：225 千字
ISBN 978-7-80709-458-6　定价：38.00 元